Manuel de langue akkadienne

PUBLICATIONS DE L'INSTITUT ORIENTALISTE DE LOUVAIN

51

Florence MALBRAN-LABAT

Manuel de langue akkadienne

Lexiques
akkadien - français et français - akkadien

UNIVERSITÉ CATHOLIQUE DE LOUVAIN
INSTITUT ORIENTALISTE
LOUVAIN-LA-NEUVE
2003

Photo de couverture: tablette provenant de la mission française
de Ras-Shamra-Ougarit
(avec l'aimable autorisation de Yves Calvet,
Directeur de la mission)

Institut Orientaliste de l'Université Catholique de Louvain
Collège Érasme
Place Blaise Pascal, 1
B-1348 Louvain-la-Neuve

Orders should be sent to:
Peeters Press, Bondgenotenlaan 153, B-3000 Leuven

ISSN 0076-1265
ISBN 90-429-1337-1 (Peeters Leuven)
ISBN 2-87723-734-6 (Peeters France)
D. 2003/0602/90

AVANT PROPOS

L'Institut Orientaliste de l'Université Catholique de Louvain est particulièrement heureux et honoré d'accueillir dans ses publications un nouvel ouvrage de notre Collègue assyriologue, Madame Florence Malbran-Labat. Ce volume constitue, en fait, le second volet du Manuel de langue akkadienne, le premier, paru en 2001 (PIOL 50), étant consacré essentiellement à la grammaire. La présente publication nous offre un lexique détaillé akkadien-français et, fait plus rare mais fort bienvenu, un lexique français-akkadien destiné à rendre les meilleurs services non seulement à l'assyriologue, mais aussi à l'historien, au linguiste ou encore au sociologue.

Une fois de plus, au sein d'une Europe de plus en plus unie, nous nous réjouissons de cette collaboration universitaire entre la Belgique et la France.

René LEBRUN, Président de l'Institut
Orientaliste
Le 29 août 2003

INTRODUCTION

Ce lexique a été conçu comme complément de la grammaire PIOL 50 et comme support pour les exercices qui doivent compléter cet apprentissage de l'akkadien. Il ne répond donc pas aux exigences qui sont celles d'un dictionnaire : il ne comporte pas d'indication chronologique ni de genre littéraire pour l'emploi et la forme des mots, pas plus que la mention des idéogrammes qui peuvent être leur notation.

Afin de ne pas l'alourdir, les variations dialectales ne sont qu'esquissées : le lexème est enregistré sous sa forme médio-babylonienne; la variation e / i, qui peut exister notamment entre assyrien et babylonien (cf. § 12.2.2 et 12.2.3), n'est prise en compte qu'à titre indicatif. Cependant les variantes déroutantes pour un étudiant sont indiquées. En revanche la mimation n'est jamais intégrée, son existence étant définie dans la présentation de la morphologie nominale (§ 19.1.4).

Il n'était pas possible que cet opuscule comprenne tous les mots du lexique akkadien : un choix a dû être fait, nécessairement subjectif. Ont été retenus les mots qui semblaient les plus fréquents d'un point de vue général. Cependant l'accent a été aussi mis sur la formation du lexique, la variété des emprunts, les différents schèmes mis en oeuvre. Ce lexique doit en effet illustrer les paragraphes 13 et 14 de la grammaire. Les racines et les mots-références sont également indiqués afin de mettre en évidence la structure du vocabulaire sémitique et des emprunts. Afin de familiariser l'étudiant avec la notion de racine, particulièrement importante pour la compréhension et l'acquisition du vocabulaire, celle-ci est adjointe à l'infinitif, qui est utilisé comme référence pour une famille de mots. Ont également été indiquées pour les verbes les voix dont les formes sont effectivement réalisées.

En revanche les pronoms qui constituent un chapitre de la grammaire (§ 27-35) n'ont pas été repris ici. Afin de limiter le nombre des entrées, ne sont pas non plus répertoriés systématiquement les adjectifs dont le sens dérive directement de l'infinitif correspondant, les adverbes en *-iš* en rapport direct avec l'adjectif sur lequel ils sont formés (ex. *hamṭiš* "rapidement" sur *hamṭu* "rapide"), les abstraits et noms de fonctions construits avec le suffixe *-ūt-* (ex. *abarakkūtu* "fonction d'intendant" sur *abarakku* "intendant").

Malgré le caractère artificiel et nécessairement imparfait de ce travail, il a paru utile d'adjoindre un lexique français-akkadien qui soit une porte d'entrée pour les non-spécialistes et leur permettent la consultation des dictionnaires akkadiens (cf. § 15.1). Il peut aussi suggérer des lectures lorsque, dans un contexte défini, un mot d'un certain champ sémantique est attendu.

Là encore, il était impossible de retenir tous les mots du français et une sélection a dû être opérée. Choisir entre des synonymes ou des termes de sens très proche relevait aussi de la subjectivité et il n'a pas toujours été possible d'éviter des ambiguités pour ces mots cités hors contexte.

Afin de rendre compte de la diversité des verbes akkadiens, qui diffère du français utilisateur d'auxiliaires, les verbes d'état sont enregistrés comme tels (sous le verbe *être* ou *devenir*) et non sous l'adjectif impliqué.

ABRÉVIATIONS

abstr.	abstrait
adj.	adjectif
adj. vbal	adjectif verbal
aram.	araméen
ass.	assyrien
cass.	cassite
coll.	collectif
emp.	emprunt
f. / fém.	féminin
hitt.	hittite
hourr.	hourrite
imp.	impératif
ind. eur.	indo-européen
indo-iran.	indo-iranien
inf.	infinitif
jur.	juridique
litt.	littéralement
m. / masc.	masculin
milit.	militaire
morph.	morphologique
nA	néo-assyrien
ouest-sém.	ouest-sémitique
parf.	parfait
perm.	permansif
pl.	pluriel
pron.	pronom
sfx.	suffixe
subst.	substantif
sum.	sumérien
vb	verbe
vp	vieux-perse

Première partie

LEXIQUE AKKADIEN – FRANÇAIS

A

a (emp. aram[1].)
ce

ababdû (emp. sum.)
officier d'administration d'un temple, une taxe

abahšinnu
une céréale

abāku A[2] ('BK[3]; a/u) G, D, Š, N, Ntn[4]
envoyer, conduire, charger, emmener

abāku B ('BK; a/u) G, D, N, Nt
renverser

abālu ('BL; a/a) G, Gtn, Gt, D, Dt, Š
sécher

abālu (^{W}BL; a/i)[5] G, D, (Dtn)[6], Š, Štn, Št, N
(ap)porter

abarakkatu (f.)[7] cf. *abarakku*
intendante

abarakku
intendant

abarniu
un vêtement

abāru dénominatif (cf. *abāru* A); cf. *ubburu*
accuser

abāru A
étreinte, force

abāru B emp. sum?
plomb

abašmû emp. sum.
une pierre précieuse verte

abattu (f.) cf. *abnu*
galet, (pierre de) seuil

abattu (f.) cf. *abnu*
chaux, calcaire

abātu A (a/u) G, D, Dt, N, Ntn, Nt
détruire

abātu B ('BT; a/u ou i/i) (G, Gt), N; cf. *nābutu*[8]
fuir, s'enfuir, abandonner

abbuttu
coiffure caractéristique des esclaves

abbūtu cf. *abu*
statut de père, attitude paternelle

abiktu (f.) cf. *abāku*[9]
défaite, massacre

abnu (m. / f.)[10]
pierre

abrātu (pl. f.)[11]
humanité

abriqqu emp. sum.
un prêtre

abru A
aile

abru B
tas de bois, bûcher

absinnu emp. sum.
sillon, champ cultivé

[1] Afin d'évoquer la composition du lexique akkadien, les emprunts sont spécifiés et assez largement enregistrés.

[2] Les homophones sont distingués par des lettres (en majuscules: A, B, C, etc) afin de faciliter les renvois.

[3] La racine est indiquée pour l'infinitif; pour les autres formations, il est fait référence à cette forme. Pour les verbes faibles, la notation distingue aleph non colorant ('), aleph colorant ('') et la réalisation vocalique des semi-consonnes J et W (Ī et Ū).

[4] La désignation des voix au moyen de lettres (cf. §45.1, note 27) a été préférée à celle par chiffres romains (I, II, III, IV) pour un simple motif de gain de place.

[5] Un *waw* (W) augment est indiqué en exposant ^{W} tandis que le *waw* d'origine est sur le même plan typographique que les autres consonnes.

[6] Sont indiquées entre parenthèses les voix rarement attestées.

[7] Le genre des substantifs féminins est spécifié, qu'il s'agisse d'un féminin grammatical ou d'un féminin de nature.

[8] Verbe essentiellement attesté à la voix IV.

[9] Par opposition aux racines purement nominales, l'infinitif du verbe correspondant est indiqué pour les racines verbo-nominales.

[10] Substantif dont le genre varie suivant les dialectes et le genre des textes.

[11] Substantif attesté uniquement au pluriel.

abšānu emp. sum.
corde, joug
abu A
père, ancêtre
dans *bīt abi*
famille, patrimoine
abu bīti
intendant
abu B
nom du 5ème mois (juillet-août)
abūbu
déluge
abukkatu / *bukkatu*
sorte de roseau
abullu (f.)
porte (de la ville), district, une taxe
abunnatu (f.)
nombril, centre, crapaudine
aburru
arrière, champ, pâturage extérieur
abūsu (f.)
entrepôt, magasin
adagarru
récipient d'offrande
adanniš cf. *dannu*
très
adannu / *hadānu* / *hidānu*
délai, terme
adāru
un arbre
adāru A ('DR; a/u) G, Gt, D, Dt, Š, Št, N, Ntn
être sombre, ennuyé
adāru B ('DR; a/u) G, Gtn, Gt, Št
craindre, respecter, avoir peur
addaru
douzième mois (février-mars)
adi
jusqu'à (ce que), pendant (que),
+ nég.: avant (que)
adi
avec, incluant
adīni
jusqu'à présent
+ nég.: pas encore
adirtu A (f.) cf. *adāru* A
obscurité, malheur
adirtu B (f.) cf. *adāru* B
peur
adnātu (pl. f.)
monde (humain)
adru (m. / f.)
grange, aire de battage
adû
ici, maintenant
adû (pl.) A
serment
adû (pl.) B
pouvoir?, majesté?
adû C emp. sum.
travail journalier, corvée journalière
agāgu ('GG; a/u) G, Gt (perm.)[12], D (perm.), N (inf.)
se fâcher, être en colère
agālu
âne de monte
agammu emp. sum.?
marais
agannu pl. *agannātu*[13]
un grand bol
agannutillû emp. sum.
hydropisie
agarinnu emp. sum.
bassin, sein maternel
agāru ('GR; a/u) G, Gt, D, N
louer
āgiru cf. *agāru*
loueur
agru cf. *agāru*
ouvrier journalier

[12] Le temps qui apparaît entre parenthèses après la mention d'une voix est le seul qui y soit attesté.
[13] Le pluriel est indiqué lorsqu'il n'est pas directement dérivé du singulier (pluriel féminin pour un substantif qui ne présente pas au singulier la marque du féminin; pour les masculins, pluriel en *-ānu*, etc.).

agû emp. sum.
courant, inondation
agû emp. sum.
couronne, tiare
aguhhu
ceinture?
agurru (m. / f.) mot étr.
brique
ahāmeš / ahāiš cf. *ahu*
ensemble, l'un l'autre
ahamma cf. *ahu* B
séparément, en plus
**ahāru*[14] (G au perm.), D, Š
rester derrière, tarder
ahātu (f.) A cf. *ahu* A
soeur
ahātu (f.) B cf. *ahu* B
rive, rivage
ahāzu ('HZ; a/u) G, Gt, D, Š, Štn, Št, N, Nt
saisir, (ap)prendre, épouser
ahē cf. *ahu* B
séparément, ponctuellement
ahennā cf. *ahu* B
séparément, chacun pour soi
ahhāzu cf. *ahāzu*
un démon, jaunisse
ahhur cf. *uhhuru* (**ahāru*)
en plus, autrement
ahhūtu (f.) cf. *ahu* A
fraternité, relations fraternelles
ahirtu (f.) cf. *uhhuru* (**ahāru*)
balance, paiement final
ahītam cf. *ahu* B
autrement
ahītu (f.) cf. *ahu* B
malheur, diffamation, extérieur
ahrātaš cf. *uhhuru* (**ahāru*)
dans le futur
ahrâtu (pl. f.) cf. *uhhuru* (**ahāru*)
postérité, futur

ahrušhu mot hourr.
un récipient, encensoir
**ahû* (*athū, šutāhû*) Gt, Št; dénominatif
s'unir cf. *ahu* A
ahu A
frère
ahu B
bras, côté, berge, rive, moitié
ahû cf. *ahu* B
étranger, extraordinaire, étrange
ahulap
assez!, pitié!
ahullā cf. *ahu* B
au delà de, de l'autre côté de
ahurrû cf. *uhhuru* (**ahāru*)
homme grossier
ahūzatu (f.) cf. *ahāzu*
(présent de) mariage, relation de type marital
aj / ē cf. pron. *ajû*
où?
aj
que ne ...pas (particule prohibitive)
aja
hélas!
aj(j)abba (indécl.) mot étr.
mer
ajjābu
ennemi
ajjakku / jāku
sanctuaire
ajjalu / julu
cerf
ajānu cf. *aj* (inter.)
(d')où?
ajartu (f.)
corail blanc?
ajaru A
fleur, rosette

[14] Sont précédées d'une astérique les formes de référence qui ne sont pas attestées (ex. voix G pour un verbe qui ne présente que des formes D ou Š).

ajar ili
caméléon
ajaru B
nom du 2ème mois (avril-mai)
ajikī'am / *jaka* / *êkâ* cf. *aj* (inter.)
où?
ajīš cf. *aj* (inter.)
vers où?
ajīšamma cf. *aj*
n'importe où ailleurs
ajumma cf *aj* (inter.)
quelqu'un, quelque chose
akalu cf. *akālu*
pain, nourriture
akālu ('KL; a/u) G, Gtn, Gt, Š, Štn, Št, N, Nt
manger, jouir de, avoir l'usage de
**akāmu* ('KM) (G au perm.)
être brumeux?
akāmu cf. **akāmu*
(nuage de) brume
akanna A
ainsi
akanna B
ici
akannaka
là-bas
akannama
de même manière
akanni
maintenant
akāšu ('KŠ; a/u) G, Gt, D, Dt, Nt
aller, se déplacer
akītu mot étr.
un temple, une fête
akkadû
akkadien
akkā'i
comment ?
akkannu
âne sauvage
akkullātu (pl. f.)
motte de terre
akkullu pl. *akkullātu*, *akkullānu*
un instrument

aklu cf. **akālu*
surveillant
akṣu
dangereux, terrible
aktam / *atkam*
une plante
akû / *makû* A
estropié, faible
akû B
déformé
akukūtu pl. *akukâtu*
flamme, reflet rouge
aladlammû emp. sum.
taureau colossal à tête humaine
alādu (^{W}LD; a/i) G, Gt, D, Dt, Š (inf.), N, Nt
mettre au monde, produire, procréer
alahhinu / *alhenu* / *lahhinu* mot étr.
un officier d'administration
alaktu / *alkatu* (f.) pl. *alkakātu*
chemin, conduite, mouvement, caravane
alāku ('LK; a/i) G, Gtn, Gt, Š, Št
aller, agir
alāla
une exclamation de joie
alālu ('LL; a/u) A G, Gt, D, Dt, N, Nt
suspendre
**alālu* ('LL; a/u) B Gt, Gtn, Š, Štn
chanter *alāla*
alamittu
(stippe d')un palmier dattier
alān
autre que, plus que
alappānu / *lappānu*
(une céréale pour) une bière
alapû / *anapû* / *elpû*
algue
aldû emp. sum.
magasin à blé
algamešu
une pierre (stéatite?)
ali
où?, n'importe où
ālidu cf. (*s*)*alādu*
parent

āliku cf. *alāku*
ālik idi
aide, escorte
ālik pāni
supérieur, chef
ālik ṣēri
un type de soldat
ālilu cf. *alālu* B
guerrier
alla
au-delà de, seulement
allāku cf. *alāku*
voyageur, messager, agent
allānu / *alilānu*
chêne
allu
pioche
allû A
ce, l'autre
allû B emp. ouest-sém.
n'est-ce pas?
alluhappu emp. sum.
filet
alluharu / *annuharu* (f.)
une teinture minérale
alluttu / *allu'u*
crabe, écrevisse, constellation du Cancer
almattu (f.) pl. *almanātu*
veuve
alpu
boeuf
alu
(race de) mouton
alû A
pouvoir démoniaque, fantôme
alû B
taureau
alû C emp. sum.
tambour
ālu pl. *ālū* / *ālānu*
ville, village
a'lu
confédération

aluzinnu emp. sum.
une profession
amānu
sel rouge
amartu (f.)
mur mitoyen, accoudoir
amaru
pile de briques
amāru ('MR; a/u) G, Gtn, Gt, Š, Št, N, Ntn, Nt
voir, prendre connaissance, inspecter
**amāšu* ('MŠ) G (perm. et inf.)
être cataleptique?
amātu / *awātu* / *abutu* (f.) cf. *amû*
parole, nouvelle, cas judiciaire
ambassu mot étr.
réserve (animale) royale
āmerānu cf. *amāru*
témoin occulaire
amhara mot étr.
plante médicinale
amīltu / *awēltu* (f.) cf. *amīlu*
femme
amīlu / *awīlu* / *a'īlu* / *abīlu*
homme (libre), patron
amīlūtu cf. *amīlu*
humanité, individu, soldat, statut d'homme
amirtu (f.) cf. *amāru*
inspection, choix, inventaire
amīru
obstruction (oreilles)
āmiru cf. *amāru*
témoin, lecteur
amma
voilà!
ammaka(m) cf. *ammiu*
là-bas
ammar
autant que
ammatu (f.)
avant-bras, coudée (une mesure)
ampannu emp. hourr.
outil de bois

amšali
hier
amtu (f.)
servante, esclave (femme)
amu
radeau
amû / *awû* ('WŪ) — G, Gt, Št
argumenter, parler, discuter
amurdinnu / *murdinnu*
rose$^{?}$, ronce$^{?}$, une maladie des yeux
amurriqānu — cf. *arāqu*
jaunisse
amurru
ouest, vent d'ouest
amurrû — cf. *amurru*
amorrite
amūtu (f.) A
foie, présage
amūtu (f.) B
un métal précieux (fer météorique$^{?}$)
amūtu C — cf. *amtu*
état d'esclave (femme)
ana
à, vers, pour
anāhu A ('NH; a/a) — G, Gtn, Gt, Š, Št, N
devenir fatigué, usé, être affaibli
anāhu B ('NH; i/i) — G, D, Dt
chanter (un chant *inhu*)
anantu (f.)
combat
anāpu / *hanāpu* ('NP; i/i) — G
devenir en colère
andahšu / *andāšu* — emp. sum.
une plante
anduhallatu / *imtuhallatu*
une sorte de lézard
andullu — emp. sum.
dais, protection
andurāru / *durāru* — cf. *darāru* A
abolition des dettes, manumission
angubbû — emp. sum.
divinité tutélaire, configuration d'étoiles
anhullu
plante d'usage magique

anhūtu — cf. *anāhu* A
fatigue, destruction
ani
maintenant! vois!
ankinutu — emp. sum.
plante médicinale
anna / *anni* — cf. *annû*
oui
anna
de fait
annakam — cf. *annû*
ici
annaku
étain, plomb
annanna
un tel
annânum — cf. *annû*
(d')ici
annikī'a / *annikānu* — cf. *annû*
(d')ici
anniš — cf. *annû*
(d')ici
annu — cf. *anna*
consentement, réponse positive
annūri(g)
à cet instant, maintenant
anqullu
chaleur de midi, de l'été
anṣabtu (f.)
anneau, boucle d'oreille
anumma
maintenant, ici
anummû
ce (susdit)
anuntu (f.)
combat
anūtu — cf. ^{d}*Anu*
fonction de dieu suprême
anzillu
tabou, sacrilège, abomination
anzahhu (f.) — emp. sum.
un type de verre
anzû — emp. sum.
aigle mythique

apālu A ('PL; a/u) G, Gtn, Gt, D, Š, N
satisfaire, répondre, compenser
apālu B ('PL; a/i) G
présenter une offrande alimentaire
**apālu* C ('PL) D
être tard, être en retard
apāru ('PR; i/i) G, Gtn, Gt, D, N
mettre une coiffure, (se) couvrir la tête
apâtu adj. fém. pl.
nombreuse (pour l'humanité)
apiltu (f.) cf. *apālu* A
paiement complet
āpilu cf. *apālu* A
"répondeur"(fonctionnaire du culte)
apkallu emp. sum.
sage, un prêtre
aplu
fils (héritier)
aplūtu cf. *aplu*
statut d'héritier, héritage, patrimoine
appāru emp. sum.; pl. *appārātu*
cannaie, marais
appatu (m. / f.) pl. *appātu*, *appāni*
rênes
appitti cf. *pittu*
selon, comme
appu pl. *appātu*
nez, bout, bord
appūna
de plus
apputtu
de grâce!
apsamikku emp. sum.
trapèze
apsasû emp. sum.
zébu?, sphinx?, une pierre en forme de sphinx?
apsû emp. sum.
océan originel, eau souterraine
aptu (f.) emp. sum.?
ouverture, fenêtre
apu A
cannaie
apu B
trou
apû A (WPĪ) G, D, Š, Št, Štn
devenir visible (D: acquérir; Š: proclamer)
apû B (WPĪ) G, Š
devenir couvert (yeux)
aqāru (WQR; i/i) G, Gtn, D, Š, Štn, Št
devenir rare, précieux
**aqû* (WQĪ) G, D, Dt
attendre
arabû
un oiseau
arādu A (ᵂRD; a/i) Gtn, Gt, D, Š, Št
descendre, abandonner
arādu B ('RD; u/u) G, D; cf. *ardu*
servir
arāhu A ('RH; a/a) G, D, Dt, Št?
se hâter
arāhu B ('RH) G (impér.), D, Š
détruire, consumer
arāhu C ('RH; i/i) G, Š
attaquer, se précipiter contre
arāku ('RK; i/i) G, Gt, D, Dt, Š
devenir long, être durable
arallû emp. sum.
au-delà, monde des morts
arammu
digue, chaussée, rampe
arāmu / *harāmu* ('RM; i/i) G, Gt, D
(re)couvrir, ranger (une tablette)
arānu (f.)
couffin
arāqu (WRQ; i/i) G, Gtn, D, Š
devenir vert-jaune, pâlir
arariānu
une plante médicinale
ararru emp. sum.
meunier
arāru A ('RR; a/u) G, Gt
maudire, insulter, désavouer
arāru B ('RR; u/u) G, Gtn, Gt, D, Dt, N, Ntn

trembler
arāru / *harāru* C ('RR; u/u) G, N, Ntn
rejeter un liquide putride, déféquer
arattû
venant d'Aratta, excellent
arbu
non cultivé
arbūtu cf. *arbu*
fuite, dévastation, statut d'une personne sans famille
ardadillu
une plante
ardatu (f.) cf. *ardu*
jeune femme
ardat lilî (f.)
une démone
ardu / *wardu* / *bardu* / *urdu*
serviteur
ardūtu / *wardūtu* / *urdūtu* cf. *ardu*
esclavage, subordination
argamannu
laine pourpre, tribut
argānu / *hargānu*
(résine d')un conifère
arhu A cf. *arāhu*
rapide
arhu (f.) B
vache
arhu / (*w*)*urhu* / *barhu* (f.) C
mois
arhussu cf. *arhu*
mensuellement
āribu / *ēribu* / *herēbu*
corbeau
ariktu (f.) cf. *arāku*
longueur
arītu (f.)
(porteur de) bouclier
arka / *warka* / *urku*
ensuite, derrière
arkāniš cf. *arku*
plus tard
arkānu / *warkānum* / *barkānum* / *urkānum*
plus tard cf. *arku*
arkatu (f.) cf. *arku*
arrière, héritage, arrière-garde, circonstances
arki
après, derrière
arkītu (f.) cf. *arki*
suite, futur, derrière, puiné
arku cf. *arāku*
haut, long
arkû cf. *arki*
futur, de second rang, postérieur
armannu / *arwānu* / *ramannû* mot étr.
un arbre aromatique
armu / *harmu* cf. *arāmu*
enveloppé, à enveloppe (pour une tablette)
armu
bouquetin
arnu
faute, péché
arqu (fém. *aruqtu*); cf. *arāqu*
jaune-vert
arrabu
gerboise?
arraku cf. *arāku*
haut, long
arratu (f.) cf. *arāru* A
malédiction
arsānu
gruau
arsuppu emp. sum.
carpe, une céréale
aršātu (pl.)
froment?
artu (f.) cf. *aru*
branche, rameau
aru / *eru* / *haru*
branche, tige
arû A (ᵂRŪ) G, Gtn, Š, Št
aller, conduire
arû B ('RŪ) G, Gtn, Š
vomir
arû C ('RŪ) (G), D
couper des branches

arû D ('RĪ) cf. *erû*
devenir enceinte
arû emp. sum.
produit (math.)
âru (W'R; i/i) G, D, Dtn
aller, attaquer, mander, gouverner
arurtu (f.) cf. *arāru*
famine, faim
arzallu pl. *arzallū*; *arzallānu*
une plante, une pierre, un outil
asakku emp. sum.
(démon d'une) maladie
asakku emp. sum.
tabou
asāmu (WSM; i/i) G, D, Š
être comme il convient
ashar mot étr.
une pierre
asīdu
talon
asīru cf. *esēru* B
prisonnier de guerre, travailleur étranger
asītu (f.) pl. *asajāti, isītate*
tour, pyramide, tas
askuppatu (f.) cf. *askuppu*
seuil de porte, dalle de pierre
askuppu
seuil de porte, dalle de pierre
aslu A
jeune mouton
aslu B (f.)
unité de mesure (coudée)
asnû / *issanû*
(datte) de Dilmun
aspu
fronde
assammû emp. sum.
un grand récipient, cruche
assinnu
desservant du culte d'Ištar
assurri, assurrē cf. *surru*
peut-être

asu A
myrrhe
asu B
ours
asû emp. sum.
médecin
asumittu (f.) pl. *asuminēti*
stèle, plaque de bronze
asuppu pl. *asuppāti*
hutte, cabane, auvent
asurrakku emp. sum.
profondeurs, eaux souterraines
asurrû emp. sum.
(mur de) fondation
aṣābu (ᵂṢB; a/i) G, Gtn, D, Dt
augmenter, ajouter
aṣappu pl. *aṣappū* et *aṣappāni*
bête de somme
aṣītu (f.) cf. *aṣû*
sortie, taxe d'exportation, force expéditionnaire
aṣû (ᵂṢĪ) G, Gtn, Gt, Š, Štn, Št
sortir
ašābu (ᵂŠB; a/i) G, Gtn, Gt, Š, Št
s'asseoir, se trouver, habiter
ašāgu
sorte d'acacia
ašahhu pl. *ašahhātu*
magasin, entrepôt
ašamšūtu (f.) pl. *ašamšātu*
orage, ouragan
ašar
là où, dès que, si
ašar
avec, avant, devant, au lieu de
ašarīdu *ašar* + *ēdu*;
premier, de haut rang fém. *ašarittu*
ašaridūtu (f.) cf. *ašarīdu*
prééminence, rang élevé
ašaršana/i *ašru* + *šanû*
(vers) ailleurs
ašāru ('ŠR; a/u) G, Gtn, Št
organiser, fournir

**ašāru* cf. *uššuru* (G), D, Dt
(se baisser) D: lâcher, laisser aller
ašāšu A (’ŠŠ; u/u) G, Gtn, Gt, D, Dtn, Št, Ntn
devenir soucieux, ennuyé
ašāšu B (’ŠŠ; u/u et a/u) G, Gtn
prendre avec un filet, dominer
ašâtu (pl. f.)
rênes
ašgikû
une pierre, une plante
ašibu / *jašubu* / *šupû*
bélier (milit.)
āšibu cf. (*w*)*ašābu*; pl. *āšibū* / *ašibūtu*
habitant
āšipu
exorciste
āšipūtu cf. *āšipu*
art / fonction d’exorciste, exorcisme
aširtu (f.)
sanctuaire
aši’u (f.)
fer (météorique)
aškāpu emp. sum.
artisan travaillant le cuir
aškuttu (f.) emp. sum.
grand loquet
ašlāku emp. sum.
blanchisseur
ašlu (f.) pl. *ašlātu*
corde; une mesure
ašlukkatu (f.) emp. sum.
pièce de stockage
ašnan (f.)
grain, céréale
ašqulālu
un phénomène atmosphérique, une plante
ašrānu cf. *ašru*
là-bas, ici
ašriš cf. *ašru*
là
ašru (m. / f.)
endroit, place, région
ašša
dès que, parce que
aššābu cf. *ašābu*; pl. *aššābūtu*
résident
aššatu / *aštu* / *altu* (f.)
épouse
aššu
à cause de, parce que
aššum / *ašša*
au sujet de
aššūtu cf. *aššatu*
statut d’épouse, mariage
aštammu
auberge
aštapiru
domesticité
ašṭu / *wašṭu*
fort, difficile
ašû / *hašû* / *ušû*
une maladie
ašūhu mot étr.
sapin
ašuštu (f.) cf. *ašāšu*
tristesse, ennui
atā
pourquoi?
**atāmu* / **adāmu* G (perm.)
posséder une part
atā’išu / *adiššu*
une plante médicinale
atānu (f.)
ânesse, jument
atappu (m. / f.)
canal
atartu (f.) cf. *atāru*
excès, exagération
atāru / *watāru* (WTR; i/i) G, (Gt), D, Dtn, Dt, Š
être immense, être en excès
atbaru
basalte?
athû (pl.) cf. *ahu*
compagnons, partenaires
athūtu cf. *ahu*
fraternité, association; partenariat
atkuppu (empr. sum.)
vannier

atmanu / *wadmanu* pl. *atmanātu*
cella, temple
atmu
jeune, petit
atmû / *atwû* cf. *amû*
discours
atru cf. *atāru*
en excès, excessif, excellent
atru cf. *atāru*
excès, paiement additionel
attalû/ *namtallû*
éclipse
attaru cf. *atāru*
remplaçant
attu-
concernant
atû
portier
atû / *watû* (ᵂTĀ) G, Št
trouver, sélectionner
atūdu
mouton sauvage
atuhlu emp. hourr.
une classe sociale
atûtu cf. *atû*
prébende de portier
awītum
chargement (d'étain)
azallû emp. sum.
plante médicinale
azamillu pl. *azamillātu*
sac
azmarû pl. *azmarû* et *azmarānû*
lance
azupīru / *azupirānu* / *azupirānītu* / *azukirānu*
safran?
azzūzâ *ana* + *zūz*(*u*) + *â*
vers n'importe où

B
ba'ālu[15] (B'L; i/i) G, Gt
être très grand, devenir brillant, être important
ba'āru (B'R; a/a) G, Gtn, D (inf.)
pêcher, chasser, attraper
ba'āšu A (B'Š; i/i) G, Gtn, D
être mauvais, puer
ba'āšu B (B'Š; a/a) G, Gt, D, Dt
avoir honte
babālu (BBL) cf. *abālu*
porter
bābānu cf. *bābu*
dehors, extérieur
babbanû **ban-banû*
excellent, amical, beau
babbilu cf. *babālu*
travailleur agricole, métayer
bābtu (f.) cf. *bābu*
quartier (ville), bien commercial, déficit, perte
bābu (m. / f.) pl. *bābū*, *bābānu* et *bābātu*
porte, ouverture
bādu
soir
bahru cf. **bahāru*
chaud, cuit
bahrūtu cf. **bahāru*
état du cuit, chaleur
bahû (BHĪ / Ū) G, D
être maigre
bā'iru cf. *ba'āru*
chasseur, pêcheur, un type de soldat
bajātu cf. *bâtu*; pl. *bajātānu*
cérémonie nocturne
bakû (BKĪ) G, Gtn, Gt, Š
pleurer
balaggu emp. sum.
un instrument de musique (harpe?), un chant

[15] Les verbes à deuxième faible sont indiqués avec un aleph (ex. *ba'ālu)* lorsqu'ils présentent des formes fortes, avec la contraction lorsqu'ils sont essentiellement faibles (ex. *bâru* B).

balālu (BLL; a/u) G, Gt, D, (Dtn), Dt, N, Nt
mélanger
balāṣu (BLṢ; i/i) G, Gtn, D
regarder fixement
balāṭu (BLṬ; u/u) G, Gt, D, Dt, (Š)
vivre, être en bonne santé, valide
balāṭu cf. *balāṭu*
vie, vigueur
ballukku
un arbre, une substance aromatique
baltu
une plante épineuse
balṭūtu cf. *balāṭu*
bonne santé, vigueur
balu
sans
balû (BLĪ) G, Gtn, Gt, D, Dt
venir à sa fin
baluhhu
une plante (galbanum?)
bāmâ
moitié
bamâtu (pl.)
plaine, (rase) campagne
bāmtu (f.) A
moitié
bāmtu (f.) B
poitrine
banduddû emp. sum.
grand récipient
banû cf. *banû* B
beau, bon, amical
banû A (BNĪ) G, Gt, D, Š, Št, N, Nt
produire, créer, construire
banû B (BNĪ) G, Gt, D, Dt
pousser, être beau, être bien, être bon
bānû cf. *bānû* A
créateur, géniteur, constructeur
bappiru emp. sum.
"pain à bière"
baqāmu (BQM)/ *baqānu* (BQN; a/u) G, D, Š, N
arracher (cheveux), tondre
baqāru (BQR; a/u quelquefois u/u, i/i)
réclamer, contester cf. *paqāru*

bāqilu cf. *baqālu*
brasseur
barāmu A (BRM; a/u) G, Gt, Š
sceller
barāmu B (BRM) G (perm.), Gt, D
être colorié, être multicolore
barāqu (BRQ; i/i) G, Gt, Š, Štn, Ntn, Nt
fulgurer, briller, éclairer
barārītu cf. *barāru*
veille du soir
barāru (BRR; u/u) G
devenir voilé?
barārītu (f.)
veillée, première partie de la nuit
barasigû emp. sum.
autel domestique
barāṣu (BRṢ; u/u) G
briller
barbaru
loup, une étoile
barīrātu
sagapenum?
bārtu (f.) cf. *bâru* B
révolte
barû A (BRĪ) G, Gtn, Gt, Š
voir, inspecter
barû B (BRĪ) G, Gtn, Gt, D
être affamé
bārû cf. *barû* A
devin, haruspice
bâru A (BŪR) G, Gt, D, Dt
être stable, ferme, établi (D établir, prouver)
bâru B (B'R; a/a) G, Gt, N
se révolter
bâru cf. *ba'āru*
bārûtu (f.) cf. *barû* A
art du devin, divination
bāsi
bientôt
baṣāru (BṢR) (G), D
déchirer, arracher
baṣṣu
sable

bašālu (BŠL; a/a) G, Gt, Š, Št
cuire, mûrir, bouillir
bašāmu (BŠM; i/i) G, Gt, D, N
former, construire, représenter
bāšītu (f.) cf. *bašû*
biens, possessions
bašmu
serpent mythologique, hydre
bāštu (f.) cf. *ba'āšu* A
force vitale, dignité
bašû (BŠĪ) G, Š, Št, N, Ntn, Nt
être, exister (N arriver, devenir valable)
batāqu (BTQ; a/u) G, Gtn, Gt, D, Dt, N, Ntn
couper, sectionner, accuser, détruire
bātiqu cf. *batāqu*
messager, accusateur, informateur
batqu cf. *batāqu*
pauvre, déficient, manquant
battu (f.)
alentours
battubattu cf. *battu*
région, côté, alentours
bâtu (BĪT) / ass. *biādu* G, Gtn, D, Š
passer la nuit, retarder
batultu (f.) cf. *batūlu*
jeune fille
batūlu
jeune homme
baṭālu (BṬL; i/i) G, Š, N, Nt
arrêter, mettre fin à (des livraisons)
baṭlu cf. *baṭālu*
interruption
bâ'u (BĀ') G, Gtn, Gt, Š/D
passer, longer, venir rencontrer
ba'ūlātu (f. pl.) cf. *bêlu*
sujets, populations, soldats
bazā'u G, D
réclamer
**be'ēšu* / *bahāšu* (B"Š; i/i) G, D
remuer
bēltu (f.) cf. *bêlu*
dame, propriétaire (femme)
bēlu cf. *bêlu*
maître, propriétaire

bêlu (B"L) G, D, N, Nt
diriger, être le maître de
belû (BLĪ) G, D
être éteint (D détruire)
bēlūtu cf. *bêlu*
souveraineté, statut de propriétaire
bennu
épilepsie
berû cf. *barû* B
affamé
bēru A cf. *bêru*
choisi
bēru B
éloigné
bēru C
une double lieue (env. 10 km.), une double heure
bēru D (/ *ba'ru*) cf. *bêru*
troupes d'élite
bêru (B"R) G, Gt, N
choisir
bêšu (B"Š) G, Gt
partir, se séparer, quitter
be'ūlātu / *bûlātu* (f. pl.) cf. *bêlu*
capital
bibbu
mouflon, peste
biblu A cf. *abālu*
offrande, cadeaux (de mariage)
biblu B cf. *abālu*
crue dévastatrice
bibrû emp. sum.
un oiseau (coq?)
bikītu (f.) cf. *bakû*
pleurs, lamentation
billatu (f.) cf. *balālu*
mélange
biltu (f.) cf. *abālu*
charge, revenu, tribut, talent (un poids)
binātu (f. pl.) cf. *banû* A
membres
binītu (f.) cf. *banû* A
création, créature, forme, formation

bintu (f.) cf. *bīnu* A
fille
bīnu A
fils
bīnu B
tamaris
binûtu (f.) cf. *banû* A
produit, création, forme
birbirrū (pl.) cf. *barāru*
brillance
biri-
entre, parmi
birīt cf. *biri*
entre, parmi
birītu (f.) cf. *biri*
intervalle, terrain entre, territoire
birku
genou
birmu cf. *barāmu*
tissu coloré
birqu cf. *barāqu*
éclair, tonnerre
birṣu cf. *barāṣu*
un phénomène lumineux
birtu (f.) pl. *birāti; biranātu* (nB)
fortification
bīru A cf. *barû* A
divination
bīru B
jeune taureau
bīru C cf. *biri*
région intermédiaire, milieu, barrière
biṣṣūru
vulve, sexe féminin
bīšu cf. *ba'āšu*
malodorant, mauvais
bīšu cf. *bašû*
propriété mobilière
bītānu / *bētānu* cf. *bītu*
intérieur, personnel des quartiers intérieurs
bitiqtu (f.) cf. *batāqu*
déficit, perte, compensation
bitqu cf. *batāqu*
ouverture, brèche, accusation, 1/8 de sicle

bitrû (BRĪ) Gt, Št
être continu, durer
bītu (m./ f.) pl. *bītātu*
maison, famille, endroit
bubbulu cf. *abālu*
inondation, nouvelle lune
bubu'tu (f.)
inflammation, pus, pustule de pus
bubūtu (f.) A
faim, famine
bubūtu B pl. *bubātu*
une partie du char (axe?)
būdu (f.)
épaule
buginnu, *buninnu*
caisse
buhhuru (BHR) D, Dt
chauffer
bukānu
pilon
bukru
premier né, enfant
bulṭu cf. *balāṭu*
vie, santé, vigueur
būlu
bétail, animaux sauvages
bunnannû cf. *banû* B
(traits du) visage, apparence extérieure
būnu cf. *banû* B
face, forme, apparence
buppānī
face
buqlu cf. *baqālu*
malt
buqūmu cf. *baqāmu*
tonte
burāšu
genévrier, essence de genévrier
burrû (BRĪ) D
annoncer
burrumu cf. *barāmu*
multicolore, tacheté
burtu (f.) cf. *būru* A
vache

būrtu (f.) cf. *būru* B
citerne, puits
buru emp. sum.
une mesure de surface
burû pl. *burânu* et *burû*
natte
būru A
veau
būru B
citerne, puits
burubalû emp. sum.
terre en friche
burūmû (pl.)
firmament
burzigallu emp. sum.
grand récipient
bussurtu (f.) cf. *bussuru*
nouvelles imprévues, message
bussuru (BSR) D, Dt
louer, apporter des nouvelles
buṣinnu
(mèche de) bougie
būṣu A pl. *būṣātu*
un type de verre
būṣu B
hyène
būšānu cf. *ba'āšu* A
mauvaise odeur, une maladie
būštu / *būltu* cf. *ba'āšu* B
timidité, embarras
bušṭītu / *balṭittu* (f.)
un insecte (punaise?)
būšû cf. *bašû*
possession, bien mobilier
butuqqû cf. *batāqu*
manque, perte
butuqtu (f.) cf. *batāqu*
inondation, conduit d'eau
buṭnānu cf. *buṭnu*
huile de térébenthine
buṭnu
térébinthe
buṭuttu (f.) A pl. *budmātum*, *buṭnāte*
pistachier, pistache
buṭuttu (f.) B
préparation céréalière
bu'û (B'Ī) D, Dtn, Dt
rechercher, examiner
bu'uru / *ba'uru*
chasse, proie

D

da'āmu (D'M; i/i, u/u) G, D
être sombre
da'āpu (D'P; i/i) G, D, Dt, N
repousser, frapper
dabābu cf. *dabābu*
discours, rapport, procès
dabābu (DBB; u/u) G, Gtn, Gt, D, Dt, Š, Št
parler, dire, protester, plaider, conspirer, calomnier
dabdû
défaite, massacre
dadmū (pl.)
habitations, monde habité
dādu
chéri
dagālu (DGL; a/u) G, Gtn, Gt, Š, Št, N, Nt
regarder, respecter
dā'ikānu cf. *dâku*
meurtrier
dajjālu cf. *dâlu* B
éclaireur
dajjānu cf. *dânu*
juge
dakāku A (DKK; u/u) G
courir
dakāku B (DKK; u/u) G
piler, concasser
dakāšu (DKŠ; a/u ou u/u) G, (Gt), D, (Š)
soulever
dâku, *duāku* (DŪK) G, Gt, Š, N
tuer, vaincre, frapper
dalāhu (DLH; a/u) G, D, Š, N, Ntn
troubler, embarrasser
dalālu (DLL; a/u) G, (Š)
honorer, glorifier

dalāpu (DLP; i/i) G, Gtn, Gt, D, Š
être sans sommeil, garder éveillé
dalihtu (f.) cf. *dalāhu*
confusion, détresse
dalīlu cf. *dalālu*
réputation, gloire
dalpu cf. *dalāpu*
en alerte, épuisé
daltu (f.)
porte
dālu cf. *dalû*; pl. *dālāni*
seau
dālû cf. *dalû*
puiseur d'eau, jardinier
dalû (DLŪ) G
puiser (de l'eau)
dâlu / *duālu* (DŪL) G, Gt, D, Š
bouger, errer, aller sans but
damāmu (DMM; u/u) G, Gtn, Š
gémir, se plaindre
damāqu (DMQ; i/i) G, D, Š
être bon, prospérer
damtum (f.)
destruction
damiqtu (f.) cf. *damāqu*
faveur, chance, bonnes relations
damqu cf. *damāqu*
bon, beau, favorable
da'mu fém. *da'matu*
rouge foncé
dāmu
sang
dâmu / *da'āmu* A (D'M; i/i, u/u) G, D
être d'une couleur foncée
dâmu / *da'āmu* B (D'M) (G), D
vaciller, avoir des vertiges
damû / *dawûm* (DWŪ) G
souffrir de convulsions
danānu (DNN; i/i) G, D, Dt
devenir fort, puissant (D augmenter, affirmer)
danānu / *da'ānu* cf. *danānu*
force
dandannu cf. *danānu (dan + dannu)*
tout-puissant

dannatu (f.) cf. *danānu*
famine, détresse, forteresse, rigueur (temps)
dannātu (pl. f.) cf. *danānu*
paroles strictes, accord
dannu cf. *danānu*; fém. *dannatu*
fort, massif, légitime, dur, dangereux
dannu pl. *dannūtu* / *dannātu*
un récipient
dannūtu / *da'nūtu* (f.) cf. *danānu*
force, violence, forteresse
dânu / *diānu* (DĪN) G, D, N
juger
dāpinu cf. *dapānu*
héroïque, féroce
dappu / *adappu* pl. *dappū* et *dappānu*
plaque de bois
daqqātu (pl. f.) cf. *daqqu*
restes
dār
à jamais, continuellement
darāku (DRK) G, (D)
empaqueter
darāru A (DRR; a/a) G, N
se libérer de, aller librement
darāru B (DRR; a/a) G
ajouter un mois intercalaire
darāsu (DRS; i/i) G, Gt, D, N
pousser, éloigner, malmener
dārâtu (pl.) cf. *dār*
éternité
dārītu (f.) cf. *dār*
durée, éternité, continuité
dārû cf. *dār*
éternel, durable
dāṣtu (f.) cf. *dâṣu*
trahison (pl. paroles inconvenantes)
dâṣu (D'Ṣ) G, Gt
traiter avec injustice ou sans respect, tromper
dâšu, *diāšu* (DĪŠ) G, Gtn, Gt, D
écraser, battre (le blé)
dāt
après

dātu
ensuite
dātu emp. vp.
décret
da'ummatu (f.) cf. *da'āmu*
obscurité profonde
dekû (DKĪ) G, Gt, D, Š
(se) lever, mettre en branle, mobiliser
dēkû cf. *dekû*
collecteur (taxes), veilleur de nuit
dešû (DŠ') (G), D, Dt, Š/D
devenir abondant, fertile
di'atu / *dihtu* (f.)
information
dibbātu (pl. f.) cf. *dabābu*
accord
dibbu cf. *dabābu*
mot, parole
dibiru emp. sum.?
malheur
diglu cf. *dagālu*
vue
dikšu cf. *dakāšu*
gonflement, diaphragme
dīktu cf. *dâku*
défaite
dīku cf. *dâku*
une taxe, une cérémonie
dikûtu (f.) cf. *dekû*
corvée, levée
dilhu cf. *dalāhu*; pl. *dilhētu*
trouble, confusion
diliptu (f.) cf. *dalāpu*
insomnie, trouble
dimtu (f.)
tour, région fortifiée, district
dīmtu (f.) pl. *dīmātu*, *dī'ātu* (nA)
larme, pleurs
dinānu / *andunānu* / *ardanānu*
remplacement, substitut
dīnu cf. *dânu*; pl. *dīnātu*
jugement, procès
dipāru (m./ f.) pl. *dipārānu* et *dipārātu*
torche
diqāru (m. / surtout f.) pl. *diqārātu*
pot
dirigû emp. sum.
supplémentaire (mois)
dišpu / *dašpu*
miel
dīšu
herbe, printemps
di'u (f.)
maladie de la tête
dû emp. sum.
plate-forme cultuelle
duhnu
millet
duhhusu (DHS) D, Dt
harceler, pousser
dulbātu (pl. f.)
un aliment
dulbu
platane
dullu pl. *dullū*, *dullāti*, *dullāni*
travail, service, corvée, produit, rituel
dumāqu cf. *damāqu*
joyaux
dummuqu cf. *damāqu*
bon, favorable
dumqu cf. *damāqu*
faveur, chance, fortune, beauté
dunnu cf. *danānu*; pl. *dunnū* et *dunnāti*
force, violence, fort
duppuru (DPR) D, Dt
s'éloigner, s'absenter, expulser
duppussû emp. sum.
jeune frère, second rang
duprānu
genévrier
durgu
région éloignée, partie intérieure
dūru A pl. *dūrāni*
fortification
dūru B cf. *dār*
continuité, permanence
duruššu
base, fondement

dudittu, tudittu (f.) pl. *dudinātu* et *dudinētu*
pectoral
duššû cf. *dešû*
abondant
duššupu cf. *dašpu*
doux
dušû
quartz, cristal de roche
dūtu
virilité
du'ummu cf. *da'āmu*
sombre

E

ē
non!
ebbu cf. *ebēbu*
pur, clair, de confiance
ebēbu ("BB; i/i) G, Gt, D, Dt, Š, Št
devenir propre (D nettoyer, purifier, laver d'une accusation)
eberta / *ebertān* cf. *ebēru*
sur l'autre rive
ebertu (f.) A cf. *ebēru*
l'autre rive, l'autre côté
ebertu (f.) B cf. *ebēru*
marche (d'escalier)
ebēru ("BR; i/i) G, Gtn, Gt, Š, Št
franchir, traverser
ebēṭu ("BṬ; i/i) G, Gt, D, N, Ntn, Nt
(se) gonfler
eblu
corde, une mesure de surface
ebû ("BŪ) G
être épais
ebūru pl. *ebūrānu*
récolte, été
ebuṭṭu
un type de prêt
edakku emp. sum.
aile d'un bâtiment
edēdu ("DD; u/u) G, D, Dtn
être, devenir pointu (D agir rapidement)
edēhu / *edēku* ("DH / K) G (perm., adj. vbal), D
recouvrir d'un réseau, de morceaux
edēlu ("DL; i/i) G, Gt, D, Dt, N
fermer
ēdēnu cf. *ēdu*
personne isolée, isolement
ēdēnû / *wēdēnû* cf. *ēdu*
seul, isolé, unique
edēpu ("DP; i/i) G, D
souffler, insuffler, chasser
edēqu ("DQ; i/i) G, Gtn, Gt, D, Dt, Š, Št, N
(re)vêtir (+ 2 acc.)
edēru ("DR; i/i) G, Gt, N
embrasser, entourer
edēšu ("DŠ; i/i) G, Gtn, Gt, D, Dtn, Dt
devenir, être nouveau
edû / *wedû* cf. *idû*
connu, célèbre
edû emp. sum.
raz de marée, inondation
ēdu / *wēdu*
seul, solitaire
edurû emp. sum.
hameau
e'ēlu ("' L; i/i) G, Gt, D, Dt, Št
lier, attacher
egēru ("GR; i/i) G, Gtn, Gt, D, Št, N, Ntn
être croisé, confus, pervers
egingiru, gimgīru, girgirû
une plante
egirrû / *girrû* emp. sum.
réputation, humeur, un mode de prédiction
egirtu (f.)
lettre, tablette
egizaggû emp. sum.
une pierre
egû ("GĪ) G, Gt
être négligent
egubbû/ *agubbû* / *gubbû* emp. sum.
(bassin à) eau bénite
egītu (f.) cf. *egû*
négligence

ehlipakku / *hilipakku* emp. hourr.
une pierre précieuse, un vêtement

e'iltu (f.) cf. *e'ēlu*
obligation, capacité, péché

ekallānu cf. *ekallu*
serf du palais

ekallu (m./ f.) emp. sum.; pl. *ekkallāti*
palais, propriété royale, salle principale

ekallû cf. *ekallu*
personne attachée au palais

ekdu
sauvage, farouche

ekēku ("KK; i/i) G, Gtn, D
gratter

ekēlu ("KL; i/i) G, Gtn, Gt, D, Dt
être sombre, s'assombrir

ekēmu ("KM; i/i) G, Gt, Gt, (D), N
enlever, ravir (perm. être atrophié)

**ekēpu* ("KP; i/i) G, Gt, D
s'approcher

ekkēmu cf. *ekēmu*
ravisseur

ekkētu cf. *ekēku*
gale

ekû
orphelin, sans foyer

ekurru (f. / m.) emp. sum.
temple

ekūtu (f.) pl. *ekâti*
fille sans foyer

ela
outre (prép.)

elallu
une pierre

elammakku, *elamkû*
un bois précieux

elat
sauf, en plus de

elâtu (pl. f.) cf. *elû*
partie supérieure, part additionnelle

elēhu ("LH; i/i) G, D, Dt
saupoudrer, décorer

elēlu ("LL; i/i) G, Gt, D, Dt
devenir pur, libre, propre

elen cf. *eli*
sur, en plus de

elēnu cf. *eli*
au-dessus, en plus de, à côté de, en amont

elēpu ("LP; i/i) G, Gt, D, Dt, Š, Št
germer, allonger, grandir, être embrouillé

elēṣu ("LṢ; i/i) G, Gt, D, Dtn, Š
réjouir

eli
sur, contre, outre, au débit de

elibbuhu / *ellambuhu* (f.)
vessie

elippu (f.) parfois masc. en nB
bateau

eliš cf. *eli*
en haut, en plus

elītu cf. *elû*
partie supérieure

elkulla / *elgulla* / *irkulla* mot étr.
une plante

ellu cf. *elēlu*
pur, libre, noble

ellu cf. *elēlu*
huile de sésame

elmēšu
une pierre précieuse, ambre?

elpetu
roseau?, luzerne

elû ("LĪ) G, Gtn, Gt, D, Dtn, Dt, Š, Štn, Št
monter, émerger (perm. être haut)

elû A cf. *elû*
haut, fier, exalté

elû B cf. *elû*
plus haut

elūlu
sixième mois

ēma
où

emanti emp. hourr.
décurie

emantuhlu emp. hourr.
décurion

embūbu
flûte

emēdu ("MD; i/i) G, Gtn, Gt, D, Dt, Š, Št, N, Nt
s'appuyer, charger, imposer (N se rencontrer)
emēmu ("MM; i/i) G, Gtn, D
être, devenir chaud, être brûlant de fièvre
emēru ("MR) G, N, Nt
avoir des troubles intestinaux
emesallu emp. sum.
un dialecte sumérien ("langue élevée")
emēṣu ("MṢ; u/u, ass. i/i) G, (D)
avoir faim
emētu (f.) cf. *emu*
belle-mère
emqu / *enqu* fém. *emuqtu*
sage, intelligent, expérimenté, habile
emṣu / *enṣu*
aigre, sur, acide
emšu
région hypogastrique, un ornement
emu
beau-père, beau-fils
emû / *ewû* ("WĪ) G, Gt, D, Š, Št
changer
emūqu pl. *emūqū* / *emūqāti*
force, valeur, capacité
emūtu cf. *emu*
noces
enēnu A ("NN) (G), D, Dt, Dtn
prier, demander merci
enēnu B ("NN; i/i) G, Gtn
punir
enēnu C ("NN; a/u) G, Gt
accorder un privilège
enēqu ("NQ; i/i) G, Gtn, (D), Š, Št
sucer, téter
enēšu ("NŠ; i/i) G, Gt, D, Dt, N
devenir faible, être appauvri
ennittu (f.) cf. *enēnu* B
châtiment (divin)
ennu (m./ f.) cf. *enēnu* C
bienveillance, grâce
enšu cf. *enēšu*
faible
entu (f.) cf. *enu*
grande prêtresse
enû ("NĪ) G, Gtn, Gt, Št, N
tourner, changer, révoquer (Š interchanger)
enu emp. sum.
seigneur, grand prêtre
enūtu cf. *enu*
seigneurie, fonction de grand prêtre
enzu (f.)
chèvre, Lyre (constellation)
epēqu ("PQ; i/i) G, Gt, D, Dt
être massif, être solide
ep(e)ru
poussière, terre, débris
epertu (f.)
brique cuite
epēru ("PR; i/i) G, Gt, Št
nourrir, pourvoir en rations alimentaires
epēsu A ("PS) G, D
objecter
epēšu B ("PŠ; e/u ou u/u) G, Gtn, Gt, D, Š, Št, N
faire, construire
epēšu cf. *epēšu* B
travail, activité, acte, maléfice
epinnu (m. / f.) emp. sum.
charrue, mesure de superficie
ēpišānu cf. *epēšu* B
fabricant
ēpišānūtu cf. *epēšu* B
réparation, maintenance
epištu (f.) cf. *epēšu* B
oeuvre, fait, construction, plan, rituel
epšu cf. *epēšu* B
fait, bâti, cultivé, ajusté, expérimenté
epû ("PĪ) G, N
cuire
ēpû cf. *epû*
boulanger
eqbu
talon

eqēqu ("QQ) (G, Gtn), D
devenir lourd, lié
eqlu (m. / f.)
terrain, champ
eqû ("QĪ) G, Gtn
maquiller, enduire
ēqu
un objet cultuel
dans *bīt ēqi*
cella (du temple d'une déesse)
erâ
côte à côte
erbe
quatre
erbettu (f.) cf. *erbe*
attelage de quatre animaux
erbu / *aribu*
sauterelle
erebu cf. *erēbu*
coucher (du soleil), occident
erēbu ("RB; u/u, a/u) G, Gtn, Gt, D, Š, Štn, Št
entrer, arriver, aller, retourner
erēnu / *erinnu*
cèdre
erēpu ("RP; u/u) G, Gt, D
devenir sombre
erešu
odeur
erēšu A ("RŠ; i/i) G, Gtn, Gt, N
demander, désirer
erēšu B ("RŠ; i/i) G, Gtn, Gt, (D), Š, Štn, N
semer, planter, cultiver
ēribu cf. *erēbu*
celui qui peut entrer, admis
erimmatu
pierre en forme d'oeuf, collier
erimmu
marque sur la peau
eriqqu (f.)
char(iot)
erištu (f.) cf. *erēšu* A
besoin, désir, souhait
erītu (f.) cf. *erû*
femme ou femelle enceinte

ermu cf. *arāmu*
couverture
erpetu (f.) cf. *erēpu*
nuage
errebu cf. *erēbu*
nouveau-venu, intrus
errēšu cf. *erēšu* B
cultivateur, métayer
errēšūtu cf. *erēšu* B
fermage, métayage
ersû
prêt, bien entraîné
erṣetu (f.)
terre, les enfers, district, territoire, sol
eršu (f.)
lit
eršu A
sage, intelligent, savant
eršu B cf. *erēšu* B
cultivé
e'ru / *ēru*
un arbre
erû / *arû*
aigle
erû / *werû*
cuivre
erû pl. *erêtu*
meule
erû
nu, vide
erû / *arû* / *merû* ("RĪ) G, Š
être enceinte
êru ("ŪR) G, D (perm.)
être éveillé
esēhu ("SH; i/i) G, D, Dt, Š, N
assigner
esēlu ("SL; i/i) G, D, Dt, N, Ntn
être constipé
esēpu ("SP; i/i) G, D, Š, N
rassembler, collecter
esēqu ("SQ; i/i) G, D, Dt cf. *isqu*
faire un dessin, graver (D partager, assigner)

esēru A ("SR; i/i) G, Gt, D, Dt, N
faire payer, collecter, exiger un paiement

esēru B ("SR; i/i) G, Gtn, Gt, D, Dt, N
enfermer, délimiter

esirtu (f.) cf. *esēru* B
concubine

eṣēdu ("ṢD; i/i) G, Gt, Š, N
moissonner, récolter

eṣēdu cf. *eṣēdu*
récolte

eṣēlu ("ṢL; i/i) G, D, Dt, N, Ntn
paralyser

eṣemtu (f.) pl. *eṣmētu*
os, ossature

eṣenṣēru *eṣem* + *ṣēru*
colonne vertébrale

eṣēnu ("ṢN; i/i) G, Gt, D, Š, N
sentir

eṣēpu ("ṢP; i/i) G
doubler

eṣēru ("ṢR; i/i) G, Gt, D
dessiner, graver

ēṣidu cf. *eṣēdu*
moissonneur

ešâtu (pl. f.) cf. *ešû*
confusion, désordre, éclipse

ešēbu ("ŠB; i/i) G, D, (N)
grandir avec luxuriance

ešēru ("ŠR; i/i) G, Gt, Š, Št, N
être en ordre, aller droit, s'approcher, prospérer

ešgallu emp. sum.
grand temple

ešir / *ešer* fém. *ešeret*
dix

eširtu cf. *aširtu*

ešītu (f.) cf. *ešû*
confusion, désordre, trouble de la vision

ešmarû
electrum, alliage d'argent

ešmekku emp. sum.
malachite

ešrā cf. *ešir*
vingt

ešrētu / *ušrētu* (pl. f.) cf. *ešir*
dixième

ešrû cf. *ešir*
un dixième

eššebu
un oiseau (chouette?)

eššebû
prêtre extatique

eššešu / *iššešu* / *essesu* pl. *iššešāni*
une fête mensuelle, offrandes

eššu cf. *edēšu*; fém. *eššetu* / *edištu*
nouveau

eššūtu / *iššūtu* cf. *edēšu*
nouveauté

ešû cf. *ešû*
enchevêtré, confus

ešû / *ašû* ("ŠĪ) G, Gt, Dt, Š, N
troubler

etēku ("TK; i/i) G, Gtn, Gt, D
être en alerte, vigilant

etellu
seigneur, prince

etellūtu cf. *etellu*
fait d'être prince, seigneurie, autorité

etēmu ("TM; i/i) G, (D), Št
être doux?, décomposé?

etēqu ("TQ; i/i) G, Gtn, Gt, Š, Štn, N
franchir, traverser, transgresser

ettūtu / *ettītu* / *uttūtu* (f.) pl. *ettuwātu*
araignée

eṭēlu ("ṬL) Gt, D, Dt; dénominatif sur *eṭlu*
devenir adulte

eṭemmu
esprit d'un mort, fantôme

eṭēru A ("ṬR; i/i) G, Gtn, Gt, N, Ntn
enlever, retirer, sauver

eṭēru B ("ṬR; i/i) G, Gt, D, Dt, N, Ntn, Nt
payer

eṭlu pl. *eṭlūtu*
(jeune) homme

eṭû ("ṬĪ) G, Gtn, D, Dt, (N)
être sombre

eṭûtu cf. *eṭû*
obscurité
ezēbu ("ZB; i/i) G, Gtn, (D), Š, Štn, Št, N
excepter, abandonner, négliger, laisser
ezēhu ("ZH; i/i) G, Gt, D, N
ceinturer
ezēru ("ZR; i/i) G, Gt
maudire
ezēzu ("ZZ; i/i) G, Gt, D, Š
être en colère
ewuru mot hourr.
héritier
ezib / ezub cf. *ezēbu*
c'est sans importance
ezib / ezub cf. *ezēbu*
sans (que), en dehors de
ezibtu (f.) cf. *ezēbu*
reste, garantie

G

gabadibbû (pl.) emp. sum.
créneau, parapet
gabarahhu emp. sum.
désespoir
gabarû emp. sum.; pl. *gabrānû* (nB)
copie, réponse, adversaire, équivalent
gabbu
totalité, tout
gabû
dans *aban gabî*
alun
gadāmu (GDM; i/i) G
raser (cheveux, barbe) en châtiment
gagû emp. sum.
espace d'un temple réservé aux *nadītu*
gal(a)māhu emp. sum.
chef des chantres
galātu (GLT; u/u) G, D, Dtn, Dt, Š, ŠD, ŠDt
trembler, s'effrayer
gallābu cf. *galābu*
barbier
gallû emp. sum.
un démon méchant
galtu cf. *galātu*
effrayant
gamālu
dans *la gamāl* cf. *gamālu*
sans pitié
gamālu (GML; i/i) G, Gt, Št
favoriser, bien traiter, épargner
gamartu (f.) cf. *gamāru*
totalité, fin
gamāru (GMR; a/u) G, Gt, D, Dt, Š, Št, N, Nt
achever, annihiler, épuiser, contrôler
gamāru cf. *gamāru*
totalité, fin
gamirtu (f.) cf. *gamāru*
fin, totalité
gāmiru cf. *gamāru*
complet, décideur, efficace
gamlu
bois courbé, boomerang
gammalu
chameau
gamru A cf. *gamāru*
complet, entier, achevé
gamru B cf. *gamāru*
totalité, dépenses
gana emp. sum.
viens!
ganāhu (GNH; i/i) G, D
avoir une quinte de toux
ganānu (GNN; a/u) G, D
enfermer
ganāṣu (GNṢ) (G), D, Dtn
renifler, froncer le nez
gangannu (m./ f.) cf. *kannu* ; pl. *gangannāti*
entrepôt à bière
ganūnu emp. sum.
entrepôt, quartiers d'habitation
gapāšu (GPŠ; a/u) G, Gt, D, Dt, N, Nt
être énorme, massif
gapnu emp. ouest-sém.?
un arbre
gapšu cf. *gapāšu*
énorme, fier, prépondérant

garānu (GRN; a/u) G, D, Dt
amasser
garāru / *qarāru* (G/QRR; u/u) G, (D), ŠD, N, Ntn, (Nt)
se tordre, se tortiller
garbānu cf. *garābu*
lépreux
gardu emp. vp.
une classe militaire
garru cf. *garāru*
rond
gaṣāṣu A (GṢṢ; a/u) G, Gt, Gtn,(ŠDt), Ntn
grincer des dents
gaṣāṣu B (GṢṢ; a/u) G, Gt, D
couper, mutiler
gaṣṣu
gypse, plâtre
gašāru (GŠR; i/i) G, Gtn, Gt, D, Dt
devenir puissant
gašīšu
pieu
gašru fém. *gašratu* / *gašertu* / *giširtu*
supérieur, fort
gâšu / *guāšu* (GŪŠ) G, Gt
aller, courir
gattu (m. / f.)
forme, stature
gā'u emp. ouest-sém.
groupe, tribu
gazāzu (GZZ; a/u) G, Gt, N
tondre
gerû (GRĪ) G, Gt, D, Dtn, Nt
être hostile, faire un procès (D entamer des hostilités)
gērû cf. *gerû*
ennemi, adversaire
gêsu (GĪS) G
attribuer
gešû (GŠŪ) G, Gt, D, Dt
vomir, roter
gêšu (G"Š; i/i) G
balafrer
giddê (pl.)
un aliment

gidlu
torsade, torque
gīdu pl. *gīdū* et nB *gidātu*
muscle, tendon
gigunû emp. sum.
chapelle (sur terrasse d'un temple)
gihinnu emp. sum.
corbeille de roseau
gihlû
manifestations de détresse
gilittu (f.) cf. *galātu*
terreur
gillatu (f.) cf. *gullulu*
faute, péché, sacrilège
gilšu / *giššu*
hanche
gimillu cf. *gamālu*
faveur, complaisance
dans *gimilla turru*
vengeance
gimirtu (f.) cf. *gamāru*
totalité, force principale
gimru cf. *gamāru*
totalité, univers, (pl. dépenses)
ginâ cf. *ginû*
constamment, normalement
ginnu
marque de qualité (pour l'argent)
ginû A emp. sum.
normalité, offrandes régulières
ginû (pl.) B
montagne
ginû cf. *ginû* A
permanent, normal, ordinaire
gipāru / *miparru* emp. sum.
résidence d'un prêtre, partie d'une résidence, pâturage
gipšu cf. *gapāšu*
masse, puissance
gipû emp. sum.
corbeille à dattes
girginakku emp. sum.
bibliothèque
girimmu / *girinnu*
un fruit (une baie?)

girrānu
lamentation rituelle
girru (m. / f.) A pl. *girrū* et *girrētu*
chemin, caravane, expédition, (provisions de) voyage
girru B
feu
girseqû emp. sum.
une classe de domestiques
girû
mesure (1 / 24 de sicle)
gisallu emp. sum.
barrière de roseau
giskimmu emp. sum.
signe, présage
gisṣu
arbuste épineux, épine
gišallu emp. sum.
rame
gišhuru emp. sum.; pl. *gišhurāte*
plan, modèle, cercle magique
gišimmaru (m./ f.) emp. sum.
palmier dattier
gišnugallu / *ašnugallu* emp. sum.
albâtre
gišparru emp. sum.
piège
gišrinnu emp. sum.
balance
gišru (f.) A
barre, barricade
gišru B
pont, taxe de douane
gištû emp. sum.
barreau d'un meuble
gištuppu emp. sum.
petite plaque (en matière précieuse)
gitmālu cf. *gamālu*
égal, parfait
giṭṭu emp. sum.
tablette en long, document
gizillû emp. sum.
flambeau
gizzatu (f.) cf. *gazāzu*
empiétement, terre acquise

gizzu A
bouc
gizzu B cf. *gazāzu*
tonte
gudapsû emp. sum.
un prêtre de haut rang
guennakku emp. sum.
gouverneur de Nippur
gugallu emp. sum.
inspecteur des canaux
gugguru emp. sum.; pl. *guggurātu*
un récipient de terre
guhaṣṣu / *guhaššu* / *guhalṣu*
fil métallique, un vêtement
guhlu
(pâte d')antimoine
guhšu emp. sum.
autel en roseau
gukkallu / *kukkallu* emp. sum.
sorte de mouton
gulēnu emp. ouest-sém.
un manteau
gulgull(at)u pl. *gulgullū* / *gulgullāti*
crâne
gullubu (GLB) D, Dt; cf. *gallābu*
raser, consacrer, dépouiller
gullultu (f.) cf. *gullulu*
action hostile, péché
gullulu (GLL) D, Dt
commettre un péché
gumāhu emp. sum.
taureau de choix
gummurtu (f.) cf. *gamāru*
accord final, totalité
gunnu
troupes d'élite
guqqû emp. sum.; pl. *guqqānû* et *guqqû*
offrande mensuelle
gurābu emp. aram.
sac, renforcement
gurgurru
artisan travaillant le bois et le métal
gurnu / *gunnu*
de qualité moyenne

gurpisu / *gursipu* / *qurpissu*
heaume de cuir
gurru (GĪR) D
allouer
gurunnu pl. *gurunnē* / *gurunnēti*
tas, monticule
gusānu pl. mA *gusānātu*
sac en cuir
gušūru emp. sum.?
poutre, bûche
guzalû emp. sum.
un "porteur de siège"
guzullu
fagot

H

ha'āṭu cf. *hâṭu* ; pl. *ha'ātāni*
vigilant, inspecteur
habābu A (HBB; u/u) G, Š
murmurer, gazouiller
habābu B (HBB; u/u) G, D
caresser?
habālu A (HBL; a/u ou i/i) G, D, Dt, N, Nt
opprimer, razzier, faire du tort
habālu B (HBL; a/u) G, D, Dt, N, Nt
emprunter (perm. avoir des dettes)
habālu cf. *habālu* A
violence, oppression
habāru (HBR; u/u) G, D, Dt, Š
faire du bruit
habāru (HBR) G, D
être épais, solide
habāṣu (HBṢ; i/i) G, Gtn, Gt, D, Dtn, Dt, Š
se sentir bien, être détendu (D "réjouir")
habāšu (HBŠ; a/u) G, D, N
casser, mettre en morceaux
habātu A (HBT; a/u) G, Gtn, Gt, D, Dt, N
voler, piller
habātu B (HBT; a/u) G, D
emprunter
habātu C (HBT; a/u) G, Š, N
traverser, faire une incursion
habātu D (HBT; i/i) G, Gt
prévaloir?

habbātu cf. *habātu* A
brigand
habbilu cf. *habālu* A
mauvais, hors-la-loi
habbūru emp. sum.?
bourgeon
hablu cf. *habālu* A
à qui on a fait tort
habû (HBŪ) G, Gt, Dt
puiser (l'eau), verser
hâbu / *hâpu* (HŪB) G, D
consacrer, exorciser, rendre pur
hābu
un type de fourrage
habullu cf. *habālu* B
dette
hadādu (HDD; u/u) G
mugir, bruire
hadālu (HDL; i/i) G, D
retourner?
hadru
un collège ou une classe sociale
hadû (HDŪ puis Ī) G, Gtn, Gt, D, (N)
se réjouir, être bien disposé
hadû cf. *hadû*
joie, accord
hādû cf. *hadû*
qui se réjouit avec malveillance
hahhu cf. *hahû*
bave, toux
hahhuru
corbeau?
hahû (HHŪ) G, Gtn
cracher, tousser
hā'iru / *hāwiru* cf. *hâru* A
amoureux, mari
hā'iṭu cf. *hâṭu*
veilleur de nuit, surveillant monétaire
hakāmu (HKM; i/i) G, D, Š, N, Nt
comprendre
halālu A (HLL; a/u) G Gtn, (D), N, Ntn
se tortiller
halālu B (HLL; u/u) G, D, Dt
siffler, murmurer

halālu C (HLL; a/u) G
retenir
halāpu (HLP; u/u) G, Gtn, D, Š, Št, N
(s')envelopper, se glisser dans
halāqu (HLQ; i/i) G, Gtn, Gt, D, Dt, Š, Štn, Št, ŠD
perdre, disparaître, détruire, s'enfuir
halāṣu (HLṢ; a/u) G, (Gtn, D)
peigner, presser
halāšu (HLŠ; a/u) G, D, Dt
gratter
halhallatu
une sorte de tambour
haliqtu cf. *halāqu*
chose perdue, perte
hallatu (f.)
une taxe
hallu
cuisse
hallulaja
un insecte, une démone
hallūru (f.)
petit pois, pois chiche, un poids (1/10 de sicle)
halmatru
un bois, joug fait dans ce bois
halpû emp. sum.
gel
halqu cf. *halāqu*
perdu, manquant, en fuite
halṣu (m. / f.)
forteresse, fortification, district
halṣu cf. *halāṣu*
pressé, peigné
haltappānu
une plante médicinale
hâlu A (HŪL ou HĪL) G
devenir liquide, exsuder
hâlu B (HĪL) G
trembler
hâlu C (HĪL) G
être en travail
hālu
oncle maternel
haluppu
chêne?
halzuhlu *halṣ-* (akk.) + *-uhlu* (hourr.)
commandant d'une forteresse
hamādu (HMD; i/i) G
être évasif
hamālu (HML; i/i) G, Štn
faire des plans
hamāmu (HMM; a/u) G, D, Dt
réunir, rassembler
hamāṣu (HMṢ; a/u) G, Gt, D, Dt, Š
enlever, arracher
hamāšu A (HMŠ; i/i) G, D, Dt
être gonflé?
hamāšu B (HMŠ; i/i) cf. *hamiš* G
diviser par cinq
hamāṭu A (HMṬ; u/u) G, Gt, D, Š, Št
se presser, être rapide (D envoyer rapidement)
hamāṭu B (HMṬ; a/u) G, Gt, D, Dt, Š, Štn
brûler
hamiš fém. *hamšat*
cinq
hamištu cf. *hamiš*
groupe de cinq personnes
hamītu cf. *hamû*
une sorte de guêpe
hammā'u / *hammû*
usurpateur, rebelle
hammatu (f.)
femme chef de famille
hamru
temenos
hamšā / *hanšā* cf. *hamiš*
cinquante
hamšātu (pl. f.) cf. *hamiš*
part d'un cinquième
hamšīšu cf. *hamiš*
5 fois
hamšu cf. *hamiš*
un cinquième
hamṭu / *hanṭu* cf. *hamāṭu* A
rapide, soudain

hamû A (HMĪ) G, Gt, D, N
paralyser

hamû B (HMĪ) G, D
faire confiance

hamû / *hawû* (HWŪ) G
grogner, bourgeonner

hāmū (pl.)
litière de feuilles ou de roseaux

hamuštu cf. *hamiš*
période de 5 jours

hanābu (HNB; u/u) G, Gtn, D, Dtn, Š
pousser d'abondance, bourgeonner

hanāqu (HNQ; a/u) G, Gtn, Gt, D, Dt, Š, N, Ntn, Nt
étrangler, comprimer, être ennuyé

hanāṣu (HNṢ; i/i) G, Gt, D, Dt
frotter

hanû (HNĪ) G, Gt
plaider

hanû pl. *hanâtu*, *haniahhe*
provenant de Hana

hāpiru emp. ouest-sém.?
une classe sociale

hâqu (HĪQ) G, Š, Št
mêler, mélanger

harābu (HRB; u/u) G, Š, Št
devenir aride

harādu (HRD; i/i) G, Gt, D, Dt, N
(sur)veiller, être en alerte

harāma / *haramamāni* cf. *uhhuru*
ensuite, alors

harāpu (HRP; u/u) G, Gt, D, Dt, Š
être précoce

harāra emp. aram.
contestation

harāru A (HRR; a/u) G, D
creuser

harāru B (HRR) G, D
se punir?

harāru / *arāru* C ('RR; u/u) G, Ntn
croasser, gronder

harāṣu (HRṢ; a/u) G, Gt, D, Št, N
couper, graver, clarifier

harāšu (HRŠ) G, D, Š, Št
planter, lier, fixer

harbu fém. *harubtu*
dévasté, désert

harbu
une sorte de charrue, champ labouré

harbu
steppe

hargullu emp. sum.
fermeture, muselière

harharu
chaîne

harīmtu (f.)
prostituée

harīṣu cf. *harāṣu*
exact?

harištu cf. *harāšu*; pl. *haršāti*
mère (femme qui a accouché)

harmu
amant

harpu cf. *harāpu*
précoce, tôt

harpū (pl.) cf. *harāpu*
moisson précoce, été

harrānu (m./ f.) pl. *harrānātu*
chemin, voyage, campagne, caravane, corvée

harriru cf. *harāru* A
souris

harru cf. *harāru* A; pl. *harrātu*
dépression, ravin, cours d'eau

harû emp. sum.?
un grand récipient, une cérémonie religieuse

hâru / *hiāru* A (HĪR) G
choisir, élire

hâru B (HĪR) G
rendre prêt, valable

harūbu
caroube

hasāpu (HSP; i/i) G, D
arracher

hasāsu (HSS; a/u) G, Gtn, Gt, D, Š, Št
être attentif à, se rappeler, être intelligent

hashal(la)tu
feuillage

hasīsu cf. *hasāsu*
oreille, entendement, sagesse
hassu cf. *hasāsu*
intelligent, compréhensif
haṣābu (HṢB; u/u) G, Š, N
couper, casser
haṣānu (HṢN; i/i) G, Gt, (D)
abriter, recevoir amicalement
haṣāru pl. *haṣīrātu, haṣārū*
enclos
haṣāṣu (HṢṢ; a/u) G, D, Dt
construire (en roseau), casser?
haṣbattu (f.)
petit pot
haṣbu
poterie, tesson, coquille
haṣṣinnu
hache
hašādu
(cérémonie du) mariage
hašāhu (HŠH; i/i ou a/u) G, D, Dt, Š, N
désirer, demander
hašahušenni/u emp. hourr.
argent (dans des transactions)
hašālu (HŠL; a/u) G, D, Dtt
écraser, casser
hašânu
une plante
hašāšu (HŠŠ; u/u) G
faire rapidement
hašhūru / šahšūru
pommier, pomme
hašhūr-api
une plante
hašmānu
une pierre bleu-vert, bleu-vert
haštu
trou, fosse
hašû A
poumon, ventre, entrailles
hašû B
thym?
hâšu / hiāšu A (HĪŠ) G, Gt
se précipiter, se hâter
hâšu B G, D
se faire du souci
hašurru
cyprès?, cèdre?
hatānu (HTN; i/i) G
protéger
hatanu
parent par alliance, gendre
hatāpu (HTP; i/i) G, Gt, D, Dt, Š
abattre, (D faire le sacrifice-*hitpu*)
hattu (f.)
panique
hattû
hittite
hatû A (HTĪ) G, D, Dtn
frapper
hatû B G
attacher, charger?
haṭāmu (HṬM; i/i) G, D
museler, bloquer?
haṭāṭu (HṬṬ; a/u) G, Š
faire un fossé
haṭītu (f.) cf. *haṭû*
offense
haṭṭu (m./ f.) pl. *haṭṭāti*
sceptre, bâton
haṭû (HṬĪ) G, Gtn, Gt, D, Dt, Š
commettre une faute, négliger, mépriser, (D abîmer)
hāṭu cf. *hâṭu*; pl. *hāṭānu*
marchandises, paiement
hâṭu / hiāṭu / hâdu (HĪṬ) G, Gtn, D, Dtn
surveiller, contrôler, examiner, payer
hāṭû cf. *hâṭu*
fautif, faux
hazāmu (HZM) G, D, Š
être recroquevillé
hazannu
premier magistrat d'une ville, maire
hegallu emp. sum.
produit, abondance, fertilité
helû (HL") G, Gt, D, Š
briller, être joyeux

hemēru (HMR) G, D, Dt
(se) rider, (se) contracter
hepēru (HPR; i/i) G, D
creuser
hepû (HPĪ) G, Gt, D, Dt, N, Ntn
casser, écraser, diviser, invalider, détruire
herû (HRĪ) G, D, Dtn, Dt, Š, N
creuser
hesēru (HSR; i/i) G, D, Dt, N
casser, perdre ses feuilles, émousser
hesû A (HSĪ) G, D
couvrir, cacher
hesû B (HSŪ) G
être gonflé
hesû C (HSĪ) G, Gt
maltraiter
hesû D (HSĪ) G, Gt
être silencieux?
hibiltu cf. *habālu* A
dommage, méfait, malheur
hibištu / *hibiltu* (f.) cf. *habāšu*
copeau
hiburnu
grand récipient
hidûtu cf. *hadû*
joie
hilānu
dans *bīt hilāni* emp. hitt.
(pièce à) portique
hilēpu
saule
hilibû emp. sum.
une pierre précieuse
hillu
membrane de l'oeuf, phénomène météorologique
hilṣu
dans *bīt hilṣi*
édifice dans un sanctuaire
hīlu cf. *hâlu* A
exsudation, résine
himētu (f.)
beurre rance
himmatu (f.) cf. *hamāmu*
butin, gains, collecte
himsātu (pl. f.)
butin, profits (indus)
himṣu
tissu adipeux autour de l'intestin
himtu (f.)
sac de cuir
himṭu cf. *hamāṭu* B
fièvre
hinqu cf. *hanāqu*
rétrécissement (une maladie)
hīpu cf. *hepû*
cassure, ravin, morceau
hīqu cf. *hâqu*
bière diluée
hirītu (f.) cf. *herû*
canal, fossé, talus
hirṣu cf. *harāṣu* A
bloc, copie, mesure, trace
hīrtu cf. *hâru*
épouse (de même rang)
hissatu (f.) cf. *hasāsu*
intelligence, mention, notification
hiṣbu cf. *haṣābu* A
produit, vulve
hišihtu (f.) cf. *hašāhu*
besoin, manque, subsides
hīšu cf. *hašû*
collier, panier, obligation
hitmu
morceau d'or ou d'argent
hittu emp. sum.?; pl. *hittū* et *hittānu*
architrave
hiṭītu (f.) cf. *haṭû*
perte, manque, défaut, faute, négligence
hīṭu cf. *haṭû*; pl. *hīṭū* et *hīṭāni*
faute, péché, dommage
hubbala/i emp. hourr.
barrière
hubtu cf. *habātu* A
vol, butin, prisonnier
hubullu cf. *habālu*
dette, intérêt (de la dette)
dans *bēl hubulli*
créditeur

hubunnu pl. *hubunnāti*
petit récipient
hubur emp. sum.
fleuve de l'au-delà
hubuttatu / *hubuttutu* (f.) cf. *habātu* B
un type de prêt
hubuttu (f.) cf. *habātu* B
un type de prêt
hūdu cf. *hadû*
joie, bonheur
huhāru emp. sum.?; pl. *huhārāte*
piège à oiseau, emblème de Šamaš
hulālu
une pierre précieuse
hulamēšu
un arbre, caméléon
hullānu pl. *hullānāti*
couverture
hullu emp. sum.
anneau
hūlu
route
huluppaqqu
un petit brasero
huluqqû cf. *halāqu*
pertes, marchandise perdue
hummuru cf. *hemēru*
handicapé, estropié
humṣīru / *humuṣṣīru*
souris
humṭu cf. *hamāṭu* B
chaleur, fièvre, une fête
huppu
un anneau de métal, une bague
huppû emp. sum.
acrobate, un métier
huppudu (HPD) D, Dt
faire subir une mutilation oculaire
hupšu
homme d'une classe inférieure, soldat
huptu
une catégorie de champs et de jardins
hurādu mot étr.; pl. *huradāte*
un type de soldat
hurāpu cf. *harāpu* A
agneau
hurāṣu
or
hūratu (f.)
une teinture, une plante tinctoriale
hurbāšu
frisson, sanglots
hurhummatu
écume
huribtu (f.) cf. *harābu* A
désert
hurīzu emp. hourr.
abri (pour le bétail)
hurru pl. *hurrāte*
trou
huršānu (pl.) A emp. sum.
montagne
huršānu / *hursānu* / *hursu* B
endroit de l'ordalie
huršiānu (m./ f.) cf. *harāšu* A
paquet
huršu
pièce à provisions, garde-manger
husāru
une pierre précieuse (hématite?)
huṣābu cf. *haṣābu* A
morceau de bois
huṣannu
écharpe, ceinture
huṣṣu cf. *haṣāṣu*; pl. *huṣṣāti*, *huṣṣēti*
hutte en roseau, barrière de roseau
hušahhu cf. *hašāhu*
famine, besoin
hussû (HS') D
écraser ou émincer
huššû emp. sum.
rouge
hušû (pl.)
fragments de métal
huṭāru
bâton
huṭṭimmu cf. *haṭāmu*
muselière

I

ibāru cf. *ebēru* B
une marque sur la peau

ibbû emp. sum.
"jour de colère" (19ème du mois), perte, déficit

ibilu
dromadaire

ibissû emp. sum.
pertes financières, dommages

ibratu (f.)
lieu de culte extérieur

ibru
compagnon, collègue, ami

ibrūtu
relations d'amitié, collège

id mot sum.
(dieu du) fleuve

idrānu pl. *idrānātu*
alcali, potasse

idru
salpêtre

idu (m. / f.) A
bras, côté, aile, force, salaire

idu B pl. *idātu*
raison, excuse, objection

idû ('DĪ) G, D, Dt, Š, Štn, Št, ŠD, N
savoir, connaître

idū (pl.) cf. *idu* A
gages, rente

igāru pl. *igārū* et *igārātu*
mur

igigallu emp. sum.
personne sage, sagesse

igirû
héron

igišû emp. sum.
impôt annuel, cadeau

igitennu emp. sum.
fraction

igru cf. *agāru*
loyer, salaire

igulû emp. sum.
huile parfumée

ihzētu (pl. f.) cf. *ahāzu*
incrustation

ihzu cf. *ahāzu*
apprentissage, connaissance, préceptes

ihzū (pl.) cf. *ahāzu*
monture (pour pierre précieuse)

ikkaru emp. sum.
agriculteur, fermier, ouvrier agricole

ikkibu emp. sum.
tabou, interdit, privilège (royal ou divin)

ikkillu emp. sum.; pl. *ikkillū* et *ikkillātu*
rumeur, bruit, lamentation

ikku
impatience, irritabilité

ikletu (f.) cf. *ekēlu*
obscurité

ikribu cf. *karābu*
bénédiction, prière

īku
(terrain entouré par une) digue, canal

ikû emp. sum.
mesure de surface, Pégase

ilānû cf. *ilu*
béni des dieux

ildakku emp. sum.
une variété de peuplier

ildu cf. *alādu*
progéniture

ilittu (f.) cf. *alādu*
progéniture, rejeton

ilku cf. *alāku*; pl. *ilkū* et *ilkātu*
corvée, terre supportant l'obligation de corvée

illatu (f.)
groupe, clan, troupes, caravane, collège

illâtu (pl.)
salive

illilūtu
pouvoir divin suprême

illuru
une fleur rouge (anémone?), une baie rouge

iltu (f.) cf. *ilu*
déesse
ilu pl. *ilū* et *ilānu*
dieu, divinité
ilūtu cf. *ilu*
nature divine, pouvoir divin
imbaru
brouillard
imbû
fibre (de palmier)
imbû tâmtim
un minéral, lichen?
imdu cf. *emēdu*
support, base, taxe
imēru
âne, une mesure pour le grain
imgurru emp. sum.; pl. *imgurrētu*
enveloppe d'argile
imhullu emp. sum.
tempête, vent destructeur
imhur-ešrā / anhurašru cf. *mahāru*
une plante grimpante
imhur-līmu / anhullīme cf. *mahāru*
une plante médicinale
imitta cf. *imnu*
à droite
imittu (f.) A cf. *imnu*
côté droit, main droite, aile droite (d'une armée)
imittu (f.) B cf. *emēdu*
montant d'un fermage
imittu (f.) C cf. *emēdu*
épaule
imittu (f.) D cf. *emēdu*
support, punition
imittu (f.) E
une sorte d'épée ou de lance
immanakku emp. sum.
une pierre
immertu (f.) cf. *immeru*
brebis, ovin
immeru
mouton, bouc
imna cf. *imnu*
à droite
imnu
main droite, côté droit
imrû
fourrage
imtu (f.)
poison
imṭû (pl.) cf. *maṭû*
pertes, amaigrissement
ina
dans, par, de, sur, à
inanna
maintenant
inbu cf. *unnubu*
fruit, enfant, puissance sexuelle
inītu (f.) cf. *enû*
travail d'un attelage de boeufs, prix de location pour un boeuf
inninu
un type d'orge
inu
savoir technique
inu
quand
īnu (f.) pl. *īnū et īnāti*
oeil, trou, source
inūma
ici, alors
inūma
quand, après que, que
inū(mī)šu
à cette époque-là
inzahurētu cf. *hinzūru*
une teinture rouge, laine teinte en rouge
iplū (pl.) cf. *apālu*
paiement compensatoire, décharge réciproque d'obligations
ippīru emp. sum.
combat
ipru cf. *epēru*
ration de céréales, allocation de nourriture
ipšu cf. *epēšu*
fait, sorcellerie, travail, ordre
ipṭirū (pl.) cf. *paṭāru*
rançon, garant

ipu
membrane
irbu cf. *erēbu*
cadeaux, offrande, revenu, montant
irkallu
monde de l'au-delà
irnittu
victoire
irritu (f.) pl. *irrētu*
porcherie, digue de roseaux
irrû
coloquinte
irrū (pl.)
intestins, estomac
irtu (f.)
poitrine
ishappu emp. sum.
brigand
ishunnatu (f.)
grappe de raisin
isihtu (f.) cf. *esēhu*
attribution
isiltu (f.) cf. *esēlu*
gonflement
isimmānu / *simmānû* emp. sum.
ration (de malt et de farine)
isinnu pl. *isinnū* et *isinnāti*
cérémonie, fête
isqu pl. *isqātu*
part, lot, sort, destin, pouvoir
isqūqu emp. sum.
une sorte de farine, de pain
isru A cf. *esēru*
argent collecté
isru (m./ f.) B
partie d'un exta
issû emp. sum.
fosse
isu
mâchoire
iṣāru
partie d'un sanctuaire
iṣratu (f.) cf. *eṣēru*; pl. *iṣrēti*, *miṣrāti*
plan, bordure

iṣu pl. *iṣ*(*ṣ*)*ū*
bois, arbre, poutre
īṣu / *wīṣū* / *mīṣu* cf. *wiāṣum*/*mêṣu*
petit, peu
iṣṣūru pl. *iṣṣūrū* et *iššūrātu*
oiseau
iṣṣūr hurri
perdrix?
išaru cf. *ešēru*
normal, ordinaire, correct, favorable
išaru cf. *ešēru*
pénis
išarūtu cf. *ešēru*
rectitude
išātu (f.) pl. *išātātu*
feu, inflammation, abcès
išdihu cf. *šadāhu*
commerce fructueux, gain
išdu / *ildu* / *irdu* / *ušdu*
base, fondation, organisation, administration
išhilṣu
tesson
išippu emp. sum.
prêtre purificateur
išippūtu cf. *išippu*
art du prêtre purificateur, prébende
išittu
grenier, trésor
iškaru (m./ f.)
tâche, ration, production, un type de champ, série
išku (f.)
testicule
iškuru
cire
išpallurtu / *pillurtu* mot étr.; pl. *išpilurātu*
croix, carrefour
išpartu (f.) cf. *išparu*
tisserande
išparu
tisserand
išparūtu cf. *išparu*
troupe de tisserands, tissage

išpatu (f.)
carquois
išpikū (pl.) cf. *šapāku*
jarre, revenu d'un champ
išqarrurtu (f.) cf. *garāru*
un outil agricole, emblème d'Ištar
išqillatu /*sillatu* (f.)
galet, coquillage
išru (f.)
bandeau de laine
išru (f.)
un district rural
iššakku emp. sum.
souverain local, colon
ištānu
nord, vent du nord
ištarītu (f.) cf. *ištaru*
"la divine"(= la déesse Ishtar), une femme de statut particulier
ištaru cf. ^{d}ištar
déesse
ištēn / *issēn* / *iltēn* fém. *išteat* / *iltêt*
un, unique, premier
ištēnâ cf. *ištēn*
un par un, une fois
ištēniš cf. *ištēn*
ensemble, au même moment
ištēnû cf. *ištēn*
premier, unique
ištenūtu cf. *ištēn*
ensemble, unité
ištēštu cf. *ištēn*
un, une fois, d'abord
išti / *ištu* / *ilte* / *issi*
avec, chez, de
ištīššu cf. *ištēn*
une fois, d'abord
ištu / *ultu* / *issu*
depuis, après que, quand, comme
ištuhhu
fouet
ištuma cf. *ištu*
si vraiment
išû ('ŠĪ) G
avoir

itā
à côté de
itbāru cf. *ibru*
membre d'une association, d'un collège
itguru cf. *egēru*
croisé, entremêlé, complexe, difficile
itinnu emp. sum.?
architecte, maçon
itpēšu cf. *epēšu*
sage, instruit
itqu (m./ f.)
toison, boucle
itqūru
cuillère, écuelle
itti
avec
ittu (f.) pl. *ittātu* et *idātu*
marque, caractéristique, présage, signal, avis
ittû (f.)
bitume
itu(-)
avec, outre
itû (f.)
frontière, bord, terrain
itūlu Gt, Gtn, D, Š; cf. *nâlu*
être couché, dormir
izbu cf. *ezēbu*
foetus mal formé
izzimtu (f.) cf. *nazāmu*
désir
izzirtu (f.) cf. *nazāru*
malédiction

J

jamutu
chacun
janibu
une pierre
jānu
il n'y a pas, non
jānû cf. *jānu*
sinon, n'est-ce pas?
jānumma
sinon, au contraire

jašpû
jaspe

K

ka'ātu / qajātu
une céréale
kabābu (KBB; a/u) G, D
brûler
kabābu (f.)
fronde, bouclier
kaballu mot étr.
un vêtement (jambières?)
kabālu (KBL; a/u) G, D, Dtn, Dt
être paralysé (D empêcher, immobiliser)
kabāru (KBR; i/i) G, D, Ntn
devenir gros, être épais, fort
kabāsu (KBS; a/u) G, Gt, D, Dt, Š, N, Ntn, Nt
piétiner, marcher, fouler
kabattu / kabittu (f.) cf. *kabātu*
foie, sentiments, pensée
kabātu (KBT; i/i) G, Gt, D, Dtn, Dt, Š, N
devenir lourd, pénible, important (D honorer, aggraver)
kabbartu (f.) cf. *kabāru*
une partie du pied
kabbaru cf. *kabāru*; (pl. de *kabru*)
gros, épais, lourd
kabbuttu (f.) cf. *kabātu*
contrepoids?
kabittum (f.) cf. *kabātu*
force principale, sujet important
kablu
pied de meuble
kabru cf. *kabāru*; fém. *kabartu / kabaštu*
gros, épais, lourd, grand
kabšarru emp. sum.
joaillier
kabtu cf. *kabātu*
lourd, important, grave, dangereux
kabû
excréments
kadādu (KDD; a/u) G, D
frotter
kadāru A (KDR; i/i) G, Gt, Š, Ntn
être arrogant, autoritaire, dominateur
kadāru B (KDR; i/i) G, D
établir une limite
kadibbidû emp. sum.
désordre de la parole, aphasie
kadru cf. *kadāru* A
prêt à bondir, sauvage, fier
kadrû emp. sum.
cadeau
kādu pl. *kādānu*
avant-poste fortifié, une taxe
kajamānu cf. *kânu* A
constamment
kajamānu / û cf. *kânu* A
normal, régulier, ferme
kajān / kajāna cf. *kânu* A
toujours, constamment
kajānu cf. *kânu* A
normal, permanent, régulier
kakardinnu / kakatennu
cuisinier ou échanson
kakdâ
constamment
kakikku emp. sum.
un officiel enregistrant des actes juridiques
kakkabtu (f.) cf. *kakkabu*
symbole ou ornement en forme d'étoile
kakkabu pl. *kakkabū*, *kakkabānu*, (*kakkabāti*)
étoile, météore
kakkaru
disque de métal, morceau de pain
kakku
arme, attaque, instrument
kakkû
petit pois ou lentille
kakkullu pl. *kakullātu*
récipient, boîte de bois
kakkultu (f.) cf. *kakkullu*
pupille
kalakku
silo, un récipient

kalâma cf. *kalu*
tout
kalappu (f.) pl. *kalappātu*
houe ou hache
kalāṣu (KLṢ; i/i) G, Gtn, D
se contracter, s'enrouler
kalbānātu (pl. f.)
engin de siège
kalbānu cf. *kalbu*
une plante
kalbatu (f.) cf. *kalbu*
chienne
kalbu
chien, une constellation
kalgukku emp. sum.
un minéral ou une argile rouge
kališ cf. *kalu*
n'importe où, totalement
kalītu (f.)
reins
kallābu pl. *kallābāni* / *kallābū*
un soldat, courrier
kallatu (f.)
belle-fille, fiancée, belle-soeur
kallu pl. *kallū*, *kallabānu*, *kallātu*
coupe, récipient
kallû
un officiel, messager rapide
kallūtu cf. *kallatu*
statut de belle-fille
kalmatu
vermine
kalu / *kala*
totalité
kalû (KLĀ) G, Gtn, Gt, D, Dt, Š, Št, N, Ntn
retenir, détenir, refuser, achever
kalû A emp. sum.
prêtre-lamentateur
kalû B emp. sum.
un minéral jaune
kālû cf. *kalû*
fossé
kalumānû cf. *kalu*
n'importe quoi

kalûtu cf. *kalû* A
art, collège de prêtres-lamentateurs
kalūmu
agneau
kamādu (KMD; a/u) G, D
filer
kamālu (KML; i/i) G, Gt, D, N
se mettre en colère
kamantu
une plante
kamānu (f.) cf. *kamû* B
un gâteau
kamaru
mur, rampe
kamāru
défaite
kamāru (KMR; a/u puis i/i) G, Gt, D, Dt, N, Nt
entasser
kamāsu A (KMS; i/i) G, D, Dt, Š, N
collecter, rassembler
kamāsu B (KMS; i/i) G, Gtn, Gt, D, Dt, Š, N, Ntn
s'agenouiller
kāmidu cf. *kamādu*
tisserand
kamiššaru
poirier, poire
kamītu (f.)
extérieur
kamkadu
une plante
kamkammatu
un type d'anneau
kammu A
un champignon
kammu B emp. sum.; pl. *kammānu*
une tablette
kammu C pl. *kammātu*
un outil
kamû / *kawû* (KMĪ / Ū) G, N
capturer, vaincre, lier
kamû A
extérieur
kamû B
prisonnier

kamūnu / *kamannu* A
cumin
kamūnu B
un champignon, éponge?
**kamūtu* cf. *kamû* A
état de captif
kanakku emp. sum.
seuil
kanaktu
arbuste à myrrhe, produit aromatique
kanāku (KNK; a/u) G, Gtn, Gt, D, Dtn, Š, N
sceller
kanānu (KNN; a/u) G, Gtn, D, Štn, N, Ntn
enrouler
kanāšu (KNŠ; u/u ou i/i) G, Gt, D, Dt,Š, ŠD
(se) soumettre
kandu mot ouest-sém.; pl. *kandānu*
cruche
kandurû emp. sum.; pl. *kandurû* / *kandurānu*
un petit récipient
kanīku cf. *kanāku* ; pl. *kanīkātu*
document scellé, sac scellé
kankallu emp. sum.
sol non labouré
kanku cf. *kanāku*
sceau, document scellé
kannu A
étagère en bois, pressoir?, grande cruche
kannu B cf. *kanānu*
lien, corde, bande
kanšu cf. *kanāšu*
soumis, dévot
kânu / *kuānu* (KŪN) G, Gt, D, Dtn, Dt, Št
être vrai, fidèle, être stable (D établir)
kapādu (KPD; u/u) G, Gt, D, Dt, Š
projeter, comploter, prendre soin de
kapālu (KPL; i/i) G, Gt, D, Dt
enrouler
kapāpu (KPP; a/u) G, Gt, D, Š, N
plier, courber
kaparru pl. *kaparrū* et *kaparrāti*
berger

kapāru A (KPR; a/u) G, Gtn, Gt, D, Dtn, N
peler, nettoyer
kapāru B (KPR; a/u) G, Dt
couper, enlever
kapāṣu (KPṢ; i/i) G, D, N
replier, pencher
kapāṣu
coquillage
kapāšu (KPŠ) G
être abondant
kapdu
immédiatement
kappu A
aile, plumage, bras, main
kappu B pl. *kappāni*
bol
kapru pl. *kaprū*, *kaprānu*, *kaprātu*
village, périphérie urbaine
kāpu
falaise, rocher
karābu (KRB; a/u) G, Gtn, Gt, D, N
prier, consacrer, saluer, bénir
karābu cf. *karābu*
prière, bénédiction
karāku (KRK; i/i) G, D, Š, Št, N
obstruer, immerger, faire rapidement?
karammu / *karmu* pl. *karammānu*
aire de stockage, tas (d'orge)
karāmu A (KRM; i/i) G
empêcher, retenir
karāmu B (KRM; i/i) G, Nt
emmagasiner, entasser
karānu
vigne, raisin
karān šēlibi
une plante médicinale
kararû
(chaleur de) midi
karāru (KRR; a/u) G, N
poser, établir
karāṣu (KRṢ; i/i) G, Gt, D, Dt
couper, sectionner
karāšu A
camp, force expéditionnaire

karašu B
poireau, une pierre
karašû
catastrophe, massacre
karātu (KRT; i/i) G, D
couper
kāribu cf. *karābu*
orant, divinité qui bénit
karmu / *kamru*
ruine
karpatu (f.)
récipient en terre, une mesure
karru emp. sum.
pommeau
karṣu cf. *karāṣu*
médisance, calomnie, accusation
karšu (f.) pl. *karšānu*
ventre, estomac, désir, intérieur
kartappu / *kirdippu* emp. sum.
conducteur de chevaux
karû (KRĪ) G, Gtn, D, Š
devenir court
karû emp. sum.
tas de blé, possession en communauté
kāru
quai, (district du) port, communauté de marchands
kâru (KŪR) G, Gtn, D
frotter
karzillu emp. sum.
lancette
kasāmu (KSM; a/u puis i/i) G
couper, sectionner
kasāpu A (KSP; a/u) G, D, Dt
couper
kasāpu B (KSP; i/i) G, N
faire une offrande funéraire
kasāsu A (KSS; u/u) G, Gtn
mastiquer
kasāsu B (KSS; a/u) G, D, N
frapper, consumer?
kaskasu
partie du poitrail du mouton
kaspu
argent, prix

kasû A cf. *kasû*
lié, enchaîné
kasû (pl.) B
une plante à épices (moutarde?)
kasû (KSĪ / Ū) G, Gtn, Gt, D, Dt, N
lier, arrêter
kāsu (m./ f.) pl. *kāsātu* / *kāsāni*
gobelet, une mesure de capacité
kaṣāru (KṢR; a/u) G, Gtn, Gt, D, Dt, Š, Št, N, Nt
nouer, organiser, fixer ensemble
kaṣâtu (pl.) cf. *kaṣû*
(fraîcheur du) matin
kāṣiru cf. *kaṣāru*
tailleur, tapissier; un type d'officier
kaṣru cf. *kaṣāru*
organisé, concentré
kaṣṣāru cf. *kaṣāru*
ânier
kaṣṣidakku emp. sum.
meunier
kaṣû (KṢĪ) G, Gt, D
devenir froid
kaṣû emp. ouest-sém.
steppe
kâṣu A (KŪṢ) G, Gt, D, N
peler, écorcher, maltraiter
kâṣu B (K'Ṣ; a/a) G
frotter?
kašādu (KŠD; a/u) G, Gtn, Gt, D, Dtn, Dt, Š, Št, N, Ntn, Nt
conquérir, obtenir, atteindre
kašāpu (KŠP; i/i) G, D
ensorceler
kašāru A (KŠR; a/u puis i/i) G, Gt, D, Dt
reconstruire, réparer
kašāru B (KŠR; a/u puis i/i) G, Gt, N
réussir
kašāru C (KŠR; a/u) G
remplacer, compenser
kašāšu (KŠŠ; a/u) G, Gtn, N
exiger des services pour dette, tenir sous sa mainmise
kašāṭu (KŠṬ; i/i) G
couper

kašdu cf. *kašādu*; fém. *kašittu*
réussi, accompli, approprié
kaškaššu cf. *kašāšu*
tout-puissant
kašku mot hourr.
droit sur une tenure
kaššaptu (f.) cf. *kaššāpu*
sorcière
kaššāpu cf. *kašāpu*
sorcier
kaššû
cassite
kašû A (KŠĪ) G, Gt, N
couvrir
kašû B (KŠĪ) G, D
donner des profits
kâšu / *kuāšu* (KŪŠ) G, D, Št
être en retard
kâšu / *kiāšu* (KĪŠ) G, D
aider
kašūšu cf. *kašāšu*
arme des dieux, annihilation
katāmu (KTM; a/u) G, Gtn, Gt, D, Dtn, Dt, Š, Štn, N, Ntn, Nt
couvrir, s'approprier
katarru
une marque, un champignon
katāru A (KTR; i/i) G
former une confédération
katāru B (KTR; i/i) G, Gt
penser, hésiter?
katātu (KTT; u/u) G, Štn, Št
être bas
kattû cf. *katû*
garant
katû (KT'; a/a) G, Gtn, D
prendre comme dépôt, prendre une assurance
kazzaurnu mot hourr.
dommages, amende
kepû (KPĪ) G (perm.), D (perm.), Štn
plier
kesēru (KSR; i/i) G
bloquer, paver
keṣēpu (KṢP; i/i) G, D
faire des plans
kezertu / *kezretu* (f.) cf. *kezēru*
prostituée
kezēru cf. *kezēru*
argent payé par une *kezertu*
kezēru (KZR; i/i) G
friser les cheveux
kî / *akê*
quand, si, comme, selon que
kî
comment?
kî
comme, selon
kiam
ainsi, comment
kibbu pl. *kibbāni*
un objet
kibrātu (pl. f.)
régions, rives
kibrītu
soufre noir
kibru pl. *kibrātu*
bord, rive, périphérie
kibsu A cf. *kabāsu*; pl. *kibsū*, *kibsātu*
marche, trace, accès, conduite
kibsu B
morceau de tissu
kibtu pl. *kibātu*
blé
kīdânu cf. *kīdu*
(vers) l'extérieur
kidinnu
protection divine
kidinnūtu cf. *kidinnu*
statut sous protection divine
kīdītu (f.) cf. *kīdu*
extérieur
kīdu pl. *kīdū*, *kīdātu*
extérieur, (rase) campagne, dehors
kidudû emp. sum.
rite
kigallu emp. sum.; pl. *kigallānu*
socle, base, le monde infernal

kihullû emp. sum.
(place du) rituel de déploration
kikkirânu
une substance aromatique
kikkišu
haie de roseau, hutte de roseau
kikkiṭṭû emp. sum.
rituel
kilallān fém. *kilattān*
les deux
kilīlu
panache, bandeau, contrefort, parapet
chouette, une démone
kīlu cf. *kalû*
captivité, emprisonnement
kilzappu / *gissappu* / *gištappu*
socle, tabouret, aire de battage
kīma
dès que, quand, que, si, à cause de, selon que
kīma
comme, correspondant à, au lieu de
kimāhu emp. sum.
tombe
kimiltu (f.) cf. *kamālu*
colère divine
kimṣu
genou, mollet
kimtu (f.) cf. *kīmu*
famille
kīmū
à la place de, en plus de, selon
kinahhu
une teinture
kīnajātu (pl.)
un paiement ou un cadeau supplémentaire
kīnanna
pour cette raison, de cette manière
kinattu pl. *kinattū*, *kinattātu*
employé, collègue
kīnātu cf. *kânu* A
vérité, justice, stabilité, permanence
kiništu emp. aram.
collège de prêtres

kinku cf. *kanāku*
étiquette scellée, sac scellé
kinsigu emp. sum.
(repas de) la fin de l'après-midi
kīnu cf. *kânu* A; fém. *kittu*
vrai, loyal, normal, légitime
kinūnu
brasero, une fête, 8ème mois (oct.-nov.)
kippatu (f.) cf. *kapāpu*
anneau, circonférence, totalité
kippu cf. *kapāpu*
lasso, calamité?
kirbānu / *kurbannu*
morceau, motte
kirhu / *kerhu*
citadelle, mur d'enceinte
kiribtu (f.) cf. *karābu*
bénédiction
kirimmu
embrassement, fait de tenir dans ses bras
kirissu emp. sum.; pl. *kirassānu*
épingle en métal
kirru A pl. *kirrū*, *kirrātu*, *kirrētu*
grande cruche (à bière)
kirru (f.) B
clavicule
kirṣu cf. *karāṣu*
pincée, morceau (informe)
kirû pl. *kirû*, *kirâtu*
jardin, verger
kīru (f.)
fourneau
kisallu pl. *kisallāti*
cour d'entrée
kisalluhhu emp. sum.
employé du temple
kisalmāhu emp. sum.
cour principale du temple
kisibirru
coriandre
kisirtu (f.) cf. *kesēru*
jetée, digue, pavement
kisittu (f.)
tronc, copeau, lignage

kiskirru pl. *kiskirrētu*
(revenus ou taxes enregistrés sur) plaque de bois
kispu cf. *kasāpu* B
offrande funéraire
kissatu
fourrage
kisû emp. sum.
mur de renfort
kīsu A
(sac pour de l')argent, capital
kīsu B cf. *kasû*
lien
kisurrû emp. sum.: pl. *kisurrû, kisurrēti*
frontière, territoire, plan
kiṣallu pl. *kiṣallū, kiṣillētu*
cheville, astragale, un ornement
kiṣirtu (f.) cf. *kaṣāru*
constriction, contingent, mur, tablette
kiṣru cf. *kaṣāru*
noeud, contingent, paiement, structure
kiṣṣu
chapelle, cella
kīša
certainement
kišādu pl. *kišādātu*
cou, nuque, collier, rive, bord
kišittu (f.) cf. *kašādu*; pl. *kišdātu*
prise, conquête, acquisitions
kiškattû emp. sum.
fourneau, forgeron, soldat du génie
kišpū (pl.) cf. *kašāpu*
sorcellerie
kiššanu
une plante légumineuse
kiššatu (f.) cf. *kašāšu*
univers, totalité
kiššātu (pl. f.) cf. *kašāšu*
service pour dette, indemnité
kiššu
botte de roseaux, cône tronqué
kiššūtu cf. *kašāšu*
pouvoir, totalité
kišubbû emp. sum.
friche
kišukku emp. sum.
grille, prison
kitinnû cf. *kitû*
lin
kitpulu cf. *kapālu*
entremêlé
kitru A cf. *katāru* A
troupe auxiliaire, allié
kitru B mot étr.
part préférentielle
kittu (f.) cf. *kânu* A
vérité, stabilité, fidélité
kitû
lin
kizû
serviteur, écuyer
kubbu
tabouret
kubbû (KBĪ) D
coudre
kubbutu cf. *kabātu*
(très) lourd, épais, honoré
kubru cf. *kabāru*
épaisseur, masse, diamètre
kubšu (m. / f.)
turban, bandeau
kūbu / *kummu*
foetus mal formé, un démon
kuburrû cf. *kabāru*
épaisseur, renforcement (d'un mur)
kubussû (pl.) cf. *kabāsu*
une procédure juridique
kūdanu
mule
kuduktu mot étr.; pl. *kudkētu*
une mesure pondérale
kudurru A
stèle de propriété, frontière, territoire
kudurru B pl. *kudurrū, kudurrātu*
panier à briques
kudurru C
fils aîné
kukku emp. sum.
un type de pain ou de gâteau

kukkubbu / *quqqubu* pl. *kukkubbātu*
récipient (pour libation)
kukru
une plante aromatique (térébinthe)
kulbābu
fourmi
kulīlu
libellule
kullatu (f.) A
univers, totalité
kullatu B
argile de potier
kullizu
bouvier, boeuf de tête
kullu (KŪL) D, Dtn, Dt
tenir, fixer, fournir
dans *rēša kullu*
attendre, prendre soin de
kullulu (KLL) D, Dt
voiler, couronner, orner
kullumu (KLM) D, Dtn, Dt, Š, Štn, Št, ŠD
montrer, instruire, exposer
kulmašītu
femme vouée au temple
kulullu emp. sum.
créature fabuleuse (sirène?)
kulūlu
une sorte de turban, corniche
kulupinnu mot étr.
botte, fagot
kulu'u
acteur du culte d'Ištar
kūm
à la place de
kumānu mot hourr.
mesure de surface
kumāru pl. *kumārātu*
bord
kummu
cella
kumurrû cf. *kamāru*
somme, total
kunāšu
orge, épeautre
kuninnu emp. sum.; pl. *kuninātu*
bol
kunnu cf. *kânu* A
établi, légitime
kunnû (KNĪ) D, Dtn, Dt, (N)
bien traiter
kūnu cf. *kânu* A
stabilité
kunukku cf. *kanāku*; pl. *kunukkū*, *kunukkātu*
sceau, tablette scellée, vertèbre
kupatinnu cf. *kupputu*; pl. *kupatinnū*, *kuppinēti*
pilule
kuppu pl. *kuppāni*, *kuppāti*
puits
kuppû
anguille, un oiseau, un serpent
kupputu A D (perm.), Dt
faire une pilule, un suppositoire
kupputu B D
rassembler, collecter
kupru cf. *kapāru*
bitume
kurāru
braise, pustule
kurgarrû emp. sum.
histrion (participant au culte)
kurkānu
une plante médicinale
kurkizannu
porcelet
kurkû emp. sum.
oie
kurkurru (f.)
un récipient
kurru emp. sum.
mesure de capacité
kursinnu pl. *kursinnū*, *kursinnāte*
cheville
kurṣindu pl. *kurṣimātu*
un serpent, écaille
kurṣû pl. *kurṣū*, *kurṣānû*
liens
kurû cf. *karû*
court

kūru cf. *kâru*
dépression, étourdissement
kūru (f.)
fourneau
kūru
bûche, une plante
kurullu
botte de céréales
kurummatu (f.)
(allocation de) nourriture
kurunnu
bière fine ou vin fin
kuruppu
panier de roseau
kuruštû emp. sum.
mouton gras
kusāpu cf. *kasāpu*
bouchée, morceau
kusarikku
animal mythologique, bison, une constellation
kusītu (f.) cf. *kasû* A
un vêtement de qualité
kussû (f.) emp. sum.
siège, trône, domination
kuṣṣu / *kūṣu*
froid, hiver, frisson
kuṣṣudu (KṢD) D, Dt, N
retarder
kušabku (/ *kišābu*) emp. sum.?
un épineux
kušīru cf. *kašāru* B
succès, profit
kušru
lingot
kuštāru pl. *kuštārātu*, *kultārū*
tente
kušû
un animal aquatique
kutallu pl. *kutallū*, *kutallātu*
nuque, (partie) arrière, remplacement
kutānu
un produit textile
kutimmu emp. sum.
orfèvre
kuttumu cf. *katāmu*
voilé, ouvert
kutummu cf. *katāmu*
natte, voile
kuzbu
abondance, charme, vigueur, séduction
kuzippu
une sorte de manteau
kuzzubu (KZB) D
caresser

L

la / *lā*
ne ...pas, sans
la'ābu (L'B; i/i) G, D, N
infecter, rendre malade
labābu (LBB; a/u) G, Š, N
être en colère, enrager
la'ātu (L'T; u/u) G, D
avaler
labāku (LBK; i/i) G, D, Dtn, Š, Št
devenir mou (D faire macérer)
labānu A (LBN; i/i) G, D, Š, Št
former (des briques) (D renforcer)
labānu B (LBN; i/i) G, D, Š
se prosterner, se montrer humble
labânu
(tendon du) cou
labāru (LBR; i/i) G, Gtn, D, Dt, Š
durer, vieillir (D prolonger)
labāru cf. *labāru*
longévité, durée
labāṣu
(démon d'une) maladie
labāšu (LBŠ; a/a, a/i) G, Gt, D, Dt, Š, Št, N
(se) vêtir
labbu / *lābu*
lion
labbunu pl. *labbunāte*
piédestal

labirtu cf. *labāru*
possession de longue date, dette restante, passé
labiru cf. *labāru*
vieux, ancien, éloigné, ruiné
labīru cf. *labāru*
ancienne tablette, original, passé
labirūtu cf. *labāru*
grand âge, longue durée
labku cf. *labāku*
flexible, humide
la'bu cf. *la'ābu*
une maladie de peau
labû / *lebû* (LBŪ) G, Gtn
grogner
lâdu / *luādu* (LŪD) G, Gt
courber, avoir honte?
lahāmu A (LHM) G (perm.), D, Š
être poilu
lahāmu B (LHM) G, D
faire de la bière
lahannu pl. *lahannū*, *lahannātu*
une bouteille
**lahāšu* (LHŠ) Gt (inf.), D, Dtn, Dt
murmurer (des prières)
lahmu pl. *lahmū*, *lahmānu*
un monstre
lahru (f.)
brebis
lahû
mâchoire
lakādu (LKD; i/i) G, D
courir
lakû
nourrisson, enfant
lalû A emp. sum.?
désir, richesses, charmes, luxuriance
lalû B
jeune
lāma / *lām*
avant (que)
lamādu (LMD; a/a) G, Gtn, Gt, D, Dt, Š, N
connaître, savoir, apprendre (D informer)
lamāmu A (LMM; a/u) G, D
mastiquer
lamāmu / *lemēmu* B (LMM) G
tester?
lamassatu (f.)
déesse protectrice
lamassu (f.)
(esprit protecteur de la) force vitale
lamaštu (f.)
démone, une maladie
lammu emp. sum.
amandier ou platane
lamṣatu / *namṣ(at)u*
une mouche, une éruption cutanée
lamû / *lawû* / *labû* (LWĪ) G, Gtn, Gt, D, Š, Št, N
entourer, assiéger
**lâmu* / *luāmu* (LŪM) G, Dtn
presser, admonester
lamutānu
un type d'esclave
lānu
forme, apparence, taille, personne
lapāni cf. *panû*
devant, (en face) de
lapānu (LPN; i/i) G, D
devenir pauvre
lapāpu (LPP; a/u) G, D
envelopper
lapātu (LPT; a/u) G, Gtn, Gt, D, Dt, Š, Št, N, Nt
toucher, affecter, être mauvais, frapper (D retarder; Š détruire)
lapnu cf. *lapānu*; fém. *lapuntu*, *laputtu*, *lapussu*
pauvre
laptu cf. *lapātu*
endommagé, anormal
laptu (f.) A
carotte ou betterave
laptu B
orge grillée
laputtû emp. sum.
lieutenant, maire
laqātu (LQT; a/u) G, D, Dtn, N
collecter, ramasser

laqlaqqu / *raqraqqu*
cigogne

lardu
une herbe (utilisée dans le savon)

larû
branche

lasāmu (LSM; u/u) G, Gtn, Š, Št
courir

lāsimu cf. *lasāmu*; pl. *lāsimū* / *lāsimūtu*
courrier

lašhu / *lahšu*
mâchoire, gencive

laššu G (perm.); *lā* + *išû*
il n'y a pas

lâšu (LŪŠ) G
pétrir

latāku (LTK; a/u) G, D
essayer, examiner, être circonspect

lâṭu (LŪṬ) G, D
entourer, contrôler

la'û pl. *la'ûtu*
faible, nourrisson

lazāzu (LZZ; a/a) G
persister

lêku G, D
lécher

lemēnu (LMN; i/i) G, Gtn, Gt, D, Dt, Št
devenir méchant, mauvais

lemnu cf. *lemēnu*; fém. *lemuttu*
méchant, mauvais, malheureux

lemû
désobéissant, récalcitrant

lêmu / *lehēmu* (L"M) G
manger, écraser?

lemuttu (f.) cf. *lemēnu*
faiblesse, malheur

leqû / *laqā'u* (LQ") G, Gtn, Gt, (D), Š, Štn, N, Nt
prendre, recevoir, obtenir

lētu pl. *lētātu*
joue, côté, voisinage, autorité

letû (LT") G, D, N
diviser, fendre

le'û (L"Ī) G, Gt, Š
pouvoir, vaincre

lē'û cf. *le'û*
capable, expert

lē'ûtu cf. *le'û*
pouvoir, force, victoire

lezēnu (LZN; i/i) G, Gt, D
se moquer

lezû (LZŪ) G
continuer

libbānu cf. *libbu*
intérieur

libbātu (pl. f.) cf. *labābu*
colère

libbu
coeur, intérieur, courage, intention, désir

libittu (f.) cf. *labānu*
brique, briquetage

liblibbu cf. *libbu*
descendant, pousse

li'bu cf. *la'ābu*
une maladie de la peau

līdānu cf. *alādu*
jeune, progéniture, bâtard

ligimû
bourgeon

liginnu (f.)
un type de tablette

līlâtu (pl. f.)
soir, nom d'un mois (à Mari)

lilissu pl. *lilissāni* / *lilissāti*
tambour

lillidu cf. *alādu*
descendance, jeune (animal)

lillu
stupide

lilû emp. sum.
un démon

limītu / *liwītu* / *libītu* (f.) cf. *lamû*
périmètre, limite, clôture, voisinage

līmu A
éponyme

līmu B
mille

lipāru
un arbuste fruitier
lipištu (f.)
scrotum, sperme
lippu cf. *lapāpu*
enveloppe, tampon, liasse
liptu cf. *lapātu*; pl. *liptātu*
oeuvre (manuelle), une maladie
lipû
graisse
līpu cf. *elēpu*
descendance, rejeton
liqtu cf. *laqātu*; pl. *liqtū* (et *liqtātu)*
cadeau, recueil, choix
lišānu (f.)
langue
līšu cf. *lâšu*
pâte
littu (f) A / *lītu* cf. *lû*; pl. *liātu*, *lâtu*
vache
littu (f.) B pl. *littētu*
tabouret
littu / *liddatu* (f.) C cf. *alādu* ; pl. *lidātu*
descendance
littūtu
grand âge
lītu cf. *le'û*; pl. *lītātu*
victoire, pouvoir
līṭu cf. *lâṭu*
otage, garant
lū
ou, soit
lu
que (particule de précatif)
lû
taureau
lubāru
vêtement
lubuštu (f.) cf. *labāšu*
vêtement
lubūšu cf. *labāšu*
vêtement, pension vestimentaire
lulīmu
cerf, une constellation, planète Saturne
lullû emp. sum.
homme
lullû G; cf. *lulû*
doter de beauté
lulû A
abondance, splendeur
lulû B
antimoine
lumāšu
une étoile, constellation zodiacale
lummunu cf. *lemēnu*
très mauvais
lumnu cf. *lemēnu*
malheur, mal, catastrophe
lupnu cf. *lapānu*
pauvreté
luppu emp. sum.; pl. *luppātu*
sac de cuir
luqūtu (f.) cf. *leqû*
marchandises
lurmu
autruche
lurmû
grenade
lu'tu cf. *lu'û*
faiblesse, décrépitude
lu''û (L'Ī) D, Dt
salir, désacraliser
lu''û cf. *lu'û*; fém. *lu'ūtu*, *lu'ītu*
sale

M

-ma
et, particule d'insistance
mā (inter.)
quoi! quoi? pourquoi! ainsi! alors
ma'da cf. *mâdu*
très
madādu (MDD; a/u) G, Gt, D, Š, N
mesurer, payer (D correspondre)
madaktu (f.) cf. *dâku*
camp militaire
madānu cf. *dânu*
dieu de la justice

madbaru
steppe, désert
maddattu / *mandattu* cf. *nadānu*
impôt, tribut, capital
mādidu cf. *madādu*
fonctionnaire surveillant la distribution de produits
ma'dû cf. *mâdu*
grande quantité
mādu cf. *mâdu* ; fém. *mattu, ma'assu*
beaucoup, fort, lourd, abondant
mâdu / *ma'ādu* (M'D; i/i)/ *miādu* G, Gt, N
être nombreux, devenir beaucoup, abondant
magāgu (MGG; a/u) G, Gtn, D, N (inf.)
(se) raidir, écarter
magal
très, excessivement
magannu emp. indo-iran.
cadeau
dans *ana* / *ina magāni*
en vain
magarru
roue
magāru (MGR; a/u puis u/u) G, Gtn, Gt, D, Š, Št, N
être favorable, accepter, obéir à, permettre
māgiru cf. *magāru*
obéissant, soumis
magrattu cf. *garānu*
grenier, aire de battage
magrītu (f.) cf. *magrû*
insulte, blasphème
magru cf. *magāru*
favorable, bienvenu, obéissant
magšaru cf. *gašāru*
force, pouvoir
mahāhu (MHH; a/u) G, Gtn, D, N
tremper, imprégner
mahāru (MHR; a/u) G, Gtn, Gt, D, Dt, Š, Štn, Št, N, Nt
recevoir, affronter, accepter, complaire à

mahāṣu (MHṢ; a/a) G, Gtn, Gt, D, Dt, Š, Št, N, Nt
battre, frapper, tisser, tuer
māhāzu cf. *ahāzu*; pl. *māhāzū* / *māhāzāni*
sanctuaire, ville, quai
mahhû cf. *mahû*
prophète, homme en extase
māhirānu cf. *mahāru*
acheteur, receleur
mahīru cf. *mahāru*; pl. *mahīrū, mahīrātu*
(place du) marché, activité commerciale, tarif, prix
māhiru cf. *mahāru*
adversaire, opposant, rival
māhiṣu cf. *mahāṣu*; pl. *māhiṣānu, māhiṣē*
frappeur, tisserand, archer, chasseur
mahra cf. *mahāru*
avant, devant
mahriš cf. *mahāru*
devant
mahru cf. *mahāru*
front, présence
mahrû cf. *mahāru*
premier, prédécesseur, prochain, précédent
mahrû cf. *mahāru*
plus tôt, rapidement, à la première heure
mahû (MHŪ/ Ī) G, Gtn, N
être furieux, entrer en transe
majāltu / *ma'āssu* (f.) cf. *nâlu*
lit, étable
majālu cf. *nâlu*
lit, chambre à coucher
majāru
charrue, terrain labouré
makāku (?/u) G, D
étaler
mākaltu (f.) cf. *akālu*
assiette en bois
mākālu cf. *akālu*
repas, nourriture, offrande alimentaire

makāru A (MKR; a/u puis i/i) G, D, Dt, Š, N
irriguer, abreuver, inonder
makāru B (MKR; a/u?) G, Št
faire du commerce
makāsu (MKS; u/u) G, N
collecter des impôts, imposer
mākisu cf. *makāsu* ; pl. nA *mākisāni*
collecteur, percepteur
makkassu cf. *nakāsu*
dattes de qualité
makkūru cf. *makāru* B
possession, biens
dans *bīt makkūri*
entrepôt, trésor
makrû
rouge
makṣaru cf. *kaṣāru*; pl. *makṣarātu*
ballot
makû (MK') G (perm.), Š
manquer de, être dépendant
makurru (f.) emp. sum.
bateau fluvial, bateau de procession, une constellation
makūtu pl. *makâtu*
poteau, pilier, un gâteau
mala cf. *malû*
autant que, quiconque, selon que
mala cf. *malû*
un, une fois
mala cf. *malû*
selon, comme
malāhu emp. sum.; pl. *malāhānu*
batelier, navigateur, marin
malāhu (MLH; a/u) G, Gt, D, N, Nt
enlever?, faire une danse, arracher
malāku (MLK; i/i) G, Gtn, Gt, (D), N
conseiller, délibérer, décider
mālaku cf. *alāku*; pl. *mālakāni*
démarche, cours, passage, distance
malallû emp. sum.
radeau, bateau de charge
malālu (MLL; a/u) G, Štn
dévorer

malāšu / *malāsu* (MLŠ/S; a/u et i/i) G, D
arracher
māliku cf. *malāku*
conseiller
malītu (f.)
petit récipient
malku / *maliku* A cf. *malāku*
roi, prince
malku B
un dieu chtonien
malkūtu / *malikūtu* cf. *malāku*
gouvernement, souveraineté
malmališ cf. *malû*
également, complètement
maltaktu (f.) cf. *latāku*
mesure testée, essai, clepsydre
malû
cheveux non soignés, poils
malû (ML') G, Gtn, Gt, D, Dtn, Š, Št, ŠD, N
être plein de, s'écouler (temps) (D payer complètement, assigner)
māmītu (f) cf. *amû*
serment, malédiction
mammanû cf. *mannu*
appartenant à
mānahtu (f.) cf. *anāhu* A
fatigue, travail, dépenses, équipement, champ cultivé, obligation de service, maintenance
manāma / *mannāma*
quelqu'un
mandītu (f.) cf. *nadû*
attaque surprise, attache de métal, bonnet
mangagu
fibre (du palmier)
maninnu emp. ind. eur.?
collier
mānitu
vent léger, brise
manû
mine (une mesure)
manû (MNŪ) G, Gtn, D, Dtn, Dt, Š, Št, N, Nt
compter, calculer, réciter, livrer, inclure

manzaltu (f.) cf. *uzuzzu*
position, rang, charge
manzât
arc en ciel, une étoile
manzatuhlu *manza-* (cf. *uzuzzu*) + *uhlu* (hourr.)
policier, "bailli"
manzazānu cf. *uzuzzu*
gage, garantie
manzazu
courtisan, serviteur personnel
manzaz pāni pl. *manzaz pānūti*
membre de l'entourage
manzāzu cf. *uzuzzu*
emplacement, rang, position, présence
maqātu (MQT; u/u) G, Gtn, Gt, D, Š, Št
tomber, attaquer, arriver
maqlūtu cf. *qalû*; pl. *maqlātu*
incinération, four, offrande
maqqaru
ciseau, burin
maqqītu (f.) cf. *naqû*
libation, offrande
maqqû cf. *naqû*; pl. nB *maqqānû*
bol de libation
māraku cf. *arāku* A
longueur
marāqu (MRQ; a/u) G, D, Dt, N
frotter, écraser
marāru A (MRR; i/i) G, D, Š
être amer
marāru B (MRR; a/u) G, Dt, N
mettre un champ en culture
marāru C (MRR; u/u) G, Š
partir (Š expulser)
marāsu A (MRS; a/u) G
remuer, tourner
marāsu B (MRS; i/i) emp. aram.
écraser
marāṣu (MRṢ; a/a, nB u/u) G, D, Š, Št, ŠD
tomber malade, être pénible, difficile
marāṭu (MRṬ; a/u) G, D, N, Nt
gratter
mārbanûtu cf. *mār banî*
statut d'une personne libre

mardatu (f.)
tissu de plusieurs couleurs
mardītu (f.) cf. *redû*
chemin, étape
marhallu
une pierre semi-précieuse
marhaṣu cf. *rahāṣu*
rinçage, ablution
mariannu / *marijannu* emp. hourr.; pl.
"chevalier" *mariannūti*, *marinnina*
markasu cf. *rakāsu*
corde, bande, lien, amarre
marratu (f.) cf. *marāru* A
mer
marru emp.sum.; pl. *marrū*, nB *marrātu*
pelle, bêche, marre
marṣu cf. *marāṣu*; fém. *maruštu*
malade, pénible, grave, inaccessible
maršītu (f.) cf. *rašû*
possession, biens en bétail
martu (f.) cf. *marāru* A
vésicule biliaire
mārtu / *mer'atum* (f.) cf. *māru*
fille
māru / *mar'u* / *mer'u*
fils, garçon, descendant
mār banî
homme libre, citoyen, noble
mār damqi
un soldat
mār māri
petit-fils
mār šipri
messager, envoyé
marû / *marā'u* A (MR') G (inf., perm.), Š, Št
gaver
marû B (MRĪ) G, Gtn, N
être lent?
maruštu (f.) cf. *marāṣu*; pl. *marṣātu*
malheur, trouble, difficulté, (la) gauche
mārūtu / *mer'uttu* cf. *māru*
état de fils, statut de vassal
masabbu / *masappu*
panier

masāku (MSK) G (perm., inf., adj. vbal), D,
être mauvais, horrible (D abîmer) Š, N
masāru (MSR; u/u) G, (N)
retenir, refuser
masnaqtu (f.) cf. *sanāqu*
contrôle, ponctualité
massû emp. sum.
chef, dirigeant
maṣāru (MṢR; a/u) G, D, N
marcher en cercle, faire un détour, s'attarder
maṣhatu cf. *ṣahātu*
farine grillée pour offrande
maṣi
dans *kî maṣi* / *issu maṣi*
autant que, selon
maṣrahu
"base" (partie du foie), un emblème
maṣṣartu (f.) cf. *naṣāru*
garde, surveillance, service, garnison, dépôt
maṣṣaru cf. *naṣāru*
gardien, garde
maṣû (MṢĪ) G, Gt, D, Dt, Š, Štn, Št
être semblable à, être capable de, être suffisant pour
mašaddu cf. *šadādu*
timon, poteau, un fonctionnaire
mašādu (MŠD; i/i aA a/u) G, D, Š?, N
battre, pétrir
mašāhu A (MŠH; a/u) G, Gtn?, N
mesurer
mašāhu B (a/u) G
briller
maš'altu (f.) cf. *šâlu*
interrogatoire, question
mašālu (MŠL; a/u) G, D, Dt, Š, Št, N
être semblable, être égal (D copier)
māšartu cf. *ašāru*
revue (militaire)
mašāru (MŠR; a/u) G, Gtn, Š
traîner (par terre), imprimer
mašāšu (MŠŠ; a/u) G, Gt, D, N
essuyer

mašā'u (MŠ'; a/u et a/i) G, Gtn, Gt, Š, N,
emporter, piller, voler Nt
mašdahu cf. *šadāhu*
voie processionnelle, procession
mašīhu (f.) cf. *mašāhu*; pl. *mašīhātu*
(récipient de) mesure
maškanu cf. *šakānu* ; pl. *maškanāti*
lieu, aire, position, gage, fers
maškanūtu cf. *šakānu*
gage
maškattu (f.) cf. *šakānu*; pl. *maškanātu*
dépôt, compte, entrepôt
mašku
peau, cuir
mašlu cf. *mašālu*
demi
mašlû cf. *šalû*; pl. *mašliātu*
seau en cuir, sac
mašmaššu emp. sum.
prêtre incantateur
mašqaltu (f.) cf. *šaqālu*
paiement, poids
mašqītu (f.) cf. *šaqû*
irrigation, boisson, point d'eau
mašqû cf. *šaqû*
point d'eau
mašrû cf. *šarû*
richesses, prospérité
maššartu (f.) cf. *našāru*
denrées pour des prélèvements
maššītu (f.) cf. *našû*
livraison, ingrédients
maštakal
une plante médicinale
maštaku
pièce, lieu de résidence
maštītu (f.) cf. *šatû*; pl. nA *massiātu*
boisson, récipient à boire
mašṭaru cf. *šaṭāru* ; pl. *malṭarātu*
inscription
mašû (MŠĪ) G, Gtn, Gt, D, Dt, Š, Št, N
oublier, négliger (Gtn être oublieux)
māšu / *maššû*
frère jumeau, Gémeaux

mašûtu
exemption
matāḫu (MTḪ; a/u) G, Gt, D, N, Nt
transporter, soulever
matāqu (MTQ; i/i) G, D
être doux
matāru (MTR) G (perm.)
tacheter
mati / *mate* / *mat* / *immati*
quand?, n'importe quand (+ nég. jamais)
matīma / *immatīmê* cf. *mati*
quand?, n'importe quand
matimê cf. *mati*
dès que, quand
mātitān cf. *mātu*
dans tous les pays, n'importe où
matqu cf. *matāqu* ; fém. *matuqtu*
doux
mātu (f.) pl. *mātātu*
pays, campagne, patrie, gens d'un pays
mâtu / *muātu* (MŪT) G, Gtn, Gt, Š, ŠD
mourir, devenir non valide
maturru emp. sum.
barque
maṭû cf. *maṭû*
mauvais, déficient, bas, petit, humble
maṭû (MṬĪ) G, Gt, D, Dt, Š, Št
être médiocre, insuffisant, manquer, diminuer
**mâ'u* / **muā'u* (MŪ') G, Gt
vouloir
mazāqu (MZQ; a/u) G, D, Š
sucer
mazû / *mazā'u* (MZŪ; a/ u et i/i) G, D, Dt, N
presser, exprimer un liquide
mazziz pāni / *manziz pāni* cf. *uzuzzu*
homme de cour
meat
cent
mēdelu cf. *edēlu*
loquet
medû cf. *idû*
connu
meḫertu (f.) cf. *maḫāru*
femme de même rang
meḫru cf. *miḫru*
meḫû
tempête
mekû (MKĪ) G, Dt, Št
négliger
melammu emp. sum.
splendeur divine
melqētu cf. *leqû*
un type de prêt, revenu
mēlû cf. *elû*
hauteur, élévation, ascension
mêlu cf. *e'ēlu*
bandage, compresse
mēlultu (f.) cf. *mēlulu*
jeu
mēlulu (MLL; i/ i) G (accom. *immelil*, pl. *immellū*)
jouer
memēni
quelqu'un, n'importe qui
menû (MNĪ) G, (D)
aimer
merdītu (f.) cf. *redû*
un type d'offrande
mērênu (f.) cf. *erû*
nudité, vide
mēreštu (f.) A cf. *erēšu* A
désir, demande, argent pour des achats
mēreštu (f.) B cf. *erēšu* B
culture, champ planté
mērešu cf. *erēšu* B
champ cultivé, culture
merḫu
un haut fonctionnaire (Mari)
mēsiru cf. *esēru*
emprisonnement, détention
mesû (MSĪ) G, Gtn, D, Dt, ŠD, N
laver, nettoyer
mēsu
un arbre
mēsū (pl.)
rites, rituel
mêsu (M''S) G, N
écraser, détruire

meṣherūtu cf. *ṣehēru*
jeunesse
mešēnu cf. *šênu*
un type de chaussure
mešēqu cf. *šêqu*
vase de mesure, rétribution, distribution
mešrêtu
membres
mêšu (M"Š) G, Gtn, D, N
mépriser
mētellu cf. *etellu*
pouvoir, seigneurie
mētequ cf. *etēqu*
chemin, avancée
meṭlūtu cf. *eṭēlu*
maturité, excellence
mēzehu cf. *ezēhu*
écharpe ou ceinture
-mi / *-me*
(note le discours direct)
middatu / *mindatu* (f.) cf. *madādu*
mesure
migru cf. *magāru*
favori, élu
mihhu cf. *mahāhu*
une sorte de bière
mihirtu (f.) A cf. *mahāru*
copie, réponse, équivalent, face
mihirtu (f.) B cf. *mahāru*
revenu, appel (divin)
mihiṣtu / *mihištu* / *mihiltu* (f.) cf. *mahāṣu*
coup, blessure
mihru A cf. *mahāru*
copie, liste, réponse, égal, équivalent, déversoir
mihru B
un arbre (sapin?)
mihṣu cf. *mahāṣu*
blessure, coup, attaque, vêtement tissé
mija emp. ouest-sém.
qui?
mikru cf. *makāru* A
irrigation, champ irrigué
miksu cf. *makāsu*
part de revenu, droits de douane
milku cf. *malāku* A
conseil, (état d')esprit, ordre, accord, intelligence
mīlu cf. *malû*
crue, inondation
mimmû
n'importe quoi, part, biens
minde cf. *idû*
peut-être
mindinu
tigre?
minītu (f.) cf. *manû*
taille (normale), compte, membres, forme
minsu cf. *mīnu*
pourquoi? qu'est-ce?
mīnu cf. *manû*
nombre, compte, taille
minummê cf. *mīnu*
quoi que ce soit
minûtu cf. *manû*
compte, calcul, nombre, récitation
miqittu (f.) cf. *maqātu*
chute, défaite, attaque
miqtu cf. *maqātu*
chute, obstruction, débris
mīrānu
jeune chien
mirītu (f.) cf. *re'û*
pâturage
mirsu cf. *marāsu* A
une pâtisserie
miserru (m. / f.) pl. *misarrū*, *misarrātu*
ceinture, cerclage
mīsu cf. *mesû*
lavage, nettoyage
miṣru pl. *miṣrū*, *miṣrātu*, *miṣrētu*
frontière, domaine, territoire
mīšaru cf. *ešēru*
exemption, justice, équité
mišhu A cf. *mašāhu* B
apparition soudaine

mišhu B cf. *mašāhu* A
étendue, section
mišihtu / *mešhatu* cf. *mašāhu* A
mesure, taille, étendue
miširtu
produit de la mer et des rivières
mišittu A cf. *mašādu*
attaque, paralysie, crise cardiaque
mišittu B
fonds, magasin
mišlu cf. *mašālu*; pl. *mišlātu*
moitié, milieu
mitgurtu cf. *magāru*
convention, accord
mithāriš cf. *mahāru*
de la même façon, collectivement
mithartu (f.) cf. *mahāru*
(côté d'un) carré, totalité, humanité
mithāru cf. *mahāru*
correspondant, égal, uniforme
mithurtu (f.) cf. *mahāru*
conflit, contraste, opposition, correspondance
mithuṣu cf. *mahāṣu*
combat, assaut
mītu cf. *mâtu*; fém. *mittu*
mort (adj.)
mītūtu cf. *mâtu*
(la) mort
miṭirtu (f.)
un type de champ irrigué
miṭītu (f.) cf. *maṭû*
abrègement, diminution, pertes
miṭṭu
arme divine (masse)
mû / *mê* (pl.) A
eau, liquide
mû B emp. sum.
rites, ordre divin
muballiṭṭu (m. / f.) cf. *balāṭu*
barrage, cage
mudasû emp. sum.
liste de noms
muddû
balance déficitaire, impayé, déficit

mūdû cf. *idû*; fém. *mudâtu*; pl. *mūdû*, nB *mūdānê*
savant, expert, personne connue
mūdûtu cf. *idû*
connaissance, information, savoir
mugirru
roue, chariot à deux roues
mugu
dans *rab mugi*
haut fonctionnaire
muhhu
crâne, dessus, sommet
dans *ina muhhi*
dans, sur, au débit de
mu'irru cf. *âru*
dirigeant, chef
muk
(particule de discours direct)
mukallimtu cf. *kullumu*
commentaire
mukīl rēši cf. *kullu*
compagnon, un démon
mukinnu cf. *kânu*
témoin
mukinnūtu cf. *kânu*
témoignage
mullilu cf. *elēlu*
purificateur (par aspersion)
mullû cf. *malû*
versement compensatoire, récompense
mulmullu
flèche
mūlû cf. *elû*
hauteur, colline, ascension
mulūgu
dot
muma'iru
commandant, souverain, satrape
mumarriqānu emp. aram.
garant
mummu
artisan, créateur, atelier
mundahṣu cf. *mahāṣu*; pl. *mundahṣū*, *mundahṣūtu*
combattant

mundu
farine fine
mungu cf. *magāgu*
paralysie
munnabtu / *munnabittu* cf. *nābutu*
fugitif, réfugié
munnarbu cf. *nērubu*
fuyard, rapide
munûtu (f.) cf. *manû*
nombre, compte, part évaluée
muqqelpû cf. *neqelpû*
dérivant, descendant le courant
muqqu D
se fatiguer, retarder, faire lentement
muqtablu cf. *qablu*
combattant
muquttû cf. *maqātu*
demande échue
mūraku cf. *arāku*
longueur
murašû / *muraššu*
chat sauvage
mūrnisqu cf. *mūr* + *nīsqu*
jeune animal de choix, cheval de bataille
murru cf. *marāru*
myrrhe, amertume
murrû (MRĪ) D
être silencieux
murruqu (MRQ) D
être affranchi de revendications
murruru (MRR) D, Dt
vérifier
murṣu cf. *marāṣu*
maladie, peine, préoccupation, douleur
murtappidu cf. *rapādu*
errant
mūru
un jeune animal (poulain, ânon)
musahhiru cf. *sahāru*
agent, représentant
musarû A emp. sum.
objet inscrit, inscription
musarû B
jardin
musâtu cf. *mesû*
eau usée
mussû / **wussû* / *muššû* (WSĪ) D, Dt
distinguer, identifier
**mussuhu* (MSH) D
traiter avec mépris
musukkanu emp. sum.
un arbre
musukku emp. sum.
personne impure
muṣa'irānu
grenouille
muṣīptu (f.)
un vêtement
muṣlālu cf. *ṣalālu*
temps de la sieste, midi
mūṣu
une maladie urinaire, une pierre
mūṣû / *mūṣā'u* cf. *aṣû*
sortie, ouverture
mūšabu cf. *ašābu*
domicile, siège
mušadbibu cf. *dabābu*
personne qui porte plainte, instigateur
mušaddinu cf. *nadānu*
collecteur d'impôts
mušahhinu cf. *šahānu* ; pl. *mušahhinānu*
un récipient de cuisine
mušākilu cf. *akālu*
un titre (fonctionnaire), engraisseur
mušālu cf. *mašālu*
miroir, palette de fards
mušannītu (f.) cf. *šanû*
digue
mušarkisu cf. *rakāsu*
un fonctionnaire des gardes à cheval
mūšaru emp. sum.
plate-bande, une mesure de surface
mušelmû cf. *lamû*
surveillant, arpenteur
mušēniqtu (f.) cf. *enēqu*
nourrice
mušhuššu emp. sum.
dragon

mušītu (f.) cf. *mūšu*
nuit
muškēnu cf. *šukênu*
personne d'un statut social inférieur
mušlālu
barrière, portail
mušpalu cf. *šapālu*
dépression, profondeur
muššaru
une pierre semi-précieuse
muššuru cf. *uššuru*
muššu'u (MŠ') D, Dtn
frotter, badigeonner
muštābilu cf. *abālu* A
une taxe
muštālu cf. *šâlu*
judicieux, circonspect, réfléchi
muštarhu cf. *šarāhu*
orgueilleux
muštēširu cf. *ešēru*
celui qui guide bien
muštinnu cf. *šânu*
urètre
mušṭu (f.)
peigne
mūšu
nuit
mūtānu (pl.) cf. *mūtu*
peste, épidémie
mūtaqu cf. *etēqu*
passage
mutqû cf. *matāqu*
pain doux
muttalliktu (f.) cf. *alāku*
charge, pavage, commerce?
muttalliku cf. *alāku*
mobile, qui bouge sans cesse
mutallu cf. *etellu* ; fém. *mutallatu*
noble
muttaprišu cf. *naprušu*
ailé
muttāqu cf. *matāqu*
gâteau sucré
muttatu
moitié
muttiš
en face de
mutu
homme, époux
mūtu cf. *mâtu*
(la) mort
muṭû / *muṭā'ū* cf. *maṭû*
perte, manque
mu'û (M'Ū) D
adorer
muzīqu pl. *muzīqātu*
raisin sec
muzzazu / *munzizu* cf. *uzuzzu*
témoin

N

na'ādu / *nahādu* (N'D; i/i) G, Gtn, Gt, D, Dtn, Štn; accom. *i'id*
faire attention, surveiller, s'occuper, se soucier de
na'ālu (N'L; i/i) G
mouiller
na'āpu (N'P; u/u) G, Gtn, Dt
sécher, dessécher
na'arruru (N'RR; a) N, Nt
venir à l'aide
na'āru (N'R; u/u) G (inf. et perm.), D, Dt
rugir (lion)
na'āsu (N'S; i/i) G (accom. *i'is*)
mastiquer
na'āšu (N'Š; i/i) G (accom. *i'iš*)
avoir une maladie?
nabāhu (NBH) G, Gtn, D
aboyer
nabāku (NBK) G
apporter
nabalkattu (f.) cf. *nabalkutu*
cambriolage, escalade, échelle, révolte, retraite
nabalkutu (BLKT; a) Š, Štn, Št, N, Ntn, Nt
traverser, renverser, rejeter l'autorité de, faire retraite, se rebeller contre
nābalu cf. *abālu* B
terre ferme, terre sèche

nabāsu
laine rouge
nabāṭu (NBṬ; u/u) G, D, Dt, Š, Št, N, Ntn
briller avec éclat
nabā'u (NB'; u/u) G
se soulever (pour la crue), bouillonner
nablu
flamme
nabnītu (f.) cf. *banû* B
création, créature, produit, apparence
nabrû
une fête
nabšû cf. *bašû*
dépôt
nabû A (NBĪ) G, Gt, Š, N
nommer, appeler, proclamer, invoquer
nabû B (NBĪ) G, D
se lamenter
nabû C (NBĪ) G
briller
nābutu cf. *abātu* B
fugitif
nadādu (NDD; i/i) G, D
peigner, brosser
nadānu cf. *nadānu*
don, tribut
nadānu (NDN; a/i ou i/i) G, Gtn, Gt, Š, Štn, Št, N, Ntn, Nt
donner, payer, assigner, permettre (Št discuter)
nadāru (NDR) G (inf. et perm.), N, Ntn
être rude, sauvage, agressif
nādinānu cf. *nadānu*
vendeur
nadītu (f.) cf. *nadû*
femme vouée à un dieu
na'du / *nādu* cf. *na'ādu*
pieu, attentif, de confiance
nadû cf. *nadû*
abandonné, non cultivé, placé
nadû (NDĪ) G, Gtn, Gt, Š, Štn, Št, N, Ntn, Nt
lancer, poser, jeter, abandonner, négliger
dans *aham nadû*
être négligent

nādu pl. *nādātu*
outre
nâdu / *na'ādu* (N'D; a/a puis a/u) G, Gtn, D, Dtn, Dt, Št, N
louer, priser
nagāgu (NGG; a/u ou u/u) G, Gtn
crier, braire
nagaltû / *negeltû* (GLTŪ) N
se réveiller
nagālu (NGL) G (perm.), D, N
briller?, brûler?
nagāru (NGR; a/u) G, N
annoncer?, demander?
nagāšu (NGŠ; u/u) G, Gtn, Dtn
aller, partir, rôder
nagbu A
source, fontaine, nappe phréatique
nagbu B
totalité
naggāru emp. sum.
charpentier, menuisier
nāgiru
héraut, un haut fonctionnaire
naglabu
rasoir, omoplate
nagû pl. *nagû*, *nagiāni* (nA)
district, province
nagû / *negû* (NGŪ) G, Gtn
chanter joyeusement, jubiler
nahallu / *nahlu*
ravin, ouadi
nahālu A (NHL; a/u) G, D
tamiser
nahālu B (NHL; i/i) G, N
remettre, transférer
naharmumu (HRMM) Š, N
s'écrouler
naharmuṭu (HRMṬ) Š, N, Ntn
(se) dissoudre
nahāru (NHR) G (perm.), D, Dt
être desséché?
nahāsu A (NHS; i/i) G, Gtn, Gt, D, Dt, Š, Št
reculer, retraiter, revenir

nahāsu B (NHS; i/i) G, Gt, D, Dt
sangloter, se lamenter
nahāšu (NHŠ; i/i) G, D, N
être abondant, être bien portant, prospérer
nahbatu
étui, carquois
nahīru
narine
nahlaptu (f.) cf. *halāpu*
vêtement, manteau
nāhu
lard, graisse de porc
nâhu / *nuāhu* (NŪH) G, D, Dt, Š, N
se reposer, être tranquille, paisible (D pacifier)
nā'iru / *nā'eru* cf. *na'āru*
en rage, hurlant
najabtu (f.)
côte flottante
najjālu pl. *najjālūtu*, *najjālāni*
jardinier, métayer
nakādu (NKD; u/u) G, D, Š, N
avoir des palpitations, redouter, être ennuyé
nakālu (NKL; i/i) G, Gt, D, Š
faire artistiquement, ingénieusement
nakāmu (NKM; a/u ou i/i) G, D, N
rassembler, amonceler
nakāpu / *naqāpu* (NK/QP; i/i) G, Gtn, Gt, D
donner des coups de corne, pousser
nakāru (NKR; i/i) G, Gtn, Gt, D, Dt, Š
être différent, être étranger, hostile, changer, s'approprier, refuser, contester
nakāsu (NKS; i/i) G, Gtn, Gt, D, Dt, N
couper, abattre
nakāšu (NKŠ; i/i) G, Gt, (D, Š)
mettre de côté
nakbatu cf. *kabātu*
poids, force principale (d'une troupe)
nakkamtu (f.) cf. *nakāmu*
trésor, entrepôt
nakkaptu (f.) cf. *nakāpu*
tempe
nakliš cf. *nakālu*
artistiquement
nakru / *nakiru* cf. *nakāru*; pl. *nakrū*, *nakrūtu*
ennemi, étranger, étrange
naktamu / *naktamtu* (f.) cf. *katāmu*
couvercle
nâku / *niāku* (NĪK) G, Gtn, Š, N, Ntn
coucher, forniquer
nakuttu / *naquttu* (f.) cf. *nakādu* / *naqādu*
peur, anxiété, détresse
nalbanu cf. *labānu* A; pl. *nalbinānu*
moule à briques
nalbašu cf. *labāšu*
manteau
nalbattu cf. *labānu* A
moule à briques
nalpattu (f.) cf. *lapātu*
bol, récipient
nalšu
rosée
naltaru
une qualité d'or
nâlu / *niālu* (NĪL) G, Gtn, D, Š
se coucher pour dormir
namarkû (MRK') Š, N, Nt
rester en arrière, être en retard
namāru / *nawāru* (NWR; i/i) G, Gt, D, Dt, Š, ŠD, N
être clair, briller (D rendre joyeux)
nāmaru A cf. *amāru*
tour de guet
nāmaru B cf. *amāru*; pl. *namrāni*
miroir
namāšu (NMŠ; u/u) G, Gt, D
partir, (se) mettre en route
namburbû emp. sum.
rite de purification
namhartu (f.) cf. *mahāru*
marchandises, revenu
namharu cf. *mahāru*
cruche, cuve

namirtu (f.) cf. *namāru*
brillance
namkaru / *namgaru* cf. *makāru*
canal d'irrigation, réservoir
namkūru cf. *makāru*
possessions, biens
nammaššû cf. *namāšu*
harde, troupeau, population
nammaštu (f.) cf. *namāšu*
bêtes sauvages
namrāṣu cf. *marāṣu*
difficulté, trouble
namrirrū cf. *namāru*
luminosité surnaturelle, terrifiante
namsû cf. *mesû*
bol, cuve pour laver
namṣaru
glaive
namtallû cf. *attalû*
namtaru emp. sum.
(démon qui décide du) destin
namû / *nawû* (m. / f.) cf. *namû*
terre de pâture, steppe
namû / *nawû* (NWĪ) G, D, Dt, N
être abandonné
namurratu (f.) cf. *namāru*
splendeur divine, brillance terrifiante
nāmurtu (f.) cf. *amāru*
cadeau (diplomatique)
namzāqu
clé
namzītu cf. *mazû*
cuve à fermentation
nannābu
descendance
nannāru
lumière, nom du dieu-lune et d'Ištar
nanzāzu cf. *uzuzzu*
courtisan, position
napāhu (NPH; a/u) G, Gt, D, Dt, Š, N, Nt
souffler, allumer, devenir visible, être gonflé
napalkû (PLKĪ) Š, N (perm.)
(s')élargir, ouvrir largement
napalsuhu (PLSH; a) Š, N
s'accroupir, tomber au sol, se prosterner
napālu A (NPL; a/u) G, Gt, D, N
extraire, creuser, détruire
napālu B (NPL; a/u) G, D, Š, N, Nt
faire un paiement supplémentaire, compenser
napāqu (NPQ) G (inf.), D, (Dtn)
durcir?, boucher?
napardû / *neperdû* (PRDĪ) Š, N, Nt
briller, devenir joyeux
naparkû / *neperkû* (PRKŪ) Š, N, Ntn
arrêter (de travailler), rester (en arrière), manquer
naparqudu (PRQD; a) N, Ntn
être sur le dos, être appuyé à
naparšudu (PRŠD; i) N, Ntn, Nt
(s'en)fuir, tomber en désuétude
napāṣu (NPṢ; a/u) G, Gtn, Gt, D, Dt
(se) précipiter, jaillir, (re)jeter, pousser, démolir
napāšu A (NPŠ; u/u) G Gtn, D, Dtn, Dt, N
respirer, devenir abondant, réclamer
napāšu B (NPŠ; a/u) G, D, N
arracher, peigner (laine)
napharu cf. *pahāru*
somme, ensemble, univers
napištu (f.) cf. *napāšu* A
vie, santé, personne, gorge, subsistance
napīšu cf. *napāšu* A
souffle, odeur
naplastu (f.) cf. *palāsu*
oeillères, marque oraculaire sur le foie
nappāhu cf. *napāhu*
forgeron
nappû cf. *napû*
passoire
naprušu (PRŠ; a) Š, Štn, Št, N, Ntn, N
(s'en)voler
napšartu (f.) cf. *pašāru*
orge

napšaštu (f.) cf. *pašāšu*
(pot à) onguent
naptanu cf. *patānu*; pl. *naptanātu*
repas, soir
napṭaru cf. *paṭāru*
individu doté de privilèges
dans *bīt napṭari*
type de résidence
napṭu
naphte
napû (NPĪ) G, D
filtrer
naqābu (NQB; a/u) G
ravir, déflorer
**naqāmu* emp. ouest-sém.
sauver, venger
naqāru (NQR; a/u) G, Gt, D, Š, N, Nt
déchirer, détruire
nāqidu
berger
naqû (NQĪ) G, Gtn, Gt, D, Dt, N, Ntn
verser, faire une offrande
nâqu / *nuāqu* A (NŪQ) G
crier
nâqu / *nuāqu* B (NŪQ) G
aller, courir
narābu (NRB) G (inf.), D
devenir humide, mou
narāmtu (f.) cf. *râmu*
bien-aimée, favorite
narāmu cf. *râmu*
bien-aimé, aimant, amour, (bonne) volonté
dans *ina narāmāti* (pl. f.) cf. *râmu*
de son plein gré
nārāru cf. *na'arruru*
aide (militaire), troupes auxiliaires, secours
nārārūtu cf. *na'arruru*
aide, secours
narāṭu (NRṬ; u/u) G, D, ŠD
trembler, tituber
narbû cf. *rabû*
grandeur, puissance

nargallu emp. sum.
musicien en chef
narkabtu (f.) cf. *rakābu*
char
narmaktu (f.) cf. *ramāku*
bassin à ablution
narmaku cf. *ramāku*
(bassin à) ablution
nārtu (f.) cf. *nāru* A
canal
nârtu (f.) cf. *nāru* B
musicienne
narû emp. sum.
stèle
nāru (f.) A
fleuve, canal
nāru B emp. sum.?
musicien
naruqqu, narūqu pl. *naruqqātu*
sac en cuir, une mesure, investissement
nasāhu (NSH; a/u) G, Gtn, D, Dt, Š, Št, N, Nt
arracher, extraire, transférer, déporter
nasāku (NSK; u/u) G, Gtn, Gt, Š, Št, N, Nt
jeter, laisser tomber, déposer, assigner
nasāqu A (NSQ; a/u) G, D, Š, Št, ŠD
élire, choisir
nasāqu B (NSQ) G (perm.)
(sens incertain)
nasāsu (NSS; u/u) G, D, Dtn
se plaindre, gémir
nashiptu (f.) cf. *sahāpu*
un type de pelle
nasīhu cf. *nasāhu*
déporté
nasīku emp. aram?
chef tribal pl. *nasīkāni*
naspantu (f.) cf. *sapānu*
dévastation, destruction
nasqu cf. *nasāqu*
choisi, précieux, prééminent
naṣābu (NṢB; a/u) G, D, N
sucer

naṣāru (NṢR; a/u) G, Gtn, Gt, D, Š, Št, N
surveiller, garder, protéger
naṣbatu cf. *ṣabātu*
manteau, un objet de métal
nāṣiru cf. *naṣāru*
surveillant, protecteur
naṣmattu (f.) cf. *ṣamādu*
pansement, cataplasme
naṣraptu (f.) A cf. *ṣarāpu* A
creuset, dépression
naṣraptu (f.) B cf. *ṣarāpu* B
bassin pour teinture
naṣru cf. *naṣāru*
protégé, observé, secret
naṣṣabu / *nanṣabu* cf. *naṣābu*
tuyau d'écoulement
nâṣu / *na'āṣu* (N'Ṣ; a/a) G, D (inf.)
regarder avec dédain
našāku (NŠK; a/u) G, Gtn, Gt, D, Dt
mordre
našallulu (ŠLL) N, Ntn
glisser, ramper
našāpu (NŠP; a/u) G, D, N
enlever en soufflant, vanner
našāqu (NŠQ; i/i) G, Gt, D, Dtn, Š, N
embrasser
našarbuṣu / *našarbuṭu* (ŠRBṬ) N, Ntn
se mettre à courir
našāru (NŠR; a/u) G, D, Dt, Š, N
diviser, enlever, exproprier
nāši bilti cf. *našû* A
exploitant d'un champ
našpaku cf. *šapāku*
grenier, silo, jarre à provision
našpartu (f.) cf. *šapāru*
lettre, message, corvée, mission
našpāru cf. *šapāru*
envoyé, messager, représentant
našpu
doux? (bière)
našû (NŠĪ) G, Gtn, Gt, Š, Št, N
(sou)lever, porter, supporter, remettre, accepter

nāš tuppāti
créditeur
dans *rēša našû*
honorer, exalter
nâšu / *nuāšu* (NŪŠ) G, D, Dt
remuer, faire trembler, être ébranlé, s'en aller, déplacer
natāku (NTK; u/u) G, Gtn, D, Dtn, Š, Štn
goutter
natāru (NTR) G (inf.), D, Š
démolir
natbaktu (f.) cf. *tabāku*
barrage, ravin
natbaku cf. *tabāku*
grenier, ravin, oued
natbāku cf. *tabāku*; pl. *natbākāni*
libation, lit de briques
naṭālu (NṬL; a/u) G, Gtn, Gt, D, Š, Št, N
voir, être attentif à, inspecter
naṭāpu (NṬP; i/i) G, D, N
arracher
nāṭilu
dans *lā nāṭilu* cf. *naṭālu*
aveugle
naṭû
adapté à, approprié
naṭû (NṬŪ) G, D, Š, N
frapper
na'û (N'Ī) G, D
crier
nazālu (NZL; a/u) G
vider, drainer
nazāmu (NZM; u/u) G, Gtn, D, Dt, Š
se plaindre, gémir
nazāqu (NZQ; i/i) G, Gtn, Gt, Š, Štn
se fâcher, avoir du chagrin, s'inquiéter (Š causer du trouble)
nazāru (NZR; a/u) G, Gtn, Gt, Š, Št, N
insulter, maudire
nazāzu (NZZ; u/u) G, D
murmurer, siffler, bruire
nēbehu A cf. *ebēhu*
une ceinture
nēbehu B pl. *nēbahātu*
un paiement

nēbertu cf. *ebēru*
autre côté, carrefour
nēberu cf. *ebēru*
croisement, gué, bac
nebrītu
nourriture, pâture, fourrage
nebû / *nabû* cf. *nabû* C
lumineux, rayonnant
ne'ellû ("LLĪ) N, Ntn
aller en quête de, baver (sur)
nehelṣû (HLṢĪ) Š, N, Nt
(se) glisser
nēhtu (f.) cf. *nâhu* A
paix, sécurité
nēhu cf. *nâhu* A
sûr, tranquille, lent, calme
nekelmû (KLM") N, Ntn
regarder avec colère
nēkemtu (f.) cf. *ekēmu*
perte, atrophie
nēmedu cf. *emēdu*
support, fondation, socle
nēmelu pl. *nēmelētu*
bénéfice, gain, surplus
nēmequ
savoir, sagesse
nemettu (f.) cf. *emēdu*
plainte, taxe, support, un siège
nentû (NTŪ) N, Ntn
aller de conserve
nepelkû N, Š
devenir large, devenir largement ouvert
nēpeštu (f.) cf. *epēšu*
exécution, objet, oeuvre
nēpešu cf. *epēšu*
activité, entreprise, rituel, outils, ustensiles
nēpišu cf. *epēšu*
paquetage
nepû / *napû* (I) G, Gtn
enlever, emmener
neqelpû / *naqalpû* (QLP") Š, N, Ntn
descendre le courant, dériver, glisser

nērebu cf. *erēbu*
entrée, défilé
nērtu (f.) cf. *nêru*
meurtre
nêru (N"R; a/a) G, Gt, D
tuer, conquérir, détruire
nēsepu cf. *esēpu*
pelle, un récipient, une capacité
nesû cf. *nesû*
éloigné, distant
nesû / *nasā'u* (NSĪ) G, Gtn, Gt, D, Dt, Š, Štn, ŠD, N
reculer, partir, se retirer (D enlever)
nešakku emp. sum.
un dignitaire
nešmû cf. *šemû*
audition, faveur
nēšu
lion
nêšu / *na'āšum* (N"Š) G, Š
vivre, guérir
nê'u / *ne'āu* (N'') G
tourner, se retirer, (faire) partir
nezû (NZĪ) G
uriner, déféquer
nibītu (f.) cf. *nabû*
nom, prononciation, appel, élu
nibrītu (f.) cf. *barû* B
famine, faim
nību cf. *nabû* A
nom, nombre
nidintu / *nidittu* (f.) cf. *nadānu*
cadeau, donation
nidītu (f.) cf. *nadû*
jachère, terre non cultivée
nidnu cf. *nadānu*
cadeau
nīdu
nīdi ahi cf. *nadû*
relâchement, désintérêt
nidûtu (f.) cf. *nadû*
champ non cultivé, terre inhabitée
niggallu / *ningallu* emp. sum.
faucille

nignakku / *nignaqqu* emp. sum.
encensoir, brûle-parfum
nigûtu cf. *nagû*; pl. *nigâtu*
jubilation, chant de joie
nikiltu (f.) cf. *nakālu*
habileté, travail habile, ruse
nikiptu / *niqiptu*
une plante
nikittu (f.) cf. *nakādu*
peur, souci, dommage, crise
nikkassu A emp. sum.
compte, possession, richesse
nikkassu B
une mesure de longueur
niksu cf. *nakāsu*
coupure, meurtre, brèche, morceau
nimru
léopard, panthère
nindabû / *nidabû* emp. sum.
offrande de céréales
niphu A cf. *napāhu*
lever (astres), flamboiement, prédiction douteuse
niphu B cf. *napāhu*
soleil
nipiltu (f.) cf. *napālu*
payement compensatoire, balance (comptes)
nipšu cf. *napāšu* A
odeur, respiration
nipûtu (f.) cf. *nepû*
prisonnier pour dette
niqû cf. *naqû* ; pl. *niqû*, *niqiātu*
offrande, sacrifice
nīru
joug, domination, une partie du foie
nisannu emp. sum.
printemps, nom d'un mois
nishu cf. *nasāhu*
un type de champ, un morceau, section, tarif, type de paiement
nisihtu (f.) cf. *nasāhu*
extrait, une taxe
nisiqtu (f.) cf. *nasāqu*
choix
nisqu cf. *nasāqu*
choix, qualité de choix
nissabu emp. sum.; cf. dNisaba
céréales
nissatu (f.) cf. *nasāsu*
plainte, gémissement, chant funèbre
niṣirtu (f.) cf. *naṣāru*
secret, trésor
niširtu (f.) cf. *našāru*
terre expropriée
nišītu (f.) cf. *našû*
installation à un poste
nišku cf. *našāku*; pl. *niškātu*
morsure
nišū (pl. m. / f.)
humains, gens, population, habitants, famille, personnel
nīšu A cf. *nêšu*
serment
nīšu B cf. *našû*
cadeau
nīš īni
regard, choix
nīš qāti
prière
nīš libbi
désir
nišūtu
clan, parents de sang, personnel
nītu cf. *nêtu* A
siège, encerclement
niṭlu cf. *naṭālu*
vue, regard, apparence, opinion
niziqtu (f.) cf. *nazāqu*
chagrin, ennui
nizmatu (f.) cf. *nazāmu*
désir, souhait
nubattu (f.) cf. *bâtu*
soir, bivouac, veille de fête
nudunnû cf. *nadānu*
présent de mariage, douaire
nugguru (NGR) D
dénoncer
nuhatimmu emp. sum.
cuisinier

nuhšu cf. *nahāšu*
abondance, fertilité
nuhurtu
une plante médicinale
nukaribbu
jardinier
nukurtu (f.) cf. *nakāru*
inimitié, guerre, hostilité
nullâtu
méchancetés, propos inconvenants, stupides
numātu (f.)
ustensiles ménagers, bien mobilier
nūnu
poisson
nupāru
atelier pénal, ergastule
nūptu
paiement additionnel, présent
nurmû
grenadier, grenade
nūru cf. *namāru*
lumière, lampe
nusāhū (pl.) cf. *nasāhu*
une taxe agricole
nussusu (NSS) D
secouer
nušurrû cf. *našāru*
diminution
nu'û
stupide, rustre, barbare

P

pa'āṣu / *pêṣu* (P''Ṣ) G, D
frapper, casser
padānu (m. / f.)
chemin, route
pâdu (P'D; a/a) G, D, Š
emprisonner, enfermer
padû / *pedû* (PDĪ) G
épargner, lâcher
pādû
dans *lā pādû*
sans pitié

pagālu (PGL) (G,) D
être fort
pagru
corps, cadavre
pagû
singe
pahāru emp. sum.
potier
pahāru (PHR; u/u) G, Gtn, D, Dtn, Š
se réunir, venir ensemble
palāhu (PLH; a/a) G, Gtn, Gt, D, Dtn, Dt, Š, N
craindre, vénérer, révérer
palāku (PLK; a/u) G, D, ŠD, N
couper, diviser (terrain)
palālu (PLL; i/i) G, Ntn
surveiller
palāqu (PLQ) / *palāku* (PLK; i/i puis a/u)
abattre G, Gtn, D, Dt, N
palāsu (PLS; a/u) G, D, Dt, Š, N
regarder, voir
palāšu (PLŠ; a/u) G, D, Š, N
trouer, s'introduire, cambrioler
palgu
fossé, canal
palkû cf. *nepelkû*
large
palû emp. sum.
temps de règne, année de règne
pāna cf. *pānu*
avant, précédent
pānātu (pl. f.) cf. *pānu*
devant, front, passé
pānu A
façade, face, début, intention, (pl. visage)
pānu B emp. sum.?
une corbeille, une unité de capacité
panû (PNŪ) G, D
se tourner (vers)
pānû cf. *pānu*
précédent, premier
papāhu (origine inconnue); pl. *papāhū*, *papahānu*, *papahātu*
cella, sanctuaire

pappardilû emp. sum.
pierre noire et dure, agate?
pappāsu emp. sum.
gâteau d'orge
paqādu (PQD; i/i) G, Gt, D, (Dt), Š, N
confier, s'occuper de, assigner, inspecter
paqāru (PQR) cf. *baqāru*
protester contre, s'opposer à (+ acc.)
pāqidu cf. *paqādu*
gardien, surveillant
pāqirānu cf. *paqāru*
plaignant
pâqu / *piāqum* (PĪQ) G, D
rétrécir
parādu (PRD; i/i, u/u) G, Gtn, Gt, D, Dtn, Dt, Š
être terrifié
parāhu (PRH) G (adj. vbal), D
fermenter
parakku emp. sum.
autel, sanctuaire
parāku (PRK; i/i) G, Gtn, D, Š, Štn, N, Ntn
(se) mettre en travers, obstruer
parāru (PRR; u/u) G, Gt, D, Dt, N, Ntn
se détacher
parāsu (PRS; a/u) G, Gtn, Gt, D, Š, N
détacher, décider, tenir éloigné
parāṣu A (PRṢ; a/u) G, D, Š, N
casser
parāṣu B (PRṢ) G, D, Dt, N
exécuter un rite
parāšu (PRŠ; a/u) G, D
flatter
parāṭu (PRṬ; a/u) G
démolir, arracher
parā'u (PR'; a/u) G, D, N
couper
pardu cf. *parādu*
effrayé, effrayant
pariktu cf. *parāku*
ce qui est posé en travers
parkullu emp. sum.
tailleur de sceau
parsiktu / *paršiktu* emp. sum.
récipient de mesure
parṣu
office, culte, règle du culte
pl.: pouvoirs divins, rites
paršīgu / *parsīgu* emp. sum.
bandeau, bonnet, turban
pâru (P'R; a/a) G, Gtn, Gt
chercher
parû
mulet, onagre
parû A (PRĪ) G, D
souiller
parû B (PRŪ) G, Gtn, Š
vomir
parzillu
fer
pasālu (PSL; i/i) G, D
se tourner
pasāmu (PSM; i/i) G, D, Dt
cacher, voiler
pasāsu (PSS; a/u) G, D, Dt, N
effacer
paspasu
canard
paṣādu (PṢD; i/i) G, D, Dt
inciser
paṣānu (PṢN; i/i) G, D, Dt
voiler
pašāhu (PŠH; a/a, i/i) G, Gtn, D, Dt, Štn, Št, N, Ntn
se refroidir, se calmer (Š apaiser, pacifier)
pašālu (PŠL; i/i) G, Gtn, Š
grimper, glisser
pašāqu (PŠQ; u/u) G, D, Š, Štn, Št
devenir étroit, devenir difficile
pašāru (PŠR; a/u) G, Gt, D, Dt, Š, N, Ntn
dissoudre, défaire
pašāšu (PŠŠ; a/u) G, Gtn, Gt, D, N
frotter, oindre, enduire
pašāṭu (PŠṬ; i/i) G, D, Š, (ŠD)
effacer, éteindre
pašīšu cf. *pašāšu*
prêtre purificateur
paššūru emp. sum.
table

pāšu
hache
pašû (PŠŪ) G, Gtn
souffler
patāhu (PTH; a/u) G, D, Dt
traverser, trouer
patālu (PTL; i/i) G, D, N
enrouler, tourner
patānu A (PTN; a/u) G, Gtn, Š
manger
patānu B (PTN; i/i) G, D
devenir fort, fortifier
patāqu (PTQ; i/i) G, D, Š, N
former, construire, fondre
patru
glaive
pattu
canal
paṭāru (PṬR; a/u) G, Gtn, D, Dtn, Dt, Š, ŠD, N
défaire, dénouer, libérer, achever, se retirer, éviter
pāṭu
frontière, territoire, district
pazāru (PZR) (G,) D, Št, ŠD
se cacher
pehû / *pahû* (PHĪ) G, Gtn, D, N
fermer, enfermer
pelludû emp. sum.
culte
pelû
oeuf
pelû (PLĪ) G, N
être rouge
pēndu (f.)
charbon, cendre
pendû cf. *pēndu*
cicatrice, marque de brûlure
perku / *pirku* cf. *parāku*
ligne de séparation
pērtu (f.)
cheveux
pirsu cf. *parāsu*
séparation, clôture
per'u
pousse, bouture, rejeton
pessû
boiteux, handicapé
pesēnu (PSN; i/i) G, N
voiler, cacher
peṣû (PṢĪ) G, D, (Dtn)
devenir blanc, gris clair
pēthallu cf. *petû*
cheval de monte, cavalier
petû / *patû* (PT") G, Gtn, D, Dt, Š, Št, ŠD, N
ouvrir
pētû cf. *petû*
portier
pīhātu / *pāhātu* (f.)
responsabilité, charge, région
dans *bēl pī/āhāti*
délégué, gouverneur
pīhu
cruche de bière
pilakku / *pilaqqu*
fuseau
pilku cf. *palāku*
séparation, frontière
pillû
mandragore
pilšu cf. *palāšu*
trou, brèche
pīlu / *pūlu*
(bloc de) calcaire
pīqat
peut-être
piqittu (f.) cf. *paqādu*
inspection, charge, mission
pirištu (f.) cf. *parāsu*
secret
pirittu (f.) cf. *parādu*
frayeur
pīru
éléphant
pišannu / *pisannu* emp. sum.; pl. *pisannū*, *pisannātu*
caisse, panier
pišertu (f.) cf. *pašāru*
surplus de blé, (rite) de libération

pišru cf. *pašāru*
délivrance, interprétation
piššatu (f.) cf. *pašāšu*
huile d'onction
pitiltu (f.) cf. *patālu*
fibre de palmier
pitnu
caisse, bahut, instrument à corde
pitqu cf. *patāqu*
formation, construction
piṭru cf. *paṭāru*
fissure
pittu
domaine
pītu cf. *petû*
ouverture
pizallurtu / *piṣallurtu*
gecko
pû A
bouche, gueule, embouchure
pû B
balle, ivraie
puāgu (PŪG) G, D
enlever de force
puāšu (PŪŠ) G, D
se vexer?, se fâcher?
puhādu
agneau
puhālu
taureau reproducteur
puhhu (PŪH) D, Š
échanger
puhru cf. *pahāru*
réunion, assemblée, ensemble
pūhu
échange, remplacement, succédané, substitut
puluhtu (f.) cf. *palāhu*
peur, respect
pulukku
aiguille, (poteau de) frontière
puqqu (PŪQ) D, Dt
faire attention à
puquttu
plante épineuse
purīdu
jambe
pursītu emp. sum.
récipient d'offrande
puršumu
gris, vieillard (pl. anciens)
pūru A emp. sum.
récipient en pierre
pūru B
destin
purussû cf. *parāsu*
décision légale, cas judiciaire
pūṣu cf. *peṣû*
blanc, tache blanche
pušqu cf. *pašāqu*
étroitesse, difficulté
pūtu pl. *pâtu*
front
dans *ina pūt*
à l'opposé
puzru cf. *pazāru*
secret

Q

qabaltu (f.) cf. *qablu* A
milieu
qabbā'u cf. *qabû*
un fonctionnaire
qablītu (f.) cf. *qablu* A
milieu, intérieur, veille du milieu, un récipient
qablu A
milieu, centre, hanche, tronc
qablu B (m. / f.)
bataille, querelle
qablû cf. *qablu* A
médian, moyen
qabru cf. *qebēru*
sépulture
qabû cf. *qabû*
discours, promesse, diagnostique, ordre
qabû (QBĪ) / *qabā'u* (QB'; i/i) G, Gtn, Gt, D, Š, Št, N, Ntn
dire, commander, ordonner, promettre

qabuttu
étable
qabūtu pl. nA *qabuāti*
gobelet
qadādu (QDD; a/u) G, Gtn, D, Dt, Š
s'incliner
qadāšu (QDŠ) G (perm.), D, Dt
être pur, libre de revendications
qadi / *qadu*
avec
qadištu (f.) cf. *qadāšu*
femme consacrée
qâdu (QŪD) G, N
allumer, brûler, mettre le feu
qadūtu pl. nA *qaduāti*
boue, lie, un type de pain
qalālu (QLL; i/i) G, D, Dtn, Dt
être peu, être léger, faible, perdre son importance
qalāpu (QLP; a/u) G, D, N
peler
qallalu cf. *qalālu*
très petit, médiocre
qallatu (f.) cf. *qalālu*
servante
qallu cf. *qalālu*
léger, peu, petit, jeune, médiocre
qallu cf. *qalālu*
esclave, serviteur
qalû cf. *qalû*
grillé, raffiné
qalû (QLĪ) G, Gt, D, N
griller, brûler, rôtir
qâlu (QŪL) G, Gtn, Š
faire attention, se taire, être silencieux
qamû (QMĪ) G, D, Dt, Š
brûler
qamû / *qemû* (QMĪ) G
moudre
qan ṭuppi / *qarṭuppu* pl. *qan/r ṭuppāti*
calame, tige à écrire
qanānu (QNN; a/u) G
faire un nid
qannu A
frontière, environs, extérieur
qannu B pl. *qannātu* (état constr. *qaran* et *qanni*)
ourlet, lisière
qanû pl. *qanû* et *qanâtu*
roseau, flèche, pipette, unité de longueur
qanû (QNĪ) G, Gt, D, Nt
garder, acheter
qappatu (f.)
un type de panier
qâpu / *qiāpu* A (QĪP) G, Gtn, Gt, D, N
croire, faire confiance à
qâpu B (QŪP) G, Gt, Š (perm.)
s'effondrer, gauchir
qâpu C (QŪP) G
chercher à nuire
qaqqadu pl. *qaqqadātu*
tête, capital, chef, sommet, une taxe
qaqqaru pl. *qaqqarū*, *qaqqarātu*
terre, territoire, surface
qarab-bīti
magasin, appartements intérieurs
qarābu emp. aram.
bataille
qarādu (QRD; ?/u) G, Gt?, Dt
(sens incertain)
qarāhu (QRH; u/u) G, D
geler
qarāmu (QRM) G (perm.), D (perm.)
recouvrir
qarāru (QRR; u/u) G, D, N
couler, verser, arroser
qarāšu (QRŠ; a/u) G, D
couper, découper
qardu fém. *qarittu*, *qarattu*
héroïque, belliqueux
qarītu (f.)
grenier à blé
qarnu (f.) pl. *qarnātu*
corne
qarrādu
héros, guerrier
qašdu fém. *qadištu*
pur, saint

qaštu (f.)
arc, archer, un type de domaine, une constellation
qâšu / *qiāšu* (QĪŠ) G, (Gtn), Gt, D, Dt
offrir, donner
qatālu (QTL; a/u) G, Š
tuer
qātamma cf. *qātu*
de la même manière
qatānu (QTN; i/i) G, D
devenir étroit, mince
qatāpu (QTP; a/u) G, D, Dt, N
cueillir, arracher
qatāru (QTR; u/u) G, D, Dtn, Dt
fumer, s'élever (fumée), s'assombrir
qātātu (pl. f.) cf. *qātu*
garantie, garant
dans *bēl qātāti*
garant
qatinnu
une profession
qatnu cf. *qatānu*
étroit, fin, plus jeune
qatû (QTĪ) G, Gt, D, Dtn, Dt, Š, Št
finir, périr, achever
qātu (f.)
main, personne, emprise, charge, part, responsabilité
qāt ṣibitti
bien volé
dans *bīt qāti*
aile d'un bâtiment
dans *ša qāti*
sous l'autorité de
qebēru (QBR; i/i) G, Gt, D, Dt, N
enterrer, inhumer
qēmu
farine
qenû (QN") G, Gt
être jaloux
qerbēnu cf. *qerēbu*
à l'intérieur
qerbetu (f.) cf. *qerēbu*
environs, district, champs, pâturage
qerbiš cf. *qerēbu*
près, vite, à l'intérieur
qerbītu cf. *qerēbu*
intérieur, sein
qerbu cf. *qerēbu*
proche, valable
qerbu cf. *qerēbu*
intérieur, milieu, intestins, esprit, sens
qerēbu (QRB; i/i) G, Gtn, Gt, D, Dtn, Dt, Š, Štn, Št, N
être près de, (s')approcher (Š faire une demande)
qerītu (f.) cf. *qerû*
banquet, fête
qerû / *qarā'u* (QR") G
appeler, inviter
qibītu (f.)
discours, ordre, dicton, instruction, mot
qību cf. *qabû*
ordre, instructions, pronostique
qiddatu (f.) cf. *qadādu*
descente du courant, inclinaison
qiddat ūmi
fin de l'après-midi
qilpu cf. *qalāpu*
peau, écorce
qimmatu (f.) cf. *qamāmu*
touffe de cheveux, sommet (arbre, bâtiment), halo (lune)
qinnatu
fesses, anus
qinnāzu (m./ f.) pl. *qinnāzātu*
fouet
qinnu (m./ f.) cf. *qanānu*
nid, famille, clan
qīptu (f.) cf. *qâpu*
confiance, crédit (argent ou marchandises)
qīpu cf. *qâpu*
digne de confiance
qīpu cf. *qâpu*; pl. *qīpūtu*, *qīpāni*
fonctionnaire, administrateur

qiššû pl. *qiššû* et *qiššāte*
concombre, melon
qištu (f.) A
forêt
qištu (f.) B cf. *qâšu*
cadeau, droits, compensation
qitmu
teinture noire
qītu cf. *qatû*
fin
qû A
fil, ficelle, filet
qû B pl. *quātu*
mesure de capacité
qubūru cf. *qabāru*; pl. ass. *qabūrāni*
tombe
quddušu cf. *qadāšu*
saint
qudmu
temps précédent, précoce, devant
quliptu (f.) cf. *qalāpu*
écaille, peau
qullu pl. *qullānu*, *qullātu*
anneau
qulmû pl. *qulmû* et *qulmâtu*
hache
qulqullânu
une plante
qūltu (f.) cf. *qâlu*
silence (de la nuit), coeur de la nuit
qūlu cf. *qâlu*
calme, silence, stupeur
quppu A pl. *quppū* et *quppātu*
caisse, bahut
quppu B pl. *quppātu*
un bâtiment
qurādu
héros, guerrier
qurbu cf. *qarābu*
proche
dans *ša qurbūti*
un fonctionnaire
qurdu cf. *qardu*
force, faits d'armes, héroïsme
qutāru cf. *qatāru*
fumigation
qutnu cf. *qatānu*
un tissu fin, une partie d'objet
qutrīnu cf. *qatāru*
encensoir, encens
qutru cf. *qatāru*
fumée
qu''û /**quwwû* / **qummû* D
attendre

R

ra'ābu (R'B; u/u) G, Gtn, Š, Št
trembler, se fâcher
rabābu (RBB; u/u ou i/i) G, D, Š, ŠD
être faible, céder
rabāku (RBK; a/u) G, D
fabriquer une potion
rabāṣu (RBṢ; i/i) G, Gtn, Š
se coucher
rabât / *rebiat* cf. *rebû*
un quart
rabânu cf. *rabû* A
maire, un haut fonctionnaire
rābiṣu cf. *rabāṣu*
surveillant, commissaire, gardien, celui qui veille
râbu / *riābu* (RĪB) G, D, Dt
remplacer, venger
râbu (RŪB) G, D, Š
trembler
rabû cf. *rabû*
grand
rabû / *rabā'u* A (RBĪ) G, Gtn, D, Dt, Š, Štn, ŠD, (N, Ntn)
être, devenir grand, augmenter
rabû / *rabā'u* B (RBĪ) G, Gtn, D
se coucher (astre)
radādu (RDD; a/u) G, D
poursuivre
radāpu (RDP; i/i) G
poursuivre
rādu
pluie violente

râdu (RŪD) G, Gtn
trembler
ragāmu (RGM; a/u, u/u) G, Gtn, Gt, Š, N
appeler, porter plainte, faire un procès
raggu
méchant, mauvais
rahāṣu A (RHṢ; i/i ou a/u) G, Gtn, Gt, D, Š, N, Ntn
inonder, submerger, rincer
rahāṣu B (RHṢ; i/i ou u/u) G, Š
faire confiance
rahāšu (RHŠ) (G), Gtn
bouger?
râhu / *riāhu* (RĪH) G, D, Š
laisser, laisser comme reste
ra'ību cf. *ra'ābu*
maladie (tremblement)
rakābu (RKB; a/a) G, Gtn, Gt, D, Š, Št
aller en char, aller à cheval, monter (sur) (D polliniser, Š charger)
rakāsu (RKS; a/u) G, Gt, D, Š, N, Ntn
nouer, lier (D faire un contrat, N conspirer)
rakbu cf. *rakābu*
messager, chevaucheur
rakkābu cf. *rakābu*
matelot, navigateur
râku (RŪ / Ī?K) G, D
verser, déverser
ramāku (RMK; u/u) G, Gtn, Gt, D, Dtn, Dt, Š
(se) baigner
ramāmu (RMM; u/u) G, Gtn
hurler
ramānu
soi-même
râmu / *ra'āmu* A (R'M) G, Gtn, Gt, D, Dt, Š, N
aimer
râmu / *riāmu* B (RĪM) G
faire des cadeaux, offrir
ramû (RMĪ) G, Š, ŠD, N
lancer, édifier, habiter
ramû (RMŪ) G, Gtn, D, Dtn, Dt
s'affaisser, s'affaiblir
rapādu (RPD; u/u) G, Gtn, D, Š, Št
errer, marcher
rapāqu (RPQ; i/i) G, D
clouer, fixer
rapāsu (RPS; i/i) G, N
battre, vanner
rapaštu (f.) cf. *rapāšu*
colonne vertébrale, bassin
rapāšu (RPŠ; i/i) G, Gt, D, Dt, ŠD
être large, s'élargir
rappu emp. sum.
anneau, bloc
rapšu cf. *rapāšu*
large, étendu
raqābu (RQB) Š
pourrir
raqādu (RQD; u/u) G, Gtn, D, Š, ŠDt
danser, sauter
raqāqu (RQQ; i/i) G, Gtn, D
être mince, être maigre
raqû (RQĪ) G, D, N, Ntn
cacher
râqu / *riāqu* (RĪQ) G, D, Š
être inoccupé, être vide, désoeuvré, sans utilité
raqqatu (f.) cf. *raqāqu*
vêtement mince
rasābu / *rasāpu* (RSP/B; i/i) G, D
battre, abattre
rasānu (RSN; a/u, i/i) G
mouiller, abreuver
raṣānu (RṢN; u/u) G, D, Dt
gronder avec force
raṣāpu (RṢP; i/i) G, D
amasser, construire
râṣu (RŪṢ) G, D
venir à l'aide, secourir
rašābu (RŠB) G (perm.), D
faire peur, imposer du respect
rašādu (RŠD) G (perm.), Š
fonder
rašāku (RŠK) (G,) D
sécher, dessécher
rašāšu (RŠŠ; u/u) G, D
devenir brûlant?
rašbu cf. *rašābu*
vénérable

raššubu cf. *rašābu*
terrifiant
râšu / *riāšu* (RĪŠ) G, Gtn, Gt, D, Š
jubiler, réjouir
rašû / *rašā'u* (RŠĪ) G, Gtn, Š
obtenir, acquérir (Š fournir)
dans *ida šuršû*
élever des objections
rašû (RŠĪ) G, Dt
être rouge
rāšû cf. *rašû*
riche, créancier
rašubbatu (f.)
terreur
rašûtu cf. *rašû*
bien, avoir, solde
ratātu (RTT; u/u) G
trembler
raṭābu (RṬB) G (perm.), D
être frais, être humide
raṭāpu (RṬP; u/u) G
continuer
rāṭu pl. *rāṭātu*
rigole, canal d'irrigation
râ'u G, Gt, D; dénominatif de *ru'u*
être compagnon
rebītu (f.) cf. *rebû*
carré, carrefour, place
rebû fém. *rebūtu*
un quart
redû / *radā'u* A (RDĪ) G, Gtn, Gt, D, Dt, Š, Št, ŠD, N
accompagner, conduire, escorter, aller, (D ajouter)
redû B (RDĪ) G, Gtn, N
être valable, être capable
rēdû cf. *redû* A
un type de soldat
rēhtu (f.) cf. *rehû*
reste
rēhu / *rīhu* cf. *riāhu*
restant
rehû / *rahû* (RHĪ) G, Gtn, Gt, D, (N)
procréer, verser

rēmēnû cf. *rēmu*
charitable
rēmu cf. *rēmu*
charité, pitié, ventre maternel
rêmu / *re'āmu* (R''M) G, Gt, Š
avoir pitié de (+ acc.)
rêqu (R''Q) G, Gt, D, Š
être loin, distant, s'éloigner
rêṣu (R''Ṣ) G, D
aider
rēṣu cf. *rêṣu*
(qui) aide
rēṣūtu cf. *rêṣu*
aide, secours
rēštu (f.) cf. *rēšu*
début, sommet, première qualité
rēštû cf. *rēšu*
premier, prééminent
rēšu
tête, début, pointe, principal
rēš namkūri
stock
dans *ša rēš*
eunuque, un officier royal
dans *šūt rēši*
gens de la cour
rēšūtu cf. *rēšu*
statut d'esclave, travail servile
retû (RTĪ) G, Gtn, D, N
fixer
re'û (R''Ī) G, Gtn, Gt, N
garder du bétail
rē'û cf. *re'û*
berger
rē'ûtu cf. *re'û*
garde, pastorat
ribbatu (f.)
retard, arriéré
rīdu cf. *redû* A
conduite, poursuite, succession
ridûtu cf. *redû* A
demande, (pour)suite, succession
rigmu cf. *ragāmu*; pl. *rigmū*, *rigmātu*
voix, cri, bruit

rihītu (f.) cf. *rehû*
arrosage
rihṣu cf. *rahāṣu*
inondation
rihûtu (f.) cf. *rehû*
procréation, sperme
rikbu cf. *rakābu*
équipage, monte
rikistu / *rikištu* / *rikiltu* (f.) cf. *rakāsu*
contrat
riksu cf. *rakāsu*; pl. *riksātu*
bande, lien, noeud, contrat, traité
rimku cf. *ramāku*
purification, lavage complet
rīmu A
taureau sauvage
rīmu B cf. *râmu*
cadeau
rīmūtu cf. *râmu*
cadeau
rīqu / *riqqu*
parfum, bois odoriférant
rīqūtu cf. *râqu*
vide, manque d'occupation
rīštu (f.) cf. *râšu*
jubilation, joie
rišûtu / *rišītu* (f.)
une maladie de peau
rittu
main
rîtu (f.) cf. *re'û*
pâturage
ruāqu, râqu (RŪQ) G, D
être loin, s'éloigner
rubātu (f.) cf. *rubû*
dame, princesse
rubṣu cf. *rabāṣu*
campement, gîte, fange
rubû
seigneur, prince
rugbu
toit
ruggubu (RGB) D; cf. *rugbu*
recouvrir d'un toit
rugummû cf. *ragāmu*; pl. *rugummû*, *rugummānû*
plainte, procès, amende
ruhû cf. *rehû*
envoûtement
rukūbu cf. *rakābu*
moyen de transport
rupšu cf. *rapāšu*
largeur
rupuštu
excrément
ruqqu A
récipient
ruqqu B cf. *raqāqu*
endroit étroit, gorge
rūqu cf. *râqu*
lointain
russû (RS') D, Dt
être sale, être dilué
ruššû (RŠ") D, Dtn, Dt
traiter durement, sans égard
ruššû cf. *rašû* B
rouge
ru'tu / *rūtu*
salive, venin
rû'u
ami, compagnon

S

sa'ālu (S'L; u/u) G, D, Št
tousser
sa'atu
une taxe, payement
sabā'u (SB'; u/u) G, D, Š
bouger, agiter
sabāku (SBK; *i/i*) G, D
entrelacer
sabāsu cf. *šabāšu*
sābītu (f.) cf. *sabû*
cabaretière
sabû (SBĪ) G
préparer de la bière
sābu
une pierre

sâbu (S'B) G, D?
puiser
sābû cf. *sabû*
brasseur, aubergiste
sadāru (SDR; i/i ou a/u) G, Gt, D
faire régulièrement, arriver régulièrement, mettre en ligne, en ordre
saddinnu
un vêtement
sadīru cf. *sadāru*; pl. *sadīrū* / *šadīrātu*
ligne, section, ordre
sâdu (S'D) G
tuer
sagallu emp. sum.
un muscle / tendon, un traitement médical
sagbû
troupe de garde, avant-garde
saggilmud
une pierre, une couleur (bleu)
sagkallu emp. sum.
le plus important
sagkidabbû emp. sum.
une maladie de la tête
sagû emp. sum.
sanctuaire
sagû (SGŪ) G, Gt
troubler?
sāgu pl. *sāgāte*
partie d'un vêtement
sahāhu (SHH; u / u) G, N?
trembler
sahālu (SHL; a/u) G, D, Dtn, N
percer, piquer
sahāmu (SHM; i/i) G, D
être contraint
sahāpu (SHP; a/u) G, D, Š, Št, N
submerger, recouvrir
saharšubbû emp. sum.
lèpre
sahāru (SHR; u/u) G, Gtn, Gt, D, Dtn, Š, Št, N, Ntn
(se) tourner, entourer, recourber, revenir, aller et venir, retarder

sahharru pl. *sahharrātu* / *sahharrānu*
petit récipient
sahhu
prairie
sahhû
une pierre ou un minéral
sahirtu (f.) cf. *sahāru*
petite marchandise, bimbeloterie
sāhiru cf. *sahāru*
celui qui pose des pièges
sahlû
cresson
sahmaštu (f.)
anarchie, chaos, trouble, tumulte
sakāku (SKK) G (perm. et inf.), D, Dt, Ntn
boucher (oreilles)
sakālu A (SKL; i/i) G
se procurer (frauduleusement), annexer
sakālu B (SKL; i/i) G, Gtn
appréhender
sakānu (SKN; a/u) G; emp. ouest-sém.?
s'occuper de
sakāpu A (SKP; i/i) G, Gt, D, Dt, N
(re)pousser, renvoyer
sakāpu B (SKP; u/u) G, Gt, D
se coucher, se reposer
sakātu (SKT; u/u) G, Gt, D
se taire
sakikku / *sagiqqu* emp. sum.
une maladie musculaire, nom d'une série divinatoire
sakīku cf. *sakāku*
limon
sākinu
un fonctionnaire de haut rang
sakku cf. *sakāku*
bouché, sourd
sakkû emp. sum.
rites
sakkuttu / *sankuttu* emp. sum.
restant, résidu
saklu
barbare, demeuré

sakru cf. *sekēru*
raffiné
sakrumaš pl. *sakrumašātu*; emp. cass.
un titre militaire
sâku / *suāku* (SŪK) G, D
réduire en miettes, pulvériser
salāhu (SLH; a/u) G, D, N
asperger
salālu (SLL) G, D
voleter
salāmu cf. *salāmu*
relations amicales, paix, alliance
salāmu (SLM; i/i) G, D
faire la paix, devenir ami
salāqu (SLQ; a/u) G, D, Dtn
bouillir
salātu (SLT; a/u ou i/i) G, Gt, D, Dt, N
couper, fendre
salātu
famille (par alliance)
salā'u / *salāhu* A (SL'; a/a) G, Gtn, Gt, N, Ntn
devenir malade, déprimer
salā'u B (SLĪ) G, Gtn, N
mentir, tromper
salā'u C (SL'; a/u) G, Gtn, D
arroser
salīmātu (f.) cf. *salāmu*
allié, amitié, alliance, partenariat
salīmu cf. *salāmu*
paix, réconciliation, faveur divine
salû cf. *šalû*
immerger
samādu (SMD; u/u) G, N
moudre
samāhu (SMH; a/u) G, D, Dt
s'unir à (D incorporer, inclure)
samāku (SMK; a/u) G, D, N
endiguer, rejeter
samāne
huit
samānu A
une maladie de la peau
samānu B / *samullu*
un arbre
samānû cf. *samāne*
huitième
samīdu A
une plante (épices)
samīdu B
farine, un type de gruau
sāmidu cf. *samādu*
meunier
samītu (f.) cf. *sītu* A
parapet de défense, soubassement de mur
sammû emp. sum.
harpe?, lyre?
samrūtu (f.)
clou ou rivet
sāmtu A cf. *sâmu*
une pierre rouge (cornaline)
sāmtu B cf. *sâmu*
rougeur
samû cf. *samû*
indécis, maladroit, inepte
samû (SMŪ) G, Gtn, Gt, D
être anxieux, être indécis
sâmu / *siāmum* (SĪM) G, Gt, D
devenir rouge
sanābu (SNB; i/i) G, D
fixer, attacher
sanāqu (SNQ; i/i) G, GT, D, Dt, Š, N
approcher de, arriver à, contrôler, poursuivre en justice
sanāšu (SNŠ; i/i) G, D
insérer
sanhu pl. *šanhāni*
bague?, pendentif
saniqtu (f.) cf. *sanāqu*
rectitude, confiance
sanqu cf. *sanāqu*
discipliné, obéissant, vérifié
santak
constamment, toujours
santakku / *sattakku* emp. sum.
triangle, clou (cunéiforme)
sapādu (SPD; i/i) G, Gtn, Š
se lamenter

sapāhu (SPH; a/u) G, Gtn, Gt, D, Dt, N, Ntn
éparpiller, disperser, licencier (D ruiner)
sapannu
dépression, basses terres
sapānu (SPN; a/u) G, Gt, Š, N, Nt
aplanir, dévaster
saparru A emp. sum.
filet
saparru B (f.) emp. sum.?
chariot
sapīnatu emp. aram.
bateau
saplu
un récipient en métal
sappāru emp. sum.
bélier sauvage
sappu
récipient de mesure
sapsapu pl. *sapsapāte*
moustache
saqqu pl. *saqqātu*
sac, vêtement de deuil
sâqu / *siāqum* (SĪQ) G, Gtn, Gt, D
être mince, être étroit
sarādu (SRD; i/i) G, D
charger, fixer
sarāhu (SRH; u/u) G, D, Dt, N
détruire
sarāmu (SRM; i/i) G
couper
sarāqu A (SRQ; a/u) G, D, N
(ren)verser, asperger
sarāqu B (SRQ; a/u) cf. *šarāku*
sarāru (SRR) G, D, N, Nt
mentir, tricher, être en faute (D contester à tort)
sāridu cf. *sarādu*
conducteur d'âne, chef de caravane
sarrātu (pl. f.) cf. *sarāru*
fausseté, mauvaise foi
sarru cf. *sarāru*; pl. *sarrūtu*
menteur, criminel, faux
sarrūtu cf. *sarāru*
tricherie, fausseté
sartennu / *širtinnu* emp. hourr.
juge suprême
sartu (f.) cf. *sarāru*
mensonge, fraude, crime
sāru
plumeau, éventail, chasse-mouches
sâru (SŪR) G, D
danser, tourner
sasinnu
fabricant d'arcs
sasqû / *tasqû* / *taksû* emp. sum.?
farine fine
sasānu
flûte, panier (en roseau), nasse
sassatu (f.) cf. *sassu*
une herbe
sassu
sol, base, fond
sāsu
une pierre
sattukku emp. sum.
offrande régulière, ration alimentaire
sa'uru pl. *sa'urāte*
anneau
sebe
sept
sebîšu cf. *sebe*
sept fois
sebītu cf. *sebe*
un septième
sêdu (S"D) G, Gt
aider
segû (SGĪ) G, Gtn, Gt, Š; emp. aram.
déplacer
sehû / *sahā'um* (SHĪ) G, Gtn, Gt, D, Dt, N, Ntn
se révolter, perturber
sēhû cf. *sehû*
contestataire (à tort)
sekēru A (SKR; i/i) G, Gt, D, Dt, N, Ntn
fermer, barrer, bloquer

sekēru B (SKR; i/i)
chauffer
sēkiru cf. *sekēru* A
ouvrier pour les canaux
sekretu cf. *sekēru* A
une femme de haut rang, femme du harem
sellu pl. *sellū, salliāte*
panier
semeru / šaweru / šabirru
anneau
sepīru emp. aram.
scribe (araméen), un fonctionnaire
sepû (SPĪ) G (perm.), Gtn
couper court (cheveux)?, enlever
serrēmu
onagre
sêru / se'āru (S"R) G, D
badigeonner, peindre, frotter
se'û (S"Ī) G
soumettre, opprimer
sibittu (f.) cf. *sebe*
groupe de sept
sibūtu
nom d'une fête et d'un mois
sidirtu (f.) cf. *sadāru*
ligne de bataille, rangée
sidru cf. *sadāru*
ligne de bataille, rang
sihirtu (f.) cf. *sahāru*
périmètre, entourage, totalité
sihlu cf. *sahālu*
épine, piqûre
sihpu cf. *sahāpu*
étendue, surface
sihru cf. *sahāru*
bord, alentours, totalité
sīhu A
révolte cf. *sehû*
sīhu B
un arbre, sa résine
sikillu / usikillu / ešigillu emp. sum.
une plante, une pierre
sikiltu (f.) cf. *sakālu* A
possession, acquisition
sikiptu (f.) cf. *sakāpu*
refus, rejet
sikkannu emp. sum.;
gouvernail pl. *sikkannū* et *sikkannātu*
sikkatu A
clou, pieu, cheville, cône, une maladie, une mesure de terre arable
sikkat ṣēli
côte
sikkatu (f.) B
armée ?, campagne militaire?
dans *rab(i) sikkati*
un officier de haut rang
sikku
ourlet, frange
sikkūru cf. *sekēru*
barre, verrou, une partie de la charrue
sili'tu cf. *salā'u* A
maladie (infectieuse?)
silqu cf. *salāqu*
nourriture, bouillie
sillikuhli mot hourr.
témoin?
simakku
sanctuaire
simānu cf. *asāmu*
saison, temps (propice)
simānu
nom d'un mois
un haut fonctionnaire
simmiltu (f.)
escalier, échelle
dans *rabi simmilti*
un titre princier (Anatolie)
simmu
maladie (de la peau), furoncle, blessure
simtu (f.) cf. *asāmu*
ce qui est approprié, ornement, caractéristique, symbole
sinnatum (f.)
lance?
sinništu (f.) pl. *sinnišātu*
femme, femelle

sīnu cf. ^{d}sin; pl. aA *suēnātum*
croissant (lunaire)
sinuntu / *sinundu*
hirondelle
siparru emp. sum.?
bronze, liens
sipittu cf. *sapādu*
tristesse, deuil
sippu emp. sum.?; pl. *sippū*, *sippāni* (nA)
seuil d'une porte, poteau
sirāšu emp. sum.?
bière (fine)
sirāšû cf. *sirāšu*
brasseur
sirdu
olive, oliveraie
siriam (m./ f.) mot étr.; pl. *sirijamāti*, *sir'amēti*
manteau de cuir et de métal (pour hommes, chevaux, chars)
sirpi mot cassite; pl. *sirpame*
une couleur (cheval, âne)
sirqu cf. *sarāqu* A
offrande (alimentaire)
sirrimu
âne sauvage, onagre
sīru cf. *sêru*
plâtre
sissiktu (f.)
lisière, ourlet, frange
sissinnu
branche de dattier, paiement en dattes d'une taxe
sisû
cheval
sû pl. *suātu*
une pierre dure
suādu
sureau
su'ālu cf. *sa'ālu*
toux
suddudu (SDD) D
prendre soin de
sugāgu
un fonctionnaire
sugullu / *sukullu* pl. *sugullātu*
troupeau, bétail
suhhurtu cf. *sahāru*
déroute, retraite
suhhuru cf. *sahāru*
incurvé, bouclé
suhuppu
stock?
suhurmāšu emp. sum.
un poisson mythologique, constellation du Capricorne
suhuššu emp. sum.
jeune palmier dattier
sukanninu emp. sum.
pigeon sauvage, tourterelle
sukkallu emp. sum.
ministre, vizir, titre princier
sukkalmahhu emp. sum.
un haut fonctionnaire, titre de souverain en Elam
sukku
sanctuaire
sukkuku cf. *sakāku*
débile, sourd
sullû cf. *sullû*
prière
sullû (SLĪ) D, Dtn
prier, implorer
sullulu (SLL) D, Dt
dépouiller?
sullumu (SLM) D (perm.)
perdre une garantie par confiscation
sulû emp. sum.
rue, chemin
sulummû cf. *salāmu*
traité de paix, réconciliation
suluppū (pl.) emp. sum.
dattes (cueillies)
sumaktar mot cass.; pl. *sumaktarāti*
sans père (= de lignage inconnu), demi-sang (cheval)
sukkinnu / *sumkīnu* emp. sum.
copeau
summatu (f.)
tourterelle

sūmu cf. *sâmu*
rouge, tache rouge
sunqu cf. *sanāqu*
famine
sūnu A pl. *sūnū*, *sūnātu*
giron, pièce d'étoffe, bande
sūnu B pl. *sūnātu*
garniture (de vêtement)
supālu
genévrier
suppû cf. *suppû*
prière, supplication
suppû A (SPĪ) D, Dtn
prier
suppû B (SPĪ) D, Dt
arracher, enlever
supūru
enclos, halo
suqinnu / *sukinnu*
ruelle
suqtu
menton
sūqu pl. *sūqāni*, *sūqātu*
rue, espace public
surdû emp. sum.
faucon
surqinnu cf. *sarāqu* A
offrande
surrātu (pl. f.) cf. *sarāru*
mensonge, trahison
surri
immédiatement, sûrement
dans *issurri, assurri*
peut-être
surriš
sur l'instant
sūru emp. sum.; pl. *sūrānu*
un canal
sussullu pl. *sussullū*, nB *sussullānu*
une boîte, caisse
suttinnu emp. sum.
battoir, une partie du char ou de la charrue
sūtu pl. *sâtu*, nA *sūtāte*
récipient de mesure, une mesure de surface, une taxe

Ṣ

ṣabābu (ṢBB; u/u) G, D, Š, N, Ntn
étendre les ailes, prendre soin (de)
ṣabāru A (ṢBR; u/u) G, Gtn, Gt, D, Š, Št, Ntn
être volubile, voltiger, bouger rapidement
ṣabāru B (ṢBR; a/u) G, Ntn
tordre
ṣabātu (ṢBT; a/a) G, Gtn, Gt, D, Dt, Dt, Š, Štn, Št, N, Ntn
saisir, prendre (Gt s'empoigner, se quereller)
ṣabā'u / *ṣabāhu* (ṢB'; a/u) G
aller à la guerre
ṣabītu (f.)
gazelle
ṣabû (ṢBŪ) G, Gtn, D
irriguer, inonder, baigner
ṣābu
gens, soldats, troupe
ṣāb qātē
assistant
ṣāb šarri
recrue, une taxe remplaçant la levée
ṣaburtu (f.) cf. *ṣabāru*
méchanceté, fausseté
ṣaddu
signe, signal
ṣâdu A (ṢŪD) G, Gtn, D, Dtn
tournoyer, avoir le vertige
ṣâdu B (ṢŪD) G, D, Dt
fondre
ṣadû (ṢD') Gtn, D
recevoir des subsistances
ṣahātu (ṢHT; a/u) G, Gt, D, Dt, N
presser, extraire
ṣāhitu cf. *ṣahātu*
qui fabrique l'huile par pression

ṣâhu / *ṣiāhu* (ṢĪH) G, Gtn, Gt, D (inf. et perm.)
rire, sourire

ṣā'idu / *ṣajjidu* cf. *šâdu*
agité

ṣalālu (ṢLL; a/a) G, Š
se coucher, dormir, rester inactif

ṣalāmu (ṢLM; i/i) G, Gtn, D, Dt, Ntn
devenir noir, sombre

ṣalāpu (ṢLP; i/i) G, D
supprimer, pervertir

ṣalā'u (ṢL') G, Gt, Š, Št
lancer, poser

ṣaliptu / *ṣiliptu* (f.) cf. *ṣalāpu*
mensonges, méchanceté

ṣallamu cf. *ṣalāmu*
noir

ṣallu emp. aram.?; pl. *ṣallānu*
cuir

ṣallummû emp. sum.?
météore

ṣalmu cf. *ṣalāmu*
noir, sombre
ṣalmāt qaqqadi
"les noires-de-tête"= l'humanité

ṣalmu pl. *ṣalmū*, *ṣalmāni*
statue, image, représentation

ṣāltu (f.) cf. *ṣâlu*
combat, dispute, procès, litige
dans *bēl ṣalti*
partie adverse (jur.), ennemi

ṣâlu / *ṣêlu* (Ṣ'L) G, Gt, Št
se disputer, combattre

ṣamādu (ṢMD; i/i) G, Gtn, Gt, D, Dt, Štn
nouer, attacher, atteler, préparer

ṣamāru (ṢMR) G (inf.), D
souhaiter, s'efforcer de, comploter

ṣamātu (ṢMT) G (perm.), D (perm.)
transférer (un bien immobilier)

ṣamû (ṢMŪ) G, Gtn, D, Š
avoir soif

ṣanāhu (ṢNH; a/u) G
avoir de la diarrhée

ṣapāru (ṢPR; a/u) G, Gtn, Gt
cligner (yeux)

ṣapû (ṢPŪ) G, Gt
détremper

ṣarāhu A (ṢRH; a/u) G, D, N, Ntn, Nt
chauffer, être chaud, fébrile, en colère

ṣarāhu B (ṢRH; a/u) G, Gt, Š
chanter (une lamentation)

ṣarāhu C (ṢRH; u/u) G, Š
briller, étinceler

ṣarāhu D (ṢRH; a/u) G, Gt, (D)
envoyer rapidement

ṣarāmu (ṢRM; i/i) G, D
se donner de la peine, s'appliquer à

ṣarāpu A (ṢRP; a/u) G, Gt, D, Dt, Š, N
brûler, raffiner

ṣarāpu B (ṢRP; a/u) G, D
teindre en rouge

ṣarāpu C (ṢRP) G (perm.), Gt
acheter, acquérir

ṣarāru A (ṢRR; u/u) G
(dé)goutter, verser

ṣarāru B (ṢRR; u/u) G, Gtn, Gt
briller

ṣarātu (ṢRT; i/i et u/u) G, Gt, D
émettre des flatulences

ṣarbatu
un arbre (peuplier de l'Euphrate)

ṣāriru cf. *ṣarāru*
une qualité d'or, une étoile

ṣarpu cf. *ṣarāpu* A
brûlé, purifié, argent

ṣaṣumtu
une plante médicinale

ṣâtu (pl.) cf. *aṣû*
(le) passé, un type de commentaire

ṣebû (ṢBĪ) G, Gt, (D)
désirer

ṣehēru / *ṣahāru* (ṢHR; i/i) G, Gtn, Gt, D, Dt
devenir petit, peu, être jeune, compter comme crédit, comme manque

ṣelû A (ṢLĪ) G, Š
allumer de l'encens

ṣelû B (ṢL") G, Gt
insulter, tromper

ṣēlu
côte, côté, aile
ṣemēru (ṢMR) G (perm.), D (perm.)
être gonflé, être détendu?
ṣēnu
méchant, pervers
ṣēnu (f.) pl. *ṣēnū*
troupeaux, ovins
ṣênu (Ṣ"N) G
charger
ṣepēru (ṢPR; i/i) G, D
coiffer, décorer, tresser (cheveux)
ṣerretu (f.)
corde de nez, corde à diriger
ṣerru
pivot
ṣēru A
dos, dessus, steppe
ṣēru B
serpent
ṣētu (f.)
lumière, plein air, temps étouffant, une maladie
ṣibārātu (pl. f.)
un objet
ṣibittu (f.) cf. *ṣabātu*
prise, prison, emprisonnement, réservoir
dans *qāt ṣibitti*
propriété volée
dans *bīt ṣibitti*
prison
ṣibtu (f.) A cf. *aṣābu*
intérêt, un vêtement
ṣibtu B cf. *ṣabātu*
prise, saisie, tenure
ṣibtu C cf. *ṣabātu*
une taxe
ṣibûtu (f.) cf. *ṣebû*
désir, projet, besoin, entreprise
ṣidītu cf. *ṣuddû*
provisions (de voyage)
ṣihhirūtu (adj. pl.) cf. *ṣehēru*
jeunes enfants, serviteurs
ṣihhu
un type de cicatrice ou d'ulcération
ṣihru / *ṣehru* cf. *ṣehēru*
petit, jeune, enfant, domestique
ṣīhtu (f.) cf. *ṣâhu*
rire, sourire, plaisir, échange amoureux
ṣiliānu
une jarre
ṣiliptu (f.) cf. *ṣalāpu*
diagonale, hypoténuse
ṣillu
ombre, protection
ṣillû (f.)
épine, épingle, aiguille
ṣimdatu / *ṣindatu* cf. *ṣamādu*
décret royal, règlement
ṣimdu / *ṣindu* A cf. *ṣamādu*
lien, bandage, attelage, briquetage, arrangement
ṣimdu B cf. *ṣamādu*
mesure, récipient de mesure
ṣimittu (f.) cf. *ṣamādu*
joug, attelage, paire
ṣippatu (f.)
jardin, verger
ṣipru cf. *ṣepēru*; pl. *ṣiprātu*
pointe, sommet
ṣirhu cf. *ṣarāhu* B
chant (funèbre)
ṣiriš cf. *ṣīru*
excellemment, magnifiquement
ṣirpu cf. *ṣarāpu* B
laine teinte en rouge
ṣīrû
bord
ṣīru
éminent, excellent
ṣīru pl. *ṣīrāni*
chef (étranger)
ṣītaš cf. *aṣû*
au lever du soleil, à l'est
ṣītu (f.) cf. *aṣû* ; pl. *ṣiātu*
sortie, naissance, produit, origine
pl. temps éloigné
ṣīt pî
ordre

ṣīt šamši
levant, est

ṣubātu
étoffe, vêtement

ṣubbû (ṢBĪ) D, Dt, Št
observer, examiner, créer selon un concept

ṣuddû (ṢDĪ) D
approvisionner

ṣudduru (ṢDR) D
crisper (nez ou yeux)

ṣudû (pl.)
ration, provisions de voyage

ṣuhārtu (f.) cf. *ṣehēru*
jeune fille, jeune femme, esclave

ṣuhāru cf. *ṣehēru*
garçon, jeune homme, serviteur, employé, adolescent

ṣuhru cf. *ṣehēru*
enfants (coll.), jeunesse

ṣuhurtu (f.) cf. *ṣehēru*
une classe sociale, adolescence

ṣullulu (ṢLL) D, Dt
couvrir, mettre un toit

ṣulmu cf. *ṣalāmu*
tache noire, bois noir

ṣulultu (f.)
toit, couverture

ṣulūlu / *ṣalūlu*
toit, baldaquin, protection

ṣumāmītu (f.) cf. *ṣamû*
soif

ṣumbu pl. *ṣumbū*, *ṣumbāti* (Bt)
roue, chariot

ṣumlalû
une épice

ṣummirātu (pl.) cf. *ṣamāru*
entreprise, désir, but

ṣummu / *ṣūmu* cf. *ṣamû*
soif

ṣuppu / *ṣa'upu*
solide, massif

ṣuppu / *ṣu'bu*
mouton (blanc)

ṣuppu (ṢPĪ) D
frotter

ṣupru pl. *ṣuprātu*
ongle, griffe, sabot

ṣurārû (m. / f.)
lézard

ṣurru A
obsidienne, silex

ṣurru B
intérieur, coeur

ṣurrušu (ṢRŠ) D
faire pousser

ṣuṣû
fourré de joncs

Š

ša
de, qui, que

ša'āru (Š'R; a/a) G
être victorieux, vaincre

šabābu (ŠBB; u/u) G, Gtn, Gt
rôtir, brûler

šabāhu A / *šapāhu* (ŠBH; a/?) G, D
asperger

šabāhu B (ŠBH; u/u) G, Š
installer, (re)couvrir

šabāsu (ŠBS; u/u) G, Gtn, Gt, Š
devenir, être en colère, contrarié

šabāšu (ŠBŠ; u/u et a/u) G, Gt, D, N
rassembler, collecter

šabāṭu
nom du septième mois

šabāṭu (ŠBṬ; i/i) G, Gtn, G, N
frapper, souffler, balayer

šabrû
un fonctionnaire de haut rang

šabsūtu (f.) emp. sum.
sage-femme

šâbu (ŠŪB) G, D
trembler, vibrer, frémir, osciller

šâbu / *šiābu* (ŠĪB) G, Gtn, Gt
devenir âgé

šābulu cf. *abālu* B
sec, séché, fané

šadādu (ŠDD; a/u) G, Gtn, Gt, D, Š, N, Ntn
étendre, tirer, transporter, produire, mesurer
dans *ša šadādi*
char processionnel

šadāhu (ŠDH; i/i) G, Gtn, Gt, D, Š, Ntn
marcher (en procession), aller et venir, traverser

šadālu (ŠDL; i/i) G, D, Dt
être large (D élargir, augmenter, étendre)

šadânu
hématite

šadânu ṣābitu
magnétite

šaddaqda *šattu + qdm*
l'année précédente

**šaddu'atu* (f.) cf. *nadû*
une taxe sur des produits

šādidu cf. *šadādu*
corde de halage

šadû pl. *šadû*, *šadānu*
montagne, région montagneuse ou de steppe, est, vent d'est

šagāgu (ŠGG) G (perm.), Ntn
devenir raide, rigide

šagāmu (ŠGM; u/u) G, Gt, Š, Štn
rugir, gronder, bourdonner

šagapūru
puissant, majestueux

šagāšu (ŠGŠ; i/i) G, D, N
abattre, tuer

saggaštu (f.) cf. *šagāšu*
massacre, meurtre

šaggāšu cf. *šagāšu*
meurtrier

šagigurû emp. sum.
offrande volontaire

šahāhu (ŠHH; u/u) G, (Gtn), Gt, D, Dt, Ntn
dissoudre, émietter, tomber, se détériorer

šahālu (ŠHL; a/?) G, (D)
filtrer, tamiser

šahānu (ŠHN; u/u) G, Gtn, D, Dt, N
devenir chaud

šahapu *šahu + apu*
cochon de cannaie

šaharru emp. sum.
un filet, un travailleur agricole

šahātu (f.)
côté (intérieur), lieu caché, aide

šahātu A (ŠHT; a/u) G, Gt, D, Dt, Š, N
laver, purifier, libérer, enduire

šahātu B (ŠHT; u/u) G, Gt, D, Dt
craindre, respecter

šahāṭu (ŠHṬ; i/i) A G, Gtn, Gt, D, Š, N
sauter, attaquer, (s')échapper, se lever

šahāṭu (ŠHṬ; a/u) B G, Gt, D, Dt, Š, Št, N, Nt
enlever (vêtement), détacher, arracher

šahhû emp. sum.
toile, vêtement

šahiru pl. *šahirātu*
partie ou sorte de chaussure

šahītu (f.) cf. *šahû*
truie

šahluqtu (f.) cf. *halāqu*
catastrophe, désastre, ruine, destruction

šahû emp. sum.
cochon

šāhu pl. *šāhātu*
un vase à boire

šâhu (ŠĪH ou ŠŪH) G, Gt, D
grandir

šahurratu (f.)
calme terrifiant

šahūru emp. sum.
un bâtiment

šā'iltu (f.) cf. *šâlu*
devineresse

šā'ilu cf. *šâlu*
devin

šājjimānu / *šajjāmānu* cf. *šâmu* A
acheteur

šakāku (ŠKK; a/u) G, Gt, Gtn, D, N
herser

šakānu (ŠKN; a/u) G, Gtn, Gt, D, Š, Štn, Št, N, Ntn, Nt
placer, mettre, établir, désigner, imposer
šakāru (ŠKR; i/i) G, Gtn, D
être ivre
šakāsu (ŠKS; u/u?) G, D, Dt
sécher
**šakattû* emp. sum.
un vêtement
šakintu (f.) cf. *šakānu*
femme responsable du harem
šakirû emp. sum.
une plante
šakkanakku emp. sum.?
gouverneur (militaire), un titre royal
šakkullu
un arbre, son bois
šaknu cf. *šakānu*
déposé, amassé, organisé, doté, désigné
šaknu cf. *šakānu*
gouverneur, chef militaire, administrateur
šakin māti
gouverneur
šakin ṭēmi
un fonctionnaire, un gouverneur provincial
šalāhu (ŠLH; a/u) G, D
enlever, retirer, arracher
šalālu
dans *qan šalāli*
un type de roseau
šalālu (ŠLL; a/u) G, Gt, N, Ntn
razzier, piller, capturer
šalām bīti pl. *šalām bītānu*
une cérémonie cultuelle
šalamtu (f.) pl. *šalmātu*
cadavre
šalāmu A cf. *šalāmu*
santé, bien-être, salut, sécurité
šalāmu B cf. *šalāmu*
coucher (soleil)

šalāmu (ŠLM; i/i) G, Gt, D, Dt
être bien, intact, en bon état, favorable, complet, obtenir satisfaction, guérir, réussir, prospérer
šalāpu (ŠLP; a/u) G, Gt, D, N
arracher, sauver, tirer
šalāqu (ŠLQ; a/u) G, D, Dt
fendre
šalāš
trois
šalāšā cf. *šalāš*
trente
šalāšīšu cf. *šalāš*
trois fois
šalāšu (ŠLŠ; a/u) cf. *šalāš*
faire pour la troisième fois
šalāṭu (ŠLṬ; a/u) G, Gt, Dt, Š
dominer, exercer une autorité
šalā'u (ŠL'; a/a?) G
faire du tort, causer du trouble
šalgu
neige
šalhu
pièce de tissu
šalhû
mur extérieur de ville
šalimtu (f.) cf. *šalāmu*
bien-être, sécurité, sincérité, vérité, partie favorable d'un exta
šallatu (f.) cf. *šalālu*
butin, captivité, pillage
šallūru emp. sum.
prunier?, prune?
šalmiš cf. *šalāmu*
en sécurité, en bonne condition
šalmu cf. *šalāmu*
sain, intact, entier, correct, favorable, solvable
šalputtu (f.) cf. *lapātu*
destruction
šalšu cf. *šalāš*
troisième, un tiers
šalṭiš cf. *šalṭu*
triomphalement, impérieusement

šalṭu A cf. *šalāṭu* A
valable, à disposition
šalṭu B cf. *šalāṭu* A
impérieux
šalû A (ŠLŪ) G, Dt
cracher, tirer des flèches, lancer (armes), (re)jeter
šalû B (ŠLĪ) G, Gtn, (D), Š
sombrer, couler dans (+ acc.)
šâlu A (Š'L; a/a) G, Gtn, Gt, D, N
interroger, demander (la permission), tenir pour responsable (Gt délibérer, conseiller)
šâlu / *šêlu* / *šiālu* B (ŠĪL) G, D
enduire
šalummatu
radiance effrayante
šaluštu (f.) cf. *šalāš*
un tiers
šamāhu A (ŠMH; u/u) G, D, Dtn, Ntn
pousser en abondance, devenir florissant, extraordinaire
šamāhu B (ŠMH; u/u) G
(sens incertain)
šamallû emp. sum.
assistant, apprenti, agent commercial, commis
šamāmu (ŠMM) G, D, Ntn
paralyser
šamāru A (ŠMR; u/u) A G, Gt, Gtn, D (part.), Š
se mettre en rage, devenir furieux
šamāru B G (part.), Gtn, D (inf.), (Nt)
supplier, prier
šamaškillu emp. sum.
une plante alliacée
šamaššammū (pl.)
une plante oléagineuse (sésame?)
šamātu (ŠMT; i/i) G, (D)
mettre une marque
šamāṭu (ŠMṬ; a/u) G, D, Dtn, N
enlever
šambaliltu
fenouil

šamhu cf. *šamāhu*
luxuriant, prospère, majestueux, fier
šammu
plante, herbe, plante médicinale
šamnu
huile, gras
šamru cf. *šamāru* A
violent, farouche
šamšatu (f.) cf. *šamšu*
disque solaire
šamšu
soleil, lumière, jour
šamû (pl.) A
ciel, dais, partie supérieure
šamû (f.) B
pluie
šâmu / *ša'āmu* A (Š'M; a/a) G, Gtn, N
acheter
šâmu / *šiāmu* B (ŠĪM) G, D, N
attribuer un pouvoir, des qualités, une destinée, nommer à un poste, désigner
šanānu (ŠNN; a/u) G, Gtn, Gt, D Dt
devenir égal, rivaliser avec, défier
šanā'u (ŠN'; a/u) G, Gtn, D, Dtn
obstruer, irriter la gorge
šandabakku emp. sum.
un haut fonctionnaire, gouverneur de Nippur
šandanakku / *sandanakku* emp. sum.
administrateur de palmeraie
šangû emp. sum.
administrateur en chef d'un temple
šaniānu cf. *šanû*
deuxièmement, à nouveau
šāninu cf. *šanānu*
rival, égal
šanû A cf. *šanû* A
second, autre, inférieur
šanû B cf. *šanû* B
étrange, inamical, mauvais
šanû cf. *šanû* A
second, assistant, délégué
šanû A (ŠNĪ) / *šanā'u* (ŠN'; a/u) G, D, Dtn, Dt, Š

faire pour la deuxième fois, répéter (D doubler)
šanû B (ŠNĪ) G, Gtn, Gt, D, Dtn, Dt, Š
devenir différent, étrange, changer (D altérer)
šanû C (ŠNĪ) G, D
inonder, mouiller (pour sceller)
šanû D (ŠNĪ) G (parf.), Gtn
courir
šanūti cf. *šanû* A
pour la seconde fois
šapāku (ŠPK; a/u) G, Gt, D, Š, N, Ntn, Nt
verser, empiler
šapālu (ŠPL; i/i) G, Gtn, Gt, D, Dtn, Dt, Š, N, Nt
devenir bas, profond, humble, chuter (prix)
šapartu (f.) cf. *šapāru*
garantie
šapāru (ŠPR; a/u) G, Gtn, Gt, Š, Št, N, Nt
envoyer, écrire, ordonner, commander
šapāṣu (ŠPṢ; i/i) G, Gt, D
étreindre?, tordre?
šapattu
le 15ème jour, quinze jours
šapāṭu
exercer une autorité
šapiltu (f.) cf. *šapālu*
partie basse, assistant, reste
šāpiru cf. *šapāru*
surveillant, gouverneur provincial, chef
šāpiṭu cf. *šapāṭu*
gouverneur de district, haut fonctionnaire
šaplān cf. *šapālu*
en bas, dessous, en aval
šaplānu cf. *šapālu*
en bas, dessous, en aval, en secret
šaplâtu (f.) cf. *šapālu*
partie inférieure, monde inférieur, fors intérieur
šaplu cf. *šapālu*
fond, arrières, dessous, infériorité
bas
šaplû cf. *šapālu*
plus bas, de qualité inférieure
šappatu (f.) cf. *šappu*
un récipient
šappu emp. sum.
un récipient
šapru
cuisse
šapṣu cf. *šapāṣu*
fort, résistant, épais
šaptu (f.)
lèvre, parole, ordre
šapû A (ŠPŪ) G, Gtn, D, N
briller par intermittence, scintiller, ondoyer
šapû B (ŠPĪ) G
lier (avec des lanières)
**šapû* C (ŠPŪ) Gt, D
être silencieux
šāpû cf. *šapû* C
hostile, ennemi
šaqālu (ŠQL; a/u) G, Gt, D, Dt, Š, Št, N
peser, payer
šaqāru (ŠQR; i/i) G, D
trouer
šaqātu (ŠQT; i/i) G
faire tomber?
šaqû cf. *šaqû* A
haut, proéminent, sublime
šaqû A (ŠQĪ ou Ū) G, Gtn, Gt, D, Dtn, Dt, Š, Štn, N, Ntn
être haut, s'élever
šaqû B (ŠQĪ) G, Gtn, Gt, Š, N
mouiller, abreuver
šāqû cf. *šaqû* B
échanson
šaqummatu (f.)
silence pesant
šār / *šāru* emp. sum.
3600
šarāhu A (ŠRH) G (perm.), Gt, D, Dtn, Dt, Š, Ntn
être chargé de gloire, être magnifié
šarāhu B (ŠRH; a/u) G
tirer, marquer

šarāku (ŠRK; a/u) G, Gtn, Gt, Š, N
dédier, offrir, attribuer
šarāmu (ŠRM; a/u) G, D, Dt
casser, tailler
šarāpu (ŠRP; a/u) G, Gt, D, N
brûler
šarāqu A (ŠRQ; i/i) G, Gtn, N
voler, prendre, piller
šarāqu B (ŠRQ) G (perm.)
être prêt?
šarāru A (ŠRR; u/u) G, Gtn, Gt, D
aller en tête?
šarāru B (ŠRR; u/u) G, Gtn, D, Ntn
(sens incertain)
šarāṭu (ŠRṬ; a/u) G, D, Dt, N
déchirer
šarhu cf. *šarāhu*
fier, splendide, admirable
šarku cf. *šarāku* B
pus, suppuration
šarrāqu cf. *šarāqu* A
voleur
šarratu (f.) cf. *šarru*
reine
šarru
roi, seigneur
šarrūtu cf. *šarru*
royauté, domination, majesté, règne
šaršerru
pâte rouge
šārtu (f.)
cheveux, fourrure, toison
šarû cf. *šarû*
riche
šarû (ŠRŪ, parfois Ī) G, Gtn, Gt, D, Š
être riche, prospère
šāru
vent, point cardinal, souffle, vacuité
šarūru
lumière, brillance
šassukku emp. sum.
officier du cadastre
šassūru (f.) emp. sum.
sein, déesse-mère

šasû (ŠSĪ) G, Gtn, Gt, D, Š, Št, N
crier, hurler, proclamer, invoquer, lire (à haute voix)
šašallu emp. sum.; pl. *šašallātu*
tendon, dos?
šašmu
duel, combat
šaššāru
scie
šaššu
dans *šaššumma epēšu*
commettre un forfait
šaššūgu
une arbre fruitier
šatāhu (ŠTH; a/u) G, D
devenir long
šatammu emp. sum.
régisseur, administrateur
šatānu (ŠTN; i/i) G
uriner
šatāqu (ŠTQ; a/u) G, D
fendre
šatti
dans *ana šatti* / *ašatti*
pour cette raison, puis
šattišam cf. *šattu*
annuellement
šattu (m. / f.) pl. *šanātu*
année, saison (de la moisson)
šatû A (ŠTĪ) G, Gtn, Gt, Š
boire
šatû B (ŠTŪ) G, Gt, D, Š, N
tisser, nouer
šaṭāpu (ŠṬP; ?/u) G, (D)
garder en vie, sauver
šaṭāru cf. *šaṭāru*
lettre, copie, exemplaire, inscription
šaṭāru (ŠṬR; a/u) G, Gtn, Gt, D, Š, Št, N, Nt
écrire, inscrire, noter, assigner
šâṭu A (ŠŪṬ) G, D
tirer
šâṭu B (ŠŪṬ) G
mépriser, négliger

šâ'u (ŠŪ') G, Gtn, (D)
voler tout autour
ša'û (Š'Ī) G, Gtn, D
courir
šazzuztu (f.) cf. *uzuzzu*
représentant, agent
šebēru (ŠBR; i/i) G, Gt, D, Dt, N, Ntn
casser, briser, démolir
šebû / *šabā'u* (ŠB") G, Gtn, D, Dtn, Dt, N
se rassasier de (+ acc.), devenir satisfait, avoir son saoul de
šēdu
démon, esprit, chance
šegû (ŠG") G (perm.), N, Ntn
être enragé
šeguššu / *šigūšu* emp. sum.
une céréale
šēhtu (f.)
récipient à fumigation, encensoir
šēhu
vent, souffle, inspiration
šēlebu
renard, une étoile
šeleppû
tortue
šellintannu mot hourr.
(sens incertain)
šelû (ŠL") G, Gt, D
être négligent
šêlu (Š"L) G, D, (Dt)
affûter
šemû (ŠM") G, Gtn, Gt, D, Š, Štn, Št, N
entendre, obéir
šēmû cf. *šemû*
personne qui entend, obéit, est d'accord
šēnu (f.)
sandale, chaussure
šênu (Š"N) G
mettre des chaussures
šēpītu (f.) cf. *šēpu*
(bout de) pied, extrémité inférieure
šepû (ŠPĪ) G, D, Š
interroger

šēpu (f.)
pied, accès, rang
šer'ānu
tendon, muscle, veine
šērētu (pl.) cf. *šēru*
matin
šerru
bébé, enfant
šeršerratu (f.)
chaînes
šērtu (f.) A cf. *šēru*
matin, demain
šērtu (f.) B
mal, faute, punition
šer'u / *širhu* (f.) pl. *šer'ātu*, *šer'ēti*
sillon, champ cultivé, une mesure
šerû A (ŠR") G, D
apprendre?
šerû B (ŠRĪ) G, Dtn
disparaître
šerû C (ŠRĪ) G, Gt
(sens incertain)
šēru
matin, aube
dans *urram šēram*
dans l'avenir
šêru (Š"R) G
se lever tôt
šētu (f.)
filet
šêtu (Š"T) G, D
rester, réchapper, laisser
šeṭû (ŠṬĪ) G, Gtn, Š
étaler
šêṭu (Š"Ṭ) G, Gt
mépriser, manquer
še'u
orge, grain
še'û / *še'ā"u* (Š'") G, Gtn, Gt, D, Dtn
chercher, demander (aide)
šê'u G
rembourrer
ši'amātu (pl. f.) cf. *šâmu* A
marchandises achetées, achats

šiāru
matin, lendemain
šiāṭu (ŠĪṬ) G
être négligent
šibbu
ceinture
šibburratu
une plante aromatique
šibirru emp. sum.
bâton, sceptre
šibirtu (f.) cf. *šebēru*
morceau, bloc
šibqū (pl.)
attaque, plan, stratagème
šibsātu (pl. f.) cf. *šabāsu*
colère
šibšu cf. *šabāšu*
une taxe agricole
šibṭu A cf. *šabāṭu*
épidémie
šibṭu B
ouragan
šibiṭ šāri
une maladie
šību cf. *šâbu*
ancien, témoin, une constellation
šībūtu cf. *šību*
grand âge, témoignage
šiddu A cf. *šadādu*
côté, bord, étendue, une mesure
šiddu B cf. *šadādu*
rideau, vêtement
šigaru emp. sum.
verrou
šigiltu (f.) cf. *šagālu*
confiscation, saisie illégale
šigû
lamentation, un type de prière
šihṭu cf. *šahāṭu* A
attaque, razzia, planète Mercure
šikaru
bière, boisson alcoolisée
šikittu (f.) cf. *šakānu*
apparence, forme, placement
šiknat napišti
être vivant
šikkatu / *šiqqatu* (f.)
fiole
šikkû
mangouste
šiknu cf. *šakānu*
forme, structure, emplacement
šīku
un cuivre de médiocre qualité
šillatu
insolence, sacrilège, insulte, offense
šilpu cf. *šalāpu*
enfant enlevé au sein maternel (né par césarienne)
šiltāhu
flèche, une constellation
šīlu
trou, perforation
šimahu
plante épineuse
šīmātu (pl. f.) cf. *šâmu*
achat, propriété
šimeššalû
buis
šimētān
le soir, à la tombée de la nuit
šimmatu (f.) cf. *šamāmu*
paralysie
šimtu / *šindu*
signe, marque, couleur, vernis
šīmtu (f.) cf. *šâmu* B
décret divin, testament, destin
šīmu (m. / f.) cf. *šâmu* A
prix, achat, marchandises
šimumaku *šīmtu* + sfx. hourr.
dispositions testamentaires
šinā fém. *šittā*
deux
šinahilu mot hourr.
second, de seconde qualité
šīnātu (pl.) cf. *šânu*
urine

šinipu
deux tiers
šinīšu cf. *šinā*
deux fois
šinītu cf. *šanû* C
teinture, tissu teint
šinnu (f.)
dent, ivoire
šinūnūtu
un oiseau, une constellation
šipātu (pl. f.)
laine
šipirtu (f.) cf. *šapāru*
lettre, ordre, message
šiprētu (pl. f.) cf. *šipirtu*
chancellerie
šipru cf. *šapāru*
envoi, mission, travail, action, intention
šiptu (f.)
exorcisme, rite, incantation
šipṭu A cf. *šapāṭu*
jugement, menace
šipṭu B cf. *šapāṭu*
ordre, réprimande
šiqdu
amandier, amande
šiqītu (f.) cf. *šaqû* B
irrigation
šiqlu cf. *šaqālu*
sicle (mesure de poids)
šiqqu
sauce de poisson
šīqu cf. *šaqû* B
irrigation
širiktu (f.) cf. *šarāku* A
cadeau de mariage, don
širku cf. *šarāku* A
oblat
šīru
chair, personne, signe ominal, parenté
šisītu (f.) cf. *šasû*
hurlement, proclamation
šišītu (f.)
membrane, jointure
šit'āru
brillant
šitrahu cf. *šarāhu*
très fier, magnifique
šittān cf. *šinā*
deux tiers
šittu / *sītu* A cf. *šêtu*
reste, balance comptable
šittu B
sommeil
šitūltu (f.) cf. *šâlu* A
conseil, réflexion, attention, délibération
šiṭru cf. *šaṭāru*
écriture, inscription
šizbu
lait
šû
une pierre
šubarrû emp. sum.
libération, exonération
šubtu (f.) cf. *ašābu*
siège, fondation, habitation, emplacement, territoire, position
šubû emp. sum.
une pierre semi-précieuse
šubultu (f.) pl. *šubullātu*
épi
šūbultu (f.) cf. *abālu*
envoi, cadeau
šuburru
anus
šuddulu cf. *šadālu*
très large, spacieux, abondant
šūdūtu cf. *idû*
édit
šugarrû
un type de dattes
šuginû emp. sum.
sacrifice quotidien
šugītu (f.) emp. sum.
une classe de femmes
šuglû (GLĪ) mot aram.
exiler

šuharruru (ŠHRR) Š, Št
être raide, être tranquille
šuhhû A (ŠHĪ) D, Dt
avoir des rapports sexuels illégaux
šuhhû B (ŠHĪ) D
abolir
šuhruru (ŠHRR) Š, Št
ravager, dévaster
šuhtu
patine, rouille
šuhuppatu (f.) / *suhuppatu* emp. sum.
botte?
šuillakku emp. sum.
prière "à main levée"
šukênu (ŠK"N) Š
se prosterner, (se) soumettre
šuklulu cf. *šuklulu*
parfait, complet, non castré
šuklulu (ŠKLL) Š, Št
finir, achever, accomplir
šukūdu
flèche, Sirius
šūkulu cf. *akālu*
engraissé, tanné
šukunnû cf. *šakānu*
un type de champ, un type de contrat agricole
šukunu
(un terme administratif)
šukurru
lance, un ustensile
šukūsu pl. *šukūsātu*
champ alimentaire
šukuttu cf. *šakānu*
joyaux
**šullumtu* cf. *šalāmu*
restitution, payement, compensation
šulmānu cf. *šalāmu*
cadeau (d'hommage)
šulmu cf. *šalāmu*
santé, bien-être, audience, salutation, paix, sécurité
šulpu
jonc, tige, endroit cultivé

šuluhhu emp. sum.
rite de purification
šulušû cf. *šalāš*
(animal) de trois ans
šūlûtu cf. *elû*
objet votif
šumēla cf. *šumēlu*
à gauche
šumēlu
côté gauche, main gauche
šumma
si, ou ... ou
šummaman / *šumman*
si seulement
šummannu
corde
šummu D, Št
s'imaginer, réfléchir
šumšû Š; cf. *mūšu*
passer la nuit
šumu
nom, réputation, fils, ligne, interprétation
šumû cf. *šamû*
viande rôtie
šūmū (pl.)
ail
šumuttu emp. sum.?
un légume (betterave?)
šunû
un épineux
šupālu cf. *šapālu*
dépression, (au-)dessous
šupālû cf. *šapālu*
inférieur
šuparruru (ŠPRR) Š, Štn
étaler
šuparzuhu (PRZH) Š
rendre abondant, fournir en abondance
šupêltu cf. *šupêlu*
échange, substitut
šupêlu (ŠP"L) Š, Št
changer, échanger
šuplu cf. *šapālu*
profondeur, latitude

šūpû cf. *apû* A
manifeste, brillant, célèbre
šuqallulu (ŠQLL) Š
être suspendu, (sus)pendre
šuqammumu (ŠQMM) Š
être calme, être tranquille
šuqlu (f.)
paquetage (pour métaux)
šuqultu (f.) cf. *šaqālu*
poids
šūquru cf. *aqāru*
précieux, splendide
šurānu
chat
šurbû cf. *rabû* A
très grand, énorme
šurinnu emp. sum.
étendard, emblème divin
šurīpu
glace, gelée
šurmēnu
cyprès
šurpu cf. *šarāpu*
combustibles, fait de brûler
šurqu cf. *šarāqu*
bien volé, vol
šurru (ŠŪR) D, Dtn
descendre, se pencher
šurrû cf. *šurrû* A
début
šurrû A (ŠRĪ) D, Dt
commencer, inaugurer, faire éruption
šurrû B (ŠRĪ) D, Dt
jeûner
šurrumma
en vérité?, rapidement?
šuršu
base, fondation, racine
šuršudu cf. *rašādu*
bien fondé, solide
šuršummu
lie
šu'ru, šūru, šurhu
sourcil
šūru fém. *šur'ītu*
(adj. de sens incertain)
šūru
fagot de joncs
šūrubtu (f.) cf. *erēbu*
récolte, revenus
šuruppû
gel
šusikku
un fonctionnaire d'administration
šušānu emp. indo-iran.
palefrenier, un officier royal
šušuppu / *šušippu* emp. sum.
pl. *šuši/uppū* / *šuši/uppātu*
serviette
šūši
soixante
šuškallu emp. sum.
un type de filet
šūšu
un arbre (réglisse)
šūšuru cf. *ešēru*
droit, prospère
šutāhû Št; cf. *ahû*
apparier
šutāpu
partenaire, associé
šuta'û (Š''Ī) Št
traiter à la légère, être insouciant
šutēburu (Š''BR) Št
agir avec précipitation
šutēmuqu Št; cf. *emēqu*
prier, supplier
šutērsû Št; cf. *ersû*
préparer, mettre en ordre
šutlumu (ŠTLM) Š, Št
donner, accorder
šuttu (f.) pl. *šunātu*
rêve
šūtu
sud, vent du sud
šutukku emp. sum.
hutte en roseau, botte de roseaux

šutummu emp. sum.
trésor, grenier
šūtuqu cf. *etēqu*
extraordinaire
šūturu cf. *atāru*
suprême, superbe
šu'u
pois chiche?
šu"udu (Š'D) D
se plaindre, en appeler à

T

tabāku (TBK; a/u) G, Gtn, D, Dt, Š, N, Ntn
verser
tabālu (TBL; a/a) G, D, Š, N
prendre, enlever
tabarru emp. hourr.?
laine rouge
tābīlu cf. *abālu*
poudre (épices)
tabrītu cf. *barû* A
visage, vue, message
tabrû
orge
tabīnu pl. *tabīnātu*
auvent
tadānu (TDN) G
donner, vendre
tādirtu (f.) cf. *adāru*
dépression mentale
tadmiqtu (f.) cf. *damāqu*
prêt sans intérêt, payement
tahāhu (THH) (G), D
verser (dessus), mouiller
tahapšu emp. hourr.?
couverture pour chevaux
tāhāzu cf. *ahāzu*; pl. *tāhāzātu*
combat, bataille
tahluptu (f.) cf. *halāpu*
vêtement, déguisement
tahsistu (f.) cf. *hasāsu*
souvenir, notice, écriture
tahūmu
frontière, pays frontalier

tajjartu (f.) cf. *târu* ; pl. *têrātu*
retraite, pardon
tajjāru cf. *târu*
miséricordieux, charitable
takāku (TKK) G (perm.), D
écraser, impressionner
tākaltu (f.) cf. *akālu*?
étui, fourreau, estomac
takālu (TKL; a/a, i/i) G, Gt, D, Dtn, N
faire confiance (D encourager)
takāpu (TKP; i/i) G, D
moucheter
takiltu (f.)
laine bleu-violet
takīttu cf. *kânu*
confirmation
takkassu / *dakkassu* emp. sum.?
petit bélier
takkussu
jonc, tige, pipette
taklīmu cf. *kullumu*
un type de sacrifice
taklu cf. *takālu*
fidèle, sûr
takpertu (f.) cf. *kapāru*
rite de purification
tākultu (f.) cf. *akālu*
repas (rituel)
talālu (TLL; a/u) G, D
étirer
talīmu
frère préféré
tālittu (f.) cf. *alādu*
descendance d'animaux
tallaktu (f.) cf. *alāku*
façon de marcher, marche, conduite
tallu
ligne, poutre de séparation
tallu emp. sum.
récipient pour huile
talmīdu cf. *lamādu*
apprenti
tāluku cf. *alāku*; pl. *tālukū*, *tālukātu*
marche, course, progression

tamāhu (TMH; a/u) G, D, Š
saisir, attraper
tāmartu (f.) cf. *amāru*
vue, lecture, observation, cadeau
tamertu / *tawwertum* (f.) cf. *namāru*
champs, entourage
tamhāru cf. *mahāru*
combat, bataille
tamītu (f.) cf. *tamû*
promesse, serment
tamkāru cf. *makāru* B
marchand, financier
tamlītu (f.) cf. *malû*
remplissage
tamlû cf. *malû*
remplissage, terrasse, plaquage
tamšīlu cf. *mašālu*
image, équivalent
tâmtu
mer
tamṭītu (f.) cf. *maṭû*
manque, diminution
tamû (TM', nB TM") G, D, Š
jurer (D lier par un serment)
tanattu (f.) cf. *nâdu*
gloire
tānēhu cf. *anāhu*
peine, plainte
tanīttu (f.) cf. *nâdu*
gloire, renommée
tanūqātu (f.) cf. *nâqu*
cri de guerre
tāpalu cf. *apālu*
paire (d'objets)
tappinnu emp. sum.
une sorte de farine
tappû emp. sum.
camarade, associé, partenaire
tappûtu cf. *tappû*
amitié, association, partenariat
tapšuhtu (f.) cf. *pašāhu*
calme
taqānu (TQN; u/u) G, D, Dtn, N
être en ordre, être assuré
taqribtu (f.) cf. *qerēbu*
offrande, rite d'intercession
taqtītu (f.) cf. *qatû*
fin
tarāku (TRK; a/u) G, D, Š, N
taper, battre (perm. être sombre)
tarāpu (TRP) (G,) D
répandre
tarāru (TRR; u/u) G, D, N
trembler
tarāṣu A (TRṢ; a/u) G, Gtn, D, Dt, Š, N, Ntn
étendre, étirer, étaler
tarāṣu B (TRṢ; u/u) G, D
être correct, être en ordre
tarbaṣu cf. *rabāṣu*; pl. *tarbaṣātu*
ferme, enclos
tarbītu (f.) cf. *rabû*
éducation, fait d'élever
tarbu'u / *tarbuttu*
poussière, ouragan
tardennu / *tertennu* emp. hourr.
frère (cadet)
tārītu cf. *tarû*
garde d'enfant
tarkullu / *darkullu* emp. sum.; pl. *tarkullū*, *tarkullātu*
pieu d'amarrage
tarlugallu emp. sum.
coq
tarṣu cf. *tarāṣu*
espace, durée
tarṣu cf. *tarāṣu*
juste
tašna cf. *šinā*
double(ment)
tartānu / *turtānu* emp. hourr.
un haut fonctionnaire, général
târu / *tuāru* (TŪR) G, Gtn, D, Dtn, Dt, Š
retourner, revenir, rentrer
tarû (TRĪ) G, Gtn, N
soulever
tarû / *tarā'u* (TRŪ) G
enlever, emporter

taskarinnu
buis
tašīltu (f.)
splendeur, célébration
tašīmtu (f.) cf. *šummu*
compréhension, discernement
tašlīšu cf. *šalāš*
troisième homme sur le char de guerre
tašnintu (f.) cf. *šanānu*
bataille
tašrihtu (f.) cf. *šarāhu*
splendeur, gloire
tašrītu
début, inauguration, 7ème mois
ta'û (T'Ī) (G,) Gtn, Gt, D
manger, brouter
tāmītu / *tāwītum* cf. *amû*
réponse à une demande
tazkītu (f.) cf. *zakû*
purification, dissolution
tazzimtu (f.) cf. *nazāzu*
plainte
tēbibtu (f.) cf. *ebēbu*
purification, nettoyage
tebû (TB"ou TBĪ) G, D, Š, Štn, Ntn
se lever, dresser, attaquer
tēbû cf. *tebû*
insurgé, assaillant
tēdištu (f.) cf. *edēšu*
renouvellement, restauration
tēdīqu cf. *edēqu*
habillement
tēkītu cf. *ekû*?
plainte
tēliltu (f.) cf. *elēlu*
purification
tēlītu (f.) cf. *elû*
produit
tēltu (f.) cf. *têlu*
dicton, prononciation
têlu (T"L) G, D
prononcer correctement
temēru (TMR; i/i) G
enterrer
tēmēqu / *tēmīqu* cf. *emēqu*; pl. *tēmīqū*, *tēmīqātu*
prière fervente
temmēnu emp. sum.
document de fondation, fondation
tenēštu (f.)
gens, hommes, humanité, population
tēnû cf. *enû*
pendant, substitut, remplaçant
teptītu / *taptētu* cf. *petû*
mise en culture, défrichage
terdītu / *tardītu* (f.) cf. *redû*
rajout, augmentation, renforcement
terhatu / *tirhatu*
"prix"de la fiancée
terinnu / *tirinnu* pl. *terinnātu*
pomme de pin
terīqtu / *tirīqtu* (f.) cf. *rêqu*
terrain libre, non cultivé
terku / *tirku* cf. *tarāku*
coup
terṣu cf. *tarāṣu*
extension, présentation
têrtu (f.) cf. *âru*
indication, présage, instruction, extispicine
teslītu / *taslītu* (f.) cf. *sullû*
appel, prière
tēšû cf. *ešû*
désordre, confusion, égarement
tê'u (TĀ') G, Gtn, D
couvrir
ti'ālu / *ti'āru* / *lijāru*
cèdre blanc
tibbuttu
harpe?, tambour?
tibku cf. *tabāku*
remblai(ement), lit de brique
tibnu
paille
tību cf. *tebû*
lever, départ, attaque
tibûtu / *tebûtu* cf. *tebû*
lever, attaque

tikku pl. *tikkātu*
gorge, nuque, cou
tīku
goutte de pluie
tillatu
aide, troupe auxiliaire
tillu / *tillû*
manteau
tillûtu
aide
tilpānu (f.)
bois à lancer, flèche, arc
tīlu / *tillu*
colline artificielle
timmu emp. sum.
bâton, perche, colonne, mât
tinūru
four
tiqnu cf. *taqānu*; pl. *tiqnū*, *tiqnātu*
parure, décoration
tīrānu cf. *târu*
torsion, tour
tittu (f.) pl. *tinātu*
figuier, figue
titūru / *titurru* (f.)
pont
tizqāru / *tišqāru* cf. *zaqāru*
excellent
tû emp. sum.
formule de conjuration
tū'amu
jumeau
tubqu pl. *tub(u)qātu*
coin, angle
tudittu (f.) cf. *dudittu* pl. *tudinātu*
tuhhu emp. sum.
ordures, reste
tukkannu emp. sum.
sac en cuir
tukku pl. *tukkātu*
signal d'alarme, mise en garde
tukultu (f.) cf. *takālu*
aide, confiance
tulû
poitrine (maternelle)
tumru
braise
tupšikku
panier à briques, corvée
tuqumtu / *tuquntu*
combat
turāhu
bouquetin
tūrtu (f.) cf. *târu*
renversement
tūšāru cf. *ašāru*
inclinaison, déclin
tuššu pl. *tuššātu*
propos méchants, inamicaux

Ṭ

ṭabāhu (ṬBH; a/u) G, D, Dtn, N
abattre
ṭābātu (f.) cf. *ṭābu*
vinaigre
ṭābihu cf. *ṭabāhu*
boucher
ṭabtu (f.) cf. *ṭābu*
sel
ṭābtu (f.) cf. *ṭābu*
(le) bien, (le) beau, bien-être
ṭâbu / *ṭiābu* (ṬĪB) G, D, Dtn, Š
être beau, bon, doux (D satisfaire)
ṭahādu (ṬHD; u/u) G, D, Dt
être abondant
ṭamû / *ṭawûm* (ṬWĪ) G
filer
ṭanāpu (ṬNP; u/u) G, D
être sale
ṭapālu (ṬPL; a/u, i/i) G, D, Dt, Š
soupçonner
ṭapāpu (ṬPP; u/u) G
être plein
ṭapāru (ṬPR; i/i) G, D, Dtn, Dt
(s')éloigner

ṭarādu (ṬRD; a/u) G, Gtn, D, Dt, N
envoyer, renvoyer

ṭātu
pot de vin, cadeau de corruption

ṭebû (ṬBŪ) G, Gtn, D, Dt
plonger, submerger (D sombrer)

ṭehû (ṬH") G, Gtn, D, Dt
s'approcher

ṭēhu / *ṭīhu* cf. *ṭehû*
proximité, région voisine

ṭēmu pl. *ṭēmātu*, *ṭēmētu*
nouvelles, rapport, intelligence, (capacité de) décision, projet

ṭêmu (Ṭ"M) G, N
soigner, s'en occuper

ṭênu (Ṭ"N) G, Gtn, Š, N
moudre

ṭepû (ṬPĪ) G, Gtn, D, N, Ntn
ajouter, étaler

ṭerû (ṬRĪ) G, N
s'enfoncer, badigeonner, masser

ṭīdu / *ṭīṭu* / *ṭiddu*
terre glaise, argile

ṭīpu cf. *ṭepû*
revêtement, addition, surface

ṭūbātu cf. *ṭâbu*
bonne volonté, gentillesse, joie

ṭūbu cf. *ṭâbu*
bien-être, (le) bien, (le) bon

ṭūdu pl. *ṭūdātu*, *ṭūdū*
chemin

ṭuhdu cf. *ṭahādu*
opulence

ṭulīmu
rate

ṭuppi cf. *ṭapāpu*
pendant, au temps de

ṭuppu / *tuppu* emp. sum.; pl. *ṭuppū*, *ṭuppātu*, *ṭuppānu*
tablette, document, lettre

ṭupšarru / *tupšarru* emp. sum.
scribe

ṭurru / *turru* emp. sum.
noeud, bande

U

u
et, mais, alors

ū
aussi, mais, en plus, ou

û emp. sum.?
blé?, nourriture?

ū'a
hélas

ubānu (f.)
doigt, une mesure de longueur

ubāru
étranger

ubbuṭu cf. *ebēṭu*
famine, gonflement

udru
chameau

udû
outil

ugāru (m. / f.) emp. sum.
champ

ugbabtu (f.)
une prêtresse

uggatu (f.) cf. *agāgu*
colère

uggu cf. *agāgu*
colère

uhinnu
dattes vertes

uhūlu (m. / f.)
cendres

u'iltu (f.) cf. *e'ēlu*
un type de tablette, de document

ukāpu
selle de charge

ukullû cf. *akālu*
provision, nourriture d'animal

ukultu (f.) cf. *akālu*
approvisionnement, nourriture

ul / *ula*
ne... pas (négation)

ūla
ou

ulālu
un non-homme, faible en esprit

ulāpu
bandage

ulla A cf. *ullû*
dans un temps indéterminé

ulla B
non

ullânu cf. *ullû*
de là, depuis le début, aussitôt, sauf, avant

ullīkiam cf. *ullû*
là

ulliš cf. *ullû*
plus tard, après

ullītiš cf. *ullû*
après-demain

ulṣu cf. *elēṣu*
jubilation

ūlū / *ū lū*
ou

ulušinnu / *ulušennu*
bière sucrée, de jus de datte

ūm cf. *ūmu*
quand

ūma cf. *ūmu*
aujourd'hui

ūmakkal cf. *ūmu*
(pendant) un jour

umāmu
animaux, bétail

umāšu / *humūšu*
crochet, force

ūmišam cf. *ūmu*
jour après jour, quotidiennement

umma
(introduit le discours direct)

ummānu (f.)
gens, armée, groupe de travail

ummânu, *ummiānu*
artisan, ouvrier, spécialiste, expert, lettré, artiste, prêteur (argent)

ummaru
soupe, bouillon

ummatu (f.) cf. *ummu* B
masse principale, force principale

ummu A cf. *emēmu*; pl. *ummātu*
chaleur, fièvre

ummu B (f.)
mère

umṣatu (f.)
tache de naissance

ūmu pl. *ūmū*, *ūmātu*
jour, tempête

undu
si, aussitôt que, dans ce temps

unīqu (f.) cf. *enēqu*
petite chèvre

unnedukku (f.) emp. sum.
lettre

unnīnu cf. *enēnu*
supplication, prière

unqu (f.)
anneau, sceau

unūtu
outil, ustensiles, mobilier, équipement

upīšū (pl.) cf. *epēšu*
sortilège, manipulation

upnu
main, poing, poignée

uppu
tuyau, chalumeau, conduit, tube

upšaššû cf. *epēšu*
sortilège

upû cf. *apû*
nuage

upuntu (f.)
farine de sacrifice

uqnû
lapis-lazuli, turquoise

uqu
gens, habitants, troupes

urāku cf. *arku*
bloc de métal, bloc de pierre

urāsu / *urāšu*
contremaître

urbatu (f.)
jonc, roseau

urhu (m. / f.)
chemin

urigallu emp. sum.
étendard
urânu / urijānu
fenouil
urīṣu
bouc
urnû
menthe
urpatu (f.) cf. *erēpu*
nuage
urqītu cf. *arāqu*
plante, verdure
urra cf. *urru*
demain, de jour
urru
jour (clair)
urṣu
mortier
uršānu emp. sum.
guerrier, héros
uršu
lit
urû A
étable
urû B pl. *urāte*
étalon, attelage
ūru A cf. *erû*
nudité
ūru B emp. sum.
toit
ur'udu / hurhudu
gorge, trachée
usandû / ušandû
oiseleur
usātu
aide, soutien
uskāru / asqāru emp. sum.
croissant de lune
ūsu emp. sum.
ordre, voie, habitude
usukku
joue, tempe
ūṣu
pointe de flèche
uṣurtu (f.) cf. *eṣēru*
dessin, plan, projet, disposition
uṣṣuṣu (WṢṢ) D
demander, interroger
ušallu emp. sum.
terrain irrigable, prairie
ušmannu (f.)
camp militaire
uššu
soubassement, fondation
uššuru (WŠR) D
laisser aller, libérer
ušû emp. sum.
diorite, ébène
ušumgallu emp. sum.
dragon
ušuzzu cf. *uzuzzu*
être debout
utlu
giron
utnēnu cf. *enēnu*
prière, supplication
utukku emp. sum.
démon
utullu pl. *utullātu*
chef des bergers
utūlu / itūlu G, Gtn, D, Š
être couché, dormir
utūnu (f.) emp. sum.
four à potier
uṭṭatu (f.)
céréales, blé
ūṭu
demi-coudée (mesure de longueur)
uznu (f.)
oreille, entendement, sagesse
uzuzzu / izuzzum G, Gtn, Gt, Š, Štn, Št, N
être debout
uzubbû cf. *ezēbu*
(paiement de) divorce
uzzu cf. *ezēzu*
colère

Z

zabālu (ZBL; i/i) G, Gtn, Gt, D, Dt, Š, N
porter, emporter, supporter
zabardabbû emp. sum.
un fonctionnaire
zabbu
un type d'extatique
zābilu cf. *zabālu*
porteur
zâbu (ZŪB) G, Gt, (D)
dissoudre, suinter
zadimmu emp. sum.
lapidaire
zagindurû emp. sum.
lapis-lazuli bleu
zagmukku emp. sum.
(fête du) début de l'année
zā'iru cf. *zêru*
ennemi
zakāru (ZKR; a/u) G, Gtn, Gt, D, Š, N, Nt
déclarer, invoquer, prier, nommer
zakkû cf. *zakû*
membre d'une classe de feudataires
zakû fém. *zakūtu, zakītu*
propre, pur, raffiné, libre (de réclamations)
zakû (ZKŪ) G, Gt, D, Dt, Štn
devenir propre, pur, libre (de réclamations ou obligations)
zakûtu cf. *zakû*
information claire, propreté, exemption
zāmânu
ennemi
zamar
rapidement, à la hâte, soudainement
zamāru cf. *zamāru* A
chant, composition littéraire chantée
zamāru A (ZMR; a/u puis u/u) G, Gt, (D), Š, N
chanter
zamāru B (ZMR; i/i) G
rendre compte de
zanānu A (ZNN; u/u) G, Gtn, Gt, Š, Št, N
pleuvoir
zanānu B (ZNN; a/u) G, (D)
s'occuper de, approvisionner
zânu G (adj. vbal), D, Dt, N
plaquer, clouter, embellir
zappu
cheveux, soies
zaqāpu A (ZQP; a/u) G, Gtn, Gt, D, Dt, Štn, N, Ntn
ériger, planter, dresser
zaqāpu B (ZQP; ?/u) G, Gt
comparaître (en justice), occuper une position (militaire)
zaqāru (ZQR) G (inf., perm., imp.), D, Dt, Ntn
édifier, élever, rendre protubérant
zaqātu (ZQT; a/u) G, Gt, D
piquer, frapper
zaqīpu cf. *zaqāpu*
pieu
zāqīqu cf. *zâqu*
fantôme, non-existence, lieu hanté
zaqnu
barbu
zaqru cf. *zaqāru*
haut, massif, saillant
zaqtu cf. *zaqātu*
pointé
zâqu (ZĪQ) G, (Gt)
souffler, dériver
zarāqu (ZRQ; i/i, a/u) G, Gt
asperger
zāratu (f.)
tente, dais, cabine (bateau)
zarinnu A emp. sum.
matière première de médiocre qualité
zarinnu / *ṣarīnu* B
socle décoré
zarriqu
aux yeux mouchetés
zarû (ZRŪ) G, (Gt)
vanner
zārū cf. *zarû*
géniteur, ancêtre
zâru (ZŪR) G, D, Dtn
entrelacer

zazakku emp. sum.
un haut fonctionnaire
zâzu (ZŪZ) G, Dt, N
diviser, partager, prendre une part, distribuer
zenû (ZNĪ) G, Gtn, Gt, D, Š
être en colère
zērānu (pl.) cf. *zēru*
droit supplémentaire payé par un fermier
zērātu (pl. f.) cf. *zêru*
hostilité(s), haine
zēru
graines, terre arable, semence, progéniture
zêru / *ze'āru* (Z"R) G, Gt, N
haïr, éviter
zibānītu
balance
zibbatu (f.)
queue, partie arrière, bassin de retenue, constellation des Poissons
zibû
cumin noir
zību A
offrande alimentaire
zību B
chacal, vautour
zidubdubbû (pl.) emp. sum.
un type de farine
zikaru / *zikru*
mâle, homme
zikru A cf. *zakāru*
discours, parole, mention, ordre, nom, serment, réputation
zikru B
image, réplique
zikrūtu cf. *zikaru*
héroïsme, virilité
zikurudû emp. sum.
pratique magique néfaste
zīmu
apparence, brillance (étoiles)
dans *ana zīmi*
selon, correspondant à
zinnātu (pl. f.) cf. *zanānu*
entretien
zinû (f.) pl. *zinû*, *zinātu*
côte de la palme du palmier
ziqnu
barbe
ziqpu cf. *zaqāpu*
rejet, pieu, lame, hauteur, altitude
ziqqu
bord, créneau
ziqqurratu
temple à étages
ziqtu cf. *zaqātu*
piqûre
zīqtu (f.)
torche
zisurrû emp. sum.
cercle magique de farine
zišagallu emp. sum.
soutien, force du coeur
zittu (m./ f.) cf. *zâzu*
part, ligne de division
dans *bēl zitti*
partenaire
zû (pl.)
excréments, rejet
zubullû cf. *zabālu*
présent de mariage
zūku
infanterie
zumbu
(ornement en forme de) mouche
zummû (ZMĪ) D, Dt
manquer, être privé de
zumru
corps
zunnu / *zinnu* cf. *zanānu*
pluie
zuqaqīpu (m./ f.)
scorpion
zurzu
paquetage
zu'tu / *zūtu* (f.)
transpiration

Deuxième partie

LEXIQUE FRANÇAIS – AKKADIEN

A

à
ana
ina

à contrecœur
ina marušti

à l'avenir
urra(m) šēra(m)

à l'intérieur
libbānu (sur *libbu* "intérieur")
qerbiš (sur QRB "(être) près de")

à la place de
kūm

abaisser
se'û (S"Ī)

abandonné
harbu (fém. *harubtu*; HRB "(être) désert")
nadû (sur NDĪ "abandonner")

abandonner
abātu ('BT; i/i; surtout IV: *nābutu*)
arādu (WRD; a/i)
ezēbu ("ZB; i/i)
maqātu (u/u)
nadû (NDĪ)
uššuru (II de WŠR)

abattre
nakāsu (i/i)
palāqu / *palāku* (i/i puis a/u)
rasābu / *rasāpu* (i/i)
šagāšu (i/i)

abcès
išātu (pl. *išātātu*)

abdomen
emšu

abîme
lalgar

abîmer
huṭṭû (II de HTĪ "commettre une faute")
mussuku (II de MSK "(être) mauvais")

ablution
marhaṣu (sur RHṢ "laver")
narmaku (sur RMK "laver")

abolir
nukkuru (II de NKR "(être) différent")
pasāsu (a/u)
šuhhû (ŠHĪ)
šussuku (III de NSK "(re)jeter")

abolition des dettes
andurāru / *durāru* (sur DRR "se libérer de")

abomination
anzillu

abondance
hegallu / *hengallu* (emp. sum.)
kuzbu
lulû
nuhšu (NHŠ "(être) luxuriant")
ṭuhdu (ṬHD "(être) abondant")

abondant
duššû (DŠĪ "pousser avec luxuriance")
mādu (M'D "(être) nombreux"; fém. *mattu*, *ma'assu*)
šuddulu (sur ŠDL "(être) large")

aboyer
nabāhu (NBH)

abreuver
makāru (a/u puis i/i)
rasānu (a/u, i/i)
šaqû (ŠQĪ)

abri
tabīnu (pl. *tabīnātu*)

abricot
armannu / *arwānu* / *ramannû*

abus
pištu (fém. morph. sur WPŠ "insulter")

acacia (sorte de)
ašāgu

accepter
leqû / *laqā'u* (LQ")
magāru (a/u puis u/u)
mahāru (a/u)

accès
kibsu (KBS "suivre une trace"; pl. *kibsū* / *kibsātu*)

accompagner
redû / radā'u (RDĪ)
accompli
kašdu (KŠD "atteindre"; fém. *kašittu*)
accomplir
epēšu ("PŠ)
accomplir avec succès
kašāru (a/u puis i/i)
accomplir parfaitement *šuklulu* (ŠKLL)
accorder un privilège
enēnu ("NN; a/u)
accord
dannātu (fém. pl. sur DNN "(être) fort")
mitgurtu (fém. morph. sur MGR "(être) d'accord")
accord final
gummurtu (fém. morph. sur GMR "achever")
accoudoir
amartu (fém.)
accumulation
kumurrû (KMR "entasser")
accumuler
atāru / watāru (WTR; i/i)
kamāru (a/u ou i/i)
pahāru (u/u)
accusation
bitqu (BTQ "séparer")
karṣu (KRṢ "sectionner")
accuser
abāru ('BR)
achat
šīmu (m. / fém.; Š'M "acheter")
achat(s)
ši'amātu (fém. pl. sur Š'M "acheter")
acheter
šâmu / ša'āmu (Š'M)
acheteur
māhirānu (sur MHR "recevoir")
šājimānu / šajjāmānu (sur Š'M "acheter")
achever
gamāru (a/u)
paṭāru (a/u)
quttû (II de QTĪ "finir")
šuklulu (ŠKLL)
acquérir
qanû (QNĪ)
rašû / rašā'u (RŠĪ)
sakālu (i/i)
acquisition
sikiltu (fém. morph. sur SKL "acquérir")
kišittu (fém. morph. sur KŠD "prendre"; pl. *kišdātu*)
acquitter
râbu / riābu (RĪB)
acropole
ālu elû
acte
epištu / epšetu (fém. morph. sur "PŠ "faire")
epēšu ("PŠ "faire")
acteur du culte d'Ištar
kulu'u
action
ipšu ("PŠ "faire")
šipru (ŠPR "mander")
activité
epēšu ("PŠ "faire")
nēpešu ("PŠ "faire")
šipru (ŠPR "mander")
adapté (à)
naṭû
adjacent à
ita
administrateur
abarakku
qīpu (pl. *qīpūtu*, *qīpāni*; QPĪ "avoir confiance")
šaknu (ŠKN "placer")
šāpiru (ŠPR "mander")
šatammu (emp. sum.)
administrateur (type d')
alahhinu / alhenu / lahhinu

administrer
urrû (II de ^{W}RŪ "aller")
admonester
**lâmu* / *luāmu* (LŪM)
adolescent
ṣuhāru (ṢHR "(être) jeune")
adopter
ana mārūti leqû / *šakānu*
adversaire
gabarû (emp. sum.)
gērû (GRĪ "(être) hostile")
māhiru (MHR "faire face")
adversaire (en justice)
bēl amāti, bēl dīni
affaiblir (s')
ramû (RMŪ)
affaire judiciaire
dīnu / *dēnu* (DĪN "juger"; pl. *dīnātu*)
affaisser (s')
ramû (RMŪ)
affecter
lapātu (a/u)
affirmer
dunnunu (II de DNN "(être) fort")
affronter
mahāru (a/u)
affûter
šêlu (Š"L)
agate?
pappardilû (emp. sum.)
agenouiller (s')
kamāsu / *kamāṣu* / *kamāšu* (i/i)
agent
ālik našparti
allāku ('LK "aller")
agent commercial
šamallû (emp. sum.)
aggraver
kubbutu (II de KBT "(être) lourd")
agile
muttalliku (sur I/3 de 'LK "aller")
agir
alāku ('LK; a/i)
agir avec précipitation
šutēburu (Š"BR)
agir rapidement
eddudu (II de "DD "(être) pointu")
agité
ṣā'idu / *ṣajjidu* (Ṣ'D "tournoyer")
agiter
nurruṭu (II de NRṬ "trembler")
sabā'u (SB'; u/u)
agneau
hurāpu (HRP "être tôt")
kalūmu
puhādu
agnelle
lillittu
puhattu (fém. morph. sur *puhādu* "agneau")
agrandir
šadālu (i/i)
šūturu (III de WTR "(être) en excès")
agressif
erhu ("RH "agir avec agressivité")
kadru (KDR "se dresser (contre)"
nadru (NDR "(être) rude")
agression
nukurtu (fém. morph. sur NKR "(être) ennemi")
agriculteur
ikkaru (emp. sum.)
aide
ālik idi (litt. "qui va au côté")
nārārūtu / *nērārūtu* (abstr. sur *nārāru* / *nērāru* "aide")
rēṣūtu (abstr. sur R"Ṣ "aider")
rīṣu (R"Ṣ "aider")
tillatu
tukultu (fém. morph. sur TKL "faire confiance")
aider
rêṣu (R"Ṣ)
sêdu (S"D)
aigle
erû / *arû*

aigre
emṣu / *enṣu* ("MṢ "(être) aigre")
aiguille
pulukku
ṣillû (fém.)
ail
šūmū (pl.)
aile
abru
gappu / *kappu*
idu (m. / fém.)
ishu (fém.)
ṣēlu / *ṣillu*
ailé
muttaprišu (NPRŠ "(s'en)voler")
ailleurs
ašaršana/i (*ašru* + *šanû*)
aimant
narāmu (sur R'M "aimer")
aimer
menû (MNĪ)
râmu / *ra'āmu* (R'M)
ainsi
akanna
kīam
aire
maškanu (sur ŠKN "placer"; pl. *maškanū* / *maškanātu*)
aire de battage
adru (m. / fém.)
kilzappu / *gissappu* / *gištappu*
aire de stockage
karammu / *karmu* (pl. *karammānu*)
ajouter
aṣābu (WṢB; a/i)
ruddû (II de RDĪ "accompagner")
ṭepû (TPĪ)
ajouter un mois intercalaire
darāru (a/a)
ajusté
epšu ("PŠ "faire")
akkadien
akkadû
alarme (signal d')
tukku (pl. *tukkātu*)
albâtre
gišnugallu / *ašnugallu*
alcali
idrānu (pl. *idrānātu*)
alentours
battu
sihru (SHR "entourer")
algue
alapû / *anapû* / *elpû*
imbî tâmti
aller
akāšu ('KŠ; a/u)
alāku ('LK; a/i)
arû (WRŪ)
âru (W'R; i/i)
nagāšu (u/u)
nâqu / *nuāqu* (NŪQ)
aller droit
ešēru ("ŠR; i/i)
aller en char
rakābu (a/a)
aller en tête
šarāru (u/u)
aller librement
darāru (a/a) / *nadarruru* (IV)
alliage
billatu (fém. morph. sur BLL "mélanger")
alliance
ibrūtu (abstr. sur *ibru* "ami")
allié
bēl salīmi
kitru
alliés
tillatu
allocation
isihtu (fém. morph. sur "SH "attribuer")
allocation (de nourriture)
kur(um)matu (fém. morph.)
ipru (sur "PR "nourrir")
allouer
esēhu ("SH; i/i)
allumer (feu)
napāhu (a/u)

alors
inūšu / *enūšu*
altérer
šunnû (II de ŠNĪ)
altitude
ziqpu (ZQP "planter")
alun
aban gabî
amande
šiqdu / *šuqdu* / *siqdu*
amandier
šiqdu / *šuqdu* / *siqdu*
lammu (emp. sum.)
amant
harmu (HRM "séparer")
amarre
markasu (sur RKS "lier")
ambassade
našpartu (fém. morph. sur ŠPR "envoyer")
ambre?
elmūšu
améliorer
nukkuru (II de NKR "(être) différent")
ṭubbu (II de ṬĪB "(être) bon")
ami
bēl ṭābti
ibru
rū'u
tappû
amitié
ibrūtu (abstr. sur *ibru* "ami")
salīmu (SLM "être en paix")
tappûtu (abstr. sur *tappû* "ami")
ṭūbātu (fém. pl. sur ṬĪB "(être) bon")
amnistie
šubarrû (emp. sum.)
amollir
nurrubu (II de NRB "(être) mou")
amonceler
nakāmu (a/u ou i/i)
šapāku (a/u)
amour
narāmu (sur R'M "aimer")
râmu (R'M "aimer")
amoureux
hā'iru / *hāwiru* (HĪR "choisir")
amuser
ṣuhhu (II de ṢĪH "(sou)rire")
anarchie
sahmaštu (fém. morph.)
ancêtre
abu (pl. *abbū*)
zārū (ZRŪ "répandre")
ancien
labiru (LBR "durer")
šību (ŠĪB "(être) âgé")
âne
imēru
âne de monte
agālu
âne sauvage
akkannu
anée (une mesure de grain)
imēru
ânesse
atānu (fém.)
angle
tubqu (pl. *tub(u)qātu*)
anguille
kuppû
animaux / gent animale
nammaššû (sur NMŠ "bouger")
būlu
anneau
anṣabtu (fém. morph.)
hullu (emp. sum.)
kippatu (fém. morph. sur KPP "courber")
qullu (pl. *qullānu*, *qullātu*)
rappu (emp. sum.)
sa'uru (pl. *sa'urāte*)
semeru
ša/e/imeru / *šawirum* / *šawarum*

année
šattu (pl. *šanātu*)
annexer
sakālu (i/i)

annihiler
ana šāri turru (litt. “tourner en vent”)
gamāru (a/u)
annoncer
burrû (II de BRĪ “voir”)
annuellement
šattišam (adv. sur *šattu* “année”)
annuler
pasāsu (a/u)
ânon
mūru
anormal
laptu (de LPT “(être) touché”)
antérieur
labīru (LBR “durer”)
anticiper
panû (PNŪ)
antimoine
amāmû
lulû
anus
qinnatu (fém. morph.)
šuburru
anxiété
nakuttu / *naquttu* (fém. morph. sur NK/QD “(être) anxieux”)
nikittu / *niqittu* (fém. morph. sur NK/QD “(être) anxieux”)
apaiser
pašāhu (a/a, i/i)
aplanir
sapānu (a/u)
apparaître
bâru (BŪR)
nabšû (IV de BŠĪ “être”)
apû (WPĪ)
apparence
būnu (BNĪ “(être) beau”)
lānu
nabnītu (fém. morph. sur BNĪ “créer”)
niṭlu (NṬL “voir”)
šikittu (fém. morph. sur ŠKN “placer”)
šiknu (ŠKN “placer”)
tabrītu (fém. morph. sur BRĪ “voir”)
zīmu
apparence extérieure
bunnannû (sur BNĪ “(être) beau”)
apparence terrifiante
rašubbatu (fém. morph. sur RŠB “faire peur”)
appel
nibītu (fém. morph. sur NBĪ “nommer”)
teslītu / *tašlītu* (fém. morph. sur SLĪ “appeler”)
appeler
qerû / *qarā'u* (QR”)
ragāmu (a/u, u/u)
sullû (SL”)
appliquer à (s')
ṣarāmu (i/i)
appliquer
ṭepû (TPĪ)
apporter
abālu (^{W}BL; a/i)
nabāku (NBK)
qurrubu (II de QRB “(être) proche de”)
ṭuhhû (II de ṬH” “(être) proche”)
apporter un message
bussuru (BSR II)
appréhender
sakālu (i/i)
apprendre
lamādu (a/a)
apprenti
šamallû (emp. sum.)
talmīdu (sur LMD “apprendre”; fém. *talmittu*)
apprentissage
ihzu ('HZ “saisir”)
approbation
migru (MGR “accepter”)
approcher (de)
sanāqu (i/i)
approcher (s')
ekēpu (”KP; i/i)
ṭehû / *ṭahû* (ṬH”)
approprié
kašdu (KŠD “atteindre”; fém. *kašittu*)

naṭû
approprier (s')
tabālu (a/a)
approvisionner
zanānu (a/u)
ṣuddû (ṢDĪ)
appuyer (s')
emēdu ("MD; i/i)
après (que)
ištu / *ultu* / *issu*
après
dāt
après-midi
qiddat ūmi
araignée
ettūtu / *ettītu* / *uttūtu*
arbre
iṣu (pl. *iṣ*(*ṣ*)*ū*)
arbuste fruitier (type d')
lipāru
arbre (type d')
adāru
haluppu
ūru / *e'ru*
ballukku
gurummaru
sīhu
arbre de Magan
musukkanu (emp. sum.)
arc en ciel
manzât
arc
qaštu (fém. morph.)
tilpānu (fém.)
archer
qaštu (fém. morph.)
argent
kaspu
kīsu
argent pour des achats
mēreštu (fém. morph. sur "RŠ "désirer")
argile
ṭīdu / *ṭīṭu* / *ṭiddu*
argile de potier
kullatu
argumenter
amû / *awû* ('WŪ)
arme
kakku
arme divine (type d')
miṭṭu / *mī*/*ūṭu*
armée
hurādu (pl. *huradāte*)
ummānu
armure
tahluptu (fém. morph. sur HLP "(s')envelopper")
arpent
ikû (emp. sum.)
arracher
baṣāru
garādu / *qarādu*
hamāṣu (a/u)
hasāpu (i/i)
malāhu (a/u)
malāšu / *malāsu* (a/u et i/i)
nasāhu (a/u)
naṭāpu (i/i)
parāṭu (a/u)
qatāpu (a/u)
sepû (SPĪ)
šahāṭu (a/u)
šalāhu (a/u)
šalāpu (a/u)
šamāṭu (a/u)
arracher (cheveux)
baqāmu / *baqānu* (a/u)
arracher (laine)
napāšu (a/u)
arrangement
ṣimdu / *ṣindu* (ṢMD "lier")
arranger
ṣepēru (i/i)
arrêter
baṭālu (i/i)
batāqu (a/u)
arrêter (de travailler)
naparkû / *neperkû* (PRKŪ)

arrière
arkatu (fém. morph. sur *arku* "derrière")
kutallu (pl. *kutallū*, *kutallātu*)
qinnatu
arriéré(s)
ribbatu (fém. morph.)
arrière-garde
arkatu (fém. morph. sur *arku* "derrière")
arriver
erēbu ("RB; u/u, a/u)
maqātu (u/u)
arriver à temps
ukkupu (II de "KP "(s')approcher de")
arroser
salā'u (SL'; a/u)
arsenal
bīt māšarti
artisan
ēpišu ("PŠ "faire")
artisan (bois et métal)
gurgurru / *qurqurru*
asa foetida
nuhurtu
ascension
mēlû (sur "LĪ "(être) haut")
mūlû (sur "LĪ "(être) haut")
asperger
salā'u (SL'; a/u)
salāhu (SLH; a/u)
sarāqu (a/u)
šabāhu / *šapāhu* (a/?)
zarāqu (i/i, a/u)
assaillant
tēbû / *tībû* (sur TBĪ "se dresser")
assécher (s')
hamāru
abālu ('BL;a/a)
assemblage
riksu (RKS "lier"; pl. *riksū* / *riksātu*)
assemblée
puhru (PHR "rassembler")
assiéger
lamû / *lawû* / *labû* (LWĪ)
assigner
esēhu ("SH; i/i)
nadānu (a/i ou i/i)
paqādu (i/i)
šaṭāru (a/u)
ussuqu / *ussuku* (sur *isqu* "part")
assistant
šamallû (emp. sum.)
šanû (sur *šina* "deux")
šapiltu (fém. morph. sur ŠPL "(être) bas")
association
athûtu (abstr. sur *athû* "partenaires")
ibrūtu (abstr. sur *ibru* "ami")
tappûtu (abstr. sur *tappû* "associé")
associé
šutāpu / *šutappu* / *šuzāpu*
tappû (emp. sum.)
assoiffer
šuṣmû (III de ṢMŪ "avoir soif")
asseoir (s')
ašābu (^{W}ŠB; a/i)
assombrir (s')
qatāru (u/u)
atrophie
nēkemtu (fém. morph. sur "KM "enlever")
attacher
e'ēlu ("' L; i/i)
rakāsu (a/u)
ṣamādu (i/i)
ṣubbutu (II de ṢBT "saisir")
attaque
mehṣu / *mihṣu* (MHṢ "frapper")
miqittu (fém. morph. sur MQT "tomber")
šehṭu / *šihṭu* (ŠHṬ "attaquer")
tibûtu / *tebûtu* (abstr. sur TBĪ "se lever")
tību (TBĪ "se lever")

attaque (crise cardiaque)
mišittu (fém. morph. sur MŠD "frapper")
attaquer
âru (ᵂ'R; i/i)
gerû (GRĪ)
maqātu (u/u)
šahāṭu (i/i)
tebû (TB"ou TBĪ)
atteindre
kašādu (a/u)
attelage
ṣimdu / *ṣindu* (ṢMD "lier")
ṣimittu (fém. morph. sur ṢMD "lier")
attelage de boeufs
inītu / *enītu* (fém. morph. sur "NĪ "changer")
atteler
ṣamādu (i/i)
attendre
uqqû (II de ᵂQĪ)
dagālu (a/u)
qu''û / *quwwû* / *qummû* / *qubbû*
zubbulu (II de ZBL "porter")
attentif
na'du / *nādu* (sur N'D "(être) attentif")
attrait
inbu
kuzbu (KZB "avoir de l'attrait")
attraper
tamāhu (a/u)
attraper (au filet)
bâru / *ba'āru* (B'R)
attribuer
gêsu (GĪS)
šaqālu (a/u)
šarāku (a/u)
attribuer un pouvoir
šâmu / *šiāmu* (ŠĪM)
attribution (de nourriture)
isimmānu / *simannu* (emp. sum.)
isinnu (pl. *isinnū* et *isinnāti*; emp. sum.)
au débit de
eli (sur *elu* "haut")
ina muhhi
au-delà (subst.)
irkallu
au delà de
ahullā (sur *ahu* "bras, côté")
alla
au lieu de
kīma
au sujet de
aššum / *ašša*
aube
namārītu (fém. morph. sur NWR "(être) clair")
šēru
auberge
aštammu
aubergiste
sābû (sur SBĪ "préparer la bière")
audience
šulmu (ŠLM "(être) intact")
audition
nešmû (sur ŠM""écouter")
augmentation
terdītu / *tardītu* (fém. morph. sur RD" "ajouter")
augmenter
atāru / *watāru* (WTR; i/i) / *utturu* (II de WTR "(être) en excès")
aṣābu (ᵂṢB; a/i)
dunnunu (II de DNN "(être) fort")
kašû (KŠĪ)
rubbû (II de RBĪ "(être) grand")
redû (RD")
auparavant
mahra (acc. adv. de *mahru* "devant")
pāna (cf. *pānu*); *pānītu*
aura
melammu / *melemmu* (emp. sum.)
autant que
ammar
mala (sur *malû* "abondance")
autel domestique

barasiggû / *parsigu* (emp. sum.)
autel en roseau
guhšu (emp. sum.)
autorité
kiššūtu (abstr. sur KŠŠ "avoir autorité sur")
lūtu / *lītu*
autre (subst.)
allû (empr. ouest-sém.)
autre que
alān
autrement
ahhur ('HR)
ahītam (sur *ahu* "côté")
autruche
lurmu
avaler
la'ātu (L'T; u/u)
avancer (s')
sūgû (SG"; emp. aram.)
avancer
šadāhu (i/i)
avant (que)
adi (+ nég.)
lāma / *lām*
avant-bras
ammatu (fém. morph.)
avant-garde
sagbû
avec
adi
išti / *ištu* / *ilte* / *issi*
itti
itu(-)
qadi / *qadu*
aveugle
lā nāṭilu (litt. "qui ne voit pas")
avoir
išû ('ŠĪ)
avoir de la diarrhée
ṣanāhu (a/u)
avoir des convulsions
damû / *dawûm* (DWŪ)
avoir des rapports sexuels illégaux
šuhhû (ŠHĪ)
avoir des vertiges
dâmu / *da'āmu* (D'M)
avoir du chagrin
nazāqu (i/i)
avoir faim
emēṣu ("MṢ; u/u, ass. i/i)
avoir honte
ba'āšu (B'Š; a/a)
avoir l'expérience (de)
rašû / *rašā'u* (RŠĪ)
avoir l'usage de
akālu ('KL; a/u)
avoir le vertige
ṣâdu (ṢŪD)
avoir peur
adāru ('DR; a/u)
avoir pitié de (+ acc.)
rêmu / *re'āmu* (R"M)
padû / *pedû* (PDĪ)
avoir soif
ṣamû (ṢMŪ)
avorter
ṣalā'u (ṢL'; i/i)
axe (char)
bubūtu (pl. *bubātu*)

B

bac
nēberu (sur "BR "franchir")
badigeonner
sêru / *se'āru* (S"R)
ṭerû (ṬRĪ)
muššu'u (II de MŠ')
bahut
quppu (pl. *quppū* et *quppātu*)
baigner (se)
ramāku (u/u)
bain
rimku (RMK "laver")
balance (des paiements)
ahirtu (fém. morph. sur 'HR "tarder")

balance
gišrinnu (emp. sum.)
zibānītu (fém. morph.)
baldaquin
ṣulūlu / *ṣalūlu*
bandage
ṣimdu / *ṣindu* (ṢMD "lier")
bande
kannu (KNN "enrouler")
markasu (sur RKS "lier")
nēbehu / *nebhu* (sur "BH "ceinturer")
riksu (RKS "lier"; pl. *riksū* / *riksātu*)
bandeau
erru (emp. sum.)
kilīlu
kubšu (m. / fém.)
paršīgu / *parsīgu* (emp. sum.)
banquet
qerītu (fém. morph. sur QR" "inviter")
šūkultu (fém. morph. sur 'KL "manger")
baquet
banduddû (emp. sum.)
barbare
nu'û / *nuwā'um*
saklu
barbe
ziqnu
barbier
gallābu
barque
maturru (emp. sum.)
barrage
kālû (KLĀ "retenir")
mehru / *mihru* (MHR "faire face")
sikru (SKR "bloquer")
barrage (de roseaux)
irritu / *erretu* (fém. morph. sur *erru* "cercle")
barre
gišru (fém.)
sikkūru (sur SKR "bloquer")
barrer
sekēru (i/i)
barrière
pariktu (fém. sur PRK "faire obstacle")
bas (subst.)
šapiltu (fém. morph. sur ŠPL "(être) bas")
bas
šaplu (ŠPL "(être) bas")
basalte?
atbaru
base
imdu ("MD "(s')appuyer")
išdu / *ildu* / *irdu* / *ušdu*
kigallu (emp. sum.)
sassu
šuršu
basses terres
sapannu (sur SPN "aplanir")
bassin
agarinnu (emp. sum.)
rapaštu (fém. adj. sur RPŠ "(être) large")
bassin de retenue
zibbatu / *sibbatu* / *zimbatu* (fém. morph.)
bassin pour teinture
naṣraptu (fém. morph. sur ṢRP "brûler, teindre")
bassin à ablution
narmaktu (fém. morph. sur RMK "laver")
bassine (de lavage)
nemsû / *nansû* (sur MSĪ "laver")
bataille
qablu (m. / fém.)
tašnintu (fém. morph. sur ŠNN "rivaliser")
tuqumtu / *tuquntu* / *tuqmatu*
bâtard
līdānu (^{W}LD "engendrer")
bateau
elippu / *eleppu* (fém. / m.)
mākuru / *makurru* / *maqurru* (fém.; emp. sum.)

sapīnatu (emp. aram.)
bateau (de procession)
makkītu / *makittu* (emp. sum.)
bateau de charge
malallû (emp. sum.)
batelier
malāhu (emp. sum.)
bâti
epšu ("PŠ "faire")
bâton
haṭu (m. / fém.)
huṭāru / *huṭēru*
šibirru / *šipirru* (emp. sum.)
battre
mahāṣu (a/a)
mašādu (i/i / a/u)
rapāsu (i/i)
battre (le blé)
dâšu / *diāšu* (DĪŠ)
bave
hahhu (HHŪ "cracher")
beau-fils
emu
beau-père
abi muti
emu
hatanu / *hatnu*
beauté
dumqu (DMQ "(être) bon")
bébé
šerru
bêche
marru (emp. sum.; pl. *marrū*, nB *marrātu*)
belette
aj(j)āṣu
bélier
daššu / *taššu*
bélier (de siège)
ašibu / *jašubu* / *šupû*
bélier sauvage
sappāru (emp. sum.)
belle-fille
kallātu / *kalla/utu* (fém. morph.)
belle-mère
emētu (fém. morph. sur *emu* "beau-père")
belliqueux
qardu (fém. *qarittu*; QRD "(être) héroïque")
bénédiction
ikribu (sur KRB "bénir")
kiribtu (fém. morph. sur KRB "bénir")
bénéfice
nēmelu (pl. *nēmelētu*)
bénir
karābu (a/u)
berge
ahu
berger
kaparru
kuzallu
nāqidu
rē'û (R'Ī "garder du bétail")
besoin
erištu / *ereštu* / *eriltu* (fém. morph. sur "RŠ "désirer")
hišihtu / *hašehtu* (fém. morph. sur HŠH "désirer")
hušahhu / *kušahhu* (sur HŠH "avoir besoin de")
ṣibûtu (fém. morph. sur ṢBĪ "désirer")
besoins (quotidiens)
mēreštu (fém. morph. sur "RŠ "désirer")
bétail
būlu
sugullu / *sukullu* / *sakullu* (pl. *sugullū* / *sugullātu*)
bête de somme
aṣappu (pl. *aṣappū* et *aṣappāni*)
bêtes (sauvages)
nammaštu (fém. morph. sur NMŠ "bouger")
bêtises

nullâtu
betterave?
šumuttu (emp. sum.?)
beurre rance
himētu (fém.)
bien (subst.)
ṭābtu (fém. morph. sur ṬĪB "être bon")
ṭūbu
(ṬĪB "(être) bon")
bien commercial
bābtu (fém. morph. sur *bābu* "porte")
bien mobilier
būšu (BŠĪ "exister")
numātu / *nuwātum*
bien volé
šurqu (ŠRQ "voler")
biens
bāšītu (fém. morph. sur BŠĪ "être")
makkūru / *ma(k)urru* (sur MKR "commercer")
namkūru (sur MKR "commercer")
biens en bétail
maršītu (fém. morph. sur RŠĪ "avoir")
bien traiter
kunnû (KNĪ)
bien-aimé
narāmu (sur R'M "aimer")
bien-être
šalāmu (ŠLM "(être) intact")
šalimtu (fém. adj. sur ŠLM "(être) intact")
šulmu (ŠLM "(être) intact")
ṭūb libbi; *ṭūb šīri*
bienfaiteur
bēl ṭābti
bientôt
basi
bienvenu
magru (MGR "accepter")
bière
šikaru
sīraš(u)
bière (type de)
mihhu (MHH "presser")
alappānu / *lappānu*
bière de seconde qualité
billatu (fém. morph. sur BLL "mélanger")
bière diluée
hīqātu (fém. pl. sur HĪQ "mélanger")
bière fine
kurunnu
bijoux
dumāqū (pl. sur DMQ "(être) beau")
bison
kusarikku / *kusarakku* / *husarikku*
bitume
ittû / *iṭû* / *iddû* (fém.)
kupru
bivouac
nubattu (fém. morph. sur BĪT "passer la nuit")
blanc
peṣû (PṢ""(être) blanc")
blanchisseur
ašlāku (emp. sum.)
blasphème
magrītu (fém. adj. sur GRĪ "(être) hostile à")
blé
kibtu (pl. *kibātu*)
blessure
liptu (pl. *liptātu*; sur LPT "toucher")
mehṣu / *mihṣu* (MHṢ "frapper")
mihiṣtu / *mihištu* / *mihiltu* (fém. morph. sur MHṢ "frapper")
simmu
bloc
hirṣu / *herṣu* (HRṢ "séparer de")
šibirtu / *šebirtu* (fém. morph. sur ŠBR "briser")
bloqué
sakku (SKK "boucher")
bloquer
haṭāmu (i/i)
sekēru (i/i)
boeuf

alpu
boeuf (de tête)
kullizu
boire
šatû (ŠTĪ)
bois
iṣu (pl. *iṣ*(*ṣ*)*ū*)
bois noir
ṣulmu (ṢLM "(être) noir")
bois odoriférant
rīqu / *riqqu*
bois précieux (variété de)
elammakku / *elamkû* / *ela*/*emmahhu*
boisson
mašqītu (fém. morph. sur ŠQĪ "verser (de l'eau)")
maštītu / *maltītu* / *massītu* (fém. morph. sur ŠTĪ "abreuver")
boisson alcoolisée
šikaru
boîte
kalakku
sussullu (pl. *sussullū* / *sussullānu*)
boiteux
pessû
bol
diqāru (pl. *diqārātu*)
kunin(*n*)*u* (emp. sum.; pl. *kuninātu*)
nalpattu (fém. morph. sur LPT "toucher")
bol (grand)
agannu (pl. *agannātu*)
bol (types de)
kappu
šappu (emp. sum.)
sahharru (pl. *sahharrātu* / *sahharrānu*)
sappu
kallu
bon (subst.)
ṭūbu (ṬĪB "(être) bon")
bonde
burussu
bonheur
ṭābtu (fém. morph. sur ṬĪB "(être) bon")
ṭūbu (ṬĪB "(être) bon")
bonne santé
balṭūtu (BLṬ "être en bonne santé")
bonnes relations
damiqtu (fém. adj. sur DMQ "(être) favorable")
boomerang
gamlu
bord
appu (pl. *appātu*)
itû (fém.)
kibru (pl. *kibrū* / *kibrātu*)
kišādu (pl. *kišādātu*)
sihru (SHR "entourer")
šiddu (sur ŠDD "(é)tendre")
ṣirû
bordure
iṣratu (fém. morph. sur "ṢR "dessiner"; pl. *iṣrēti*, *miṣrāti*)
borne
pulukku
kudurru
bosquet
qištu (fém. morph.)
botte de céréales
kurullu
botte de roseau
kiššu
bouc
gizzu / *kizzu*
bouche
pû
bouchée
kusāpu (KSP "couper")
boucher (oreilles)
sakāku
boucher (subst.)
ṭābihu / *ṭabbihu* (ṬBH "égorger")
boucle
itqu (m./ fém.)
boucle d'oreille
anṣabtu (fém. morph.)
bouclé
suhhuru (SHH "retourner")

bouclier
arītu (fém.)
kabābu
boue
luhummû
qadūtu (pl. nA *qaduāti*)
ṭīdu / *ṭīṭu* / *ṭiddu*
bouger
dâlu / *duālu* (DŪL)
sabā'u (SB'; u/u)
bouger rapidement
ṣabāru (u/u)
bougie
buṣinnu
bouillie
silqu (SLQ "bouillir)
bouillir
salāqu (a/u)
bouillonner
nabā'u (NB'; u/u)
boulanger
ēpû ("PĪ "cuire")
bouquetin
armu
turāhu
bourdonner
šagāmu (u/u)
bourgeon
habbūru
ligimû
bourgeonner
hanābu (u/u)
bout
appu (pl. *appātu*)
bouteille (type de)
lahannu (pl. *lahannū*, *lahannātu*)
bouture
per'u / *perhu*
bouvier
kullizu
braire
nagāgu (a/u ou u/u)
braise
kurāru
tumru
branche
artu (fém. sur *aru* "branche")
aru / *eru* / *haru*
huṭāru / *huṭēru*
branche de dattier
sissinnu
brandon
qilûtu (fém. morph. sur QLĪ "brûler")
bras
ahu
idu (m. / fém.)
ishu (fém.)
brasero
kinūnu / *kanūnu*
huluppaqqu
brasier
qilûtu (fém. morph. sur QLĪ "brûler")
brasseur
bāqilu (BQL "faire la bière")
sābû (sur SBĪ "préparer la bière")
sīrāšû (sur *sīraš(u)* "bière")
brebis
immertu (fém. morph. sur *immeru* "mouton")
lahru (fém.)
brèche
bitqu (BTQ "séparer")
butuqtu (fém. morph. sur BTQ "séparer")
niksu (NKS "couper")
pilšu (PLŠ "percer")
brigand
habbātu (HBT "piller")
ishappu (emp. sum.)
brillance
birbirrū (pl.; sur BRR "scintiller")
namirtu / *nawir(a)tu* (fém. morph. sur NWR/ NMR "briller")
šarūru
brillance terrifiante
namurratu (fém. morph. sur NWR "(être) brillant")
briller
barāqu (i/i)
barāṣu (u/u)
helû (HL")

namāru / *nawāru* (i/i)
napardû / *neperdû* (PRDĪ)
nebû / *nabû* (NBĪ)
ṣarāhu (u/u)
ṣarāru (u/u)
briller avec éclat
nabāṭu (u/u)
brique
agurru (m. / fém.)
libittu (fém. morph. sur LBN "mouler des briques")
brique cuite
epertu (fém.)
briquetage
libittu (fém. morph. sur LBN "mouler des briques")
briser
parāṣu (a/u)
šebēru (ŠBR; i/i)
hepû (HPĪ)
bronze
siparru (emp. sum.?)
brouillard
imbaru
brouter
ta'û (T'Ī)
broyer
zâku / *sâku*
bruire
nazāzu (u/u)
bruit
rigmu (RGM "crier"; pl. *rigmū*, *rigmātu*)
brûle-parfum
nignakku / *nignaqqu* / *nidnakku* (emp. sum.)
brûler
hamāṭu (a/u)
kabābu / *gabābu* (a/u)
kummû (II de KWĪ)
qâdu (QŪD)
qalû (QLĪ)
qamû (QMĪ)
šabābu (u/u)
šarāpu (a/u)
ṣarāhu (a/u)
ṣarāpu (a/u)
brume
akāmu (sur 'KM)
brun
sāmu (SĪM "(être) rouge"; fém. *samtu* / *sandu*)
bûche
gušūru (emp. sum.)
kūru
bûcher
abru
buffet
arānu (fém.)
buis
šimeššalû
taskarinnu
buisson épineux
giṣṣu
but
ṣummirātu (fém. pl. sur ṢMR "s'efforcer (de)")
butin
himṣu (HMṢ "arracher")
hubtu (HBT "piller")
šallatu (fém. morph. sur ŠLL "piller")

C

cabane
asuppu (pl. *asuppātu*)
cabaretière
sābītu (fém. morph. sur SBĪ "préparer la bière")
cabine (bateau)
zāratu (fém. morph.)
cacher (se)
pazāru
hesû / *hasû* (HSĪ)
pesūnu (i/i)
raqû (RQĪ)
samāšu (a/u ou u/u)
cadavre
miqittu (fém. morph. sur MQT "tomber")
pagru
šalamtu (fém. morph.)

cadeau
igišû (emp. sum.)
liqtu (pl. *liqtū* / *liqtātu* sur LQT "rassembler")
nidintu / *nidittu* (fém. morph. sur NDN "donner")
nidnu (sur NDN "donner")
qīštu / *qīlēltu* (fém. morph. sur QĪŠ "offrir")
rīmu (RĪM "offrir")
rīmūtu (sur RĪM "offrir")
šeriktu / *širiktu* (fém. morph. sur ŠRK "offrir")
šerku / *širku* (ŠRK "offrir")
šūbultu (fém. morph. sur ^{W}BL "apporter")
tāmartu / *tāmurtu* (fém. morph. sur 'MR "voir")
cadeau (d'hommage)
šulmānu (sur *šulmu* "salutation")
nāmurtu (fém. morph sur 'MR "voir")
cadeaux (de mariage)
biblu (BBL "emporter")
nudunnû (sur NDN "donner")
cadet
tardennu / *tertennu* (emp. hourr.?)
caisse
buginnu / *buninnu*
pišannu / *pisannu* (emp. sum.; pl. *pisannū*, *pisannātu*)
quppu (pl. *quppū* et *quppātu*)
sussullu (pl. *sussullū* / *sussullānu*)
caisse (de résonance)
pitnu
calame
qan ṭuppi / *qarṭuppu*
calamité
ibissû (emp. sum.)
calcaire
abattu (fém. morph. sur *abnu* "pierre")
pīlu / *pūlu*
calcul
minûtu (sur MNŪ "compter")
calculer
manû (MNŪ)
šutābulu (III/2 de ^{W}BL "apporter")
calme
qūlu (QŪL "se taire")
calme terrifiant
šahurratu (fém. morph.)
calmer (se)
pašāhu (a/a, i/i)
calmer
nuhhu (II de NŪH "(être) calme)
calomniateur
ākil karṣi
calomnie
karṣu (KRṢ "sectionner")
calomnier
dabābu (u/u)
camarade
tappû (emp. sum.)
cambriolage
nabalkattu (fém. morph. sur BLKT "renverser")
cambrioler
palāšu (a/u)
caméléon
ajar ili
hulamīšu
camp (militaire)
madaktu (sur DŪK "frapper")
campagne
kīdu (pl. *kīdū*, *kīdātu*)
mātu (fém.: pl. *mātātu*)
campagne militaire
harrānu (m./ fém.)
girru / *gerru* (m. / fém.)
karāšu
canal
atappu (m. / fém.)
hirītu (fém. morph. sur HRĪ "creuser")
īku (emp. sum.)
namkaru / *namgaru* (sur MKR "irriguer")
nārtu (fém. morph. sur *nāru* "cours d'eau")
nāru (fém. sauf nA)

palgu
pattu
rāṭu (pl. *rāṭātu*)
sūru (emp. sum.; pl. *sūrānu*)
canard
paspasu
cannaie
appāru (emp. sum.; pl. *appārātu*)
apu
capable
lē'û (sur L"Ī "pouvoir")
capacité
emūqu (pl. *emūqū* / *emūqātu*)
capital
kīsu
qaqqadu / *kaqqadu* (pl. *qaqqadātu*)
capital (argent)
namkūru (sur MKR "commercer")
capital (avec rapport)
be'ūlātu / *bûlātu* (fém. pl. sur *bêlu* "disposer de")
capital disponible
rēš namkūri
captivité
kīlu (KLĀ "tenir")
šallatu (fém. morph. sur ŠLL "piller")
ṣibittu (fém. morph. sur ṢBT "saisir")
capturer
šalālu (a/u)
caractéristique
ittu (fém. morph.; pl. *ittātu* et *idātu*)
simtu (fém. morph. sur WSM "convenir")
caravane
alaktu / *alkatu* (fém. morph. sur 'LK; pl. *alkakātu*)
girru / *gerru* (m. / fém.)
harrānu (m./ fém.)
illatu (fém.)
caresser
kuzzubu (II de KZB "(être) attirant")
carotte?
laptu (fém.)
caroube
harūbu / *harūpu*
carpe
arsuppu (emp. sum.)
carquois
išpatu
laharuhšu / *laharušku*
nahbatu (sur HBĪ "donner refuge")
carré
mithāru (I/2 de MHR "(être) en face")
carrefour
išpallurtu / *pillurtu* (pl. *išpilurātu*)
nēbertu (sur "BR "franchir")
rebītu (fém. adj. sur *rebû* "quart")
sūq erbetti
cas judiciaire
amātu / *awāttu* / *abūtu* (fém. morph. sur 'WŪ "parler")
casser
habāšu (a/u)
haṣābu (u/u)
hepû / *hapû* (HPĪ)
pa'āṣu / *pêṣu* (P"Ṣ)
šarāmu (a/u)
šebēru (ŠBR; i/i)
cassure
hīpu (HPĪ "casser")
cataplasme
naṣmattu (fém. morph. sur ṢMD "lier"; pl. *naṣmadātu*)
catastrophe
karašû
lumnu (LMN "(être) mauvais")
cavalier
pēthallu (sur *petû* "ouvrir"+ *hallu* "cuisse")
caverne
hurru (pl. *hurrāte*)
céder
rabābu (u/u ou i/i)
cèdre
erēnu
hašurru / *hašūru*
cèdre blanc
ti'ālu / *ti'āru* / *lijāru*

ceinture
huṣannu
miserru / *misarru* (pl. *misarrū*, *misarrātu*)
nēbehu / *nebhu* (sur ʾBH "ceinturer")
šibbu / *šippu*
ceinturer
ebēhu (i/i)
ezēhu (ʾZH; i/i)
célébration
rīštu / *rēštu* (fém. morph. sur RĪŠ "jubiler")
tašīltu (fém. morph. sur Š'L "réjouir")
célèbre
edû / *wedû* (sur *idû* "savoir")
šūpû (WPĪ "(être) visible")
célébrer
nâdu / *na'ādu* (N'D; a/a puis a/u)
cella
atmanu / *wadmanu* (pl. *atmanātu*)
kummu
papāhu (pl. *papāhū*, *papahānu*, *papahātu*)
cendre
pēndu (fém.)
tumru
ṭ/dikmūnu / *ṭ/dihme(n)nu*
central
qablû (adj. sur *qablu* "milieu")
centre
abunnatu (fém. morph.)
qablu
qerbu (QRB "(être) proche de")
cercle magique (de farine)
zisurrû (emp. sum.)
gišhur(r)u (emp. sum.; pl. *gišhurāte*)
céréale(s)
ašnan (fém.)
nis(s)abu (emp. sum.; cf. dNisaba)
céréale (pour bière)
alappānu / *lappānu*
céréale (type de)
ka'ātu / *qajjātu*
abahšinnu /*abahsennu* / *ebuhušinnu* / *ubuhšinnu*
arsuppu (emp. sum.)
cérémonie (type de)
harû (emp. sum.?)
cerf
aj(j)alu / *julu*
lulīmu
cesser
naparkû / *neperkû* (PRKŪ)
chacal
zību
chacun
jamutu
chagrin
muruṣ libbi (litt. "maladie du cœur")
niziqtu (fém. morph. sur NZQ "(être) ennuyé")
chaîne
harharu / *hahharu*
šeršerratu / *šeršerretu* (fém. morph.)
chair
šīru / *šēru*
chaleur
anqullu / *aqqullu*
humṭu / *hunṭu* (HMṬ "brûler")
ṣētu / *ṣītu*
ummu (ʾMM)
chambre à coucher
bīt majjāli (sur NĪL "s'étendre")
chameau
gammalu (emp. ouest-sém.)
ibilu
champ
aburru
eqlu (m. / fém.)
champ (type de)
huptu
iškaru (pl. *iškarū* ou *iškarātu*; emp. sum.)
tamertu / *tamirtu* / *tawwertum* (fém. morph. sur NWR "briller")
absinnu / *absennu* (emp. sum.)
ikû (emp. sum.)
mānahtu (fém. morph. sur ʾNH "(être) fatigué")

champ irrigué
miṭirtu (fém morph.)
champ non cultivé
nidûtu (fém. morph. sur NDĪ "abandonner)
chance
damiqtu (fém. adj. sur DMQ "(être) favorable")
dumqu (DMQ "(être) bon")
šēdu
chanceux
ilānû (sur *ilu* "dieu")
changer
enû ("NĪ)
ewû / *emû* ("W')
nukkuru (II de NKR "(être) différent")
šunnû (II de ŠNĪ)
šupêlu (ŠP"L)
chant
zamāru (ZMR "chanter")
chant de joie
nigûtu / *ningûtu* (sur NGŪ "chanter de joie"; pl. *nigâtu*)
chant funèbre
ṣirhu (ṢRH "faire une lamentation")
nissatu (fém. morph. sur NSS "se lamenter")
chanter
zamāru (a/u; u/u)
chanter (un chant *inhu*)
anāhu ('NH; i/i)
chanter (une lamentation)
ṣarāhu (a/u)
chanter joyeusement
nagû / *negû* (NGŪ)
chanter l'*alāla*
**alālu* ('LL; a/u)
chanteur
zammāru (sur ZMR "chanter")
chaos
sahmaštu (fém. morph.)
tēšû (sur "ŠĪ "confondre")

chapelle
kiṣṣu
chapelle (type de)
gigunû (emp. sum.)
char
narkabtu (fém. morph. sur RKB "chevaucher")
char processionnel
ša šadādi
charbon
pēndu (fém.)
charge
biltu (fém. morph. sur ^{W}BL "apporter")
piqittu (fém. morph. sur PQD "confier"; pl. *piqdātu* puis *piq(i)nētu*)
chargé d'affaire
mār šipri
chargement (d'étain)
awītum
charger
abāku ('BK; a/u)
emēdu ("MD; i/i)
šurkubu (III de RKB "monter (sur)")
ṣênu (Ṣ"N)
charger (un âne)
sarādu (i/i)
chariot
eriqqu / *ereqqu* (fém.)
ṣumbu / *subbu* (pl. *ṣumbū*, *ṣumbātu*)
saparru / *sabarru* / *šaparru* (fém.; emp. sum.?)
chariot (à deux roues)
mugirru / *mugerru*
charitable
rēmēnû (sur *rēmu* "pitié")
tajjāru (sur TŪR "retourner")
charité
rēmu (R"M "avoir pitié")
charme
kuzbu
lalû (emp. sum.?)
charpentier

nagāru / *naggāru* / *nan/mgāru* (emp. sum.)
charpie
pušikku
charrue
epinnu (m. / fém.; emp. sum.)
majjāru
charrue (type de)
harbu
chasse
bu'uru / *ba'uru* (B'R "chasser")
chasse-mouches
sāru
chasser
bâru / *ba'āru* (B'R)
kuššūdu (II de KŠD "atteindre")
ṭuppuru (II de ṬPR "éloigner")
chasseur
bā'iru/ *bā'eru* (B'R "chasser")
chat
šurānu
chat sauvage
muraššû
châtiment
ennittu / *ennetu* (fém. morph. sur "NN "punir")
chaudron
ruqqu
chauffer
buhhuru (BHR II)
sekēru (i/i)
chaume
iltu
chaussée
arammu
chaussure
šēnu (fém.)
chaux
abattu (fém. morph. sur *abnu* "pierre")
chef
ālik pāni (litt. "qui va en tête")
laputtû (emp. sum.)
massû (emp. sum.)
qaqqadu / *kaqqadu* (pl. *qaqqadātu*)
ṣīru (pl. *ṣīrāni*)
chef tribal
nasīku / *nasikku* (pl. *nasīkāni*, *nasīkātu*; emp. aram.?)
chef d'un temple
šangû (emp. sum.)
chef de caravane
sāridu (SRD "charger (un âne)")
chef de famille
hammu (fém. *hammatu*)
chef des chantres
gal(a)māhu (emp. sum.)
chemin (étroit)
sukinnu / *suqinnu*
chemin
alaktu / *alkatu* (fém. morph. sur 'LK "aller"; pl. *alkakātu*)
girru / *gerru* (m. / fém.)
harrānu (m. / fém.)
padānu (m. / fém.)
ṭūdu (pl. *ṭūdātu*, *ṭūdū*)
chêne
allānu / *alilānu*
chercher
pâru (P'R; a/a)
še'û / *še'ā'u* (Š'')
chéri
dādu / *daddu*
cheval
sisû
chevaucher
rakābu (a/a)
cheveux
pūrtu (fém.)
šārtu (fém. morph.)
zappu / *sappu* / *azappu*
cheville (en bois, cuivre)
sikkatu
kiṣallu / *kis/ṣillu* / *kisallu* (pl. *kiṣallū*, *kiṣillētu*)
cheville
kursinnu (pl. *kursinnū* / *kursinnāte*)

chèvre
enzu / *ezzu* (pl. *enzātu*)
chevreau (jeune)
lalû
chez
išti / *ištu* / *ilte* / *issi*
chien
kalbu
chienne
kalbatu (fém. morph. sur *kalbu* "chien")
chiot
mīrānu / *mērānu*
choisir
bêru (B"R)
hâru / *hiāru* (HĪR)
nasāqu (a/u)
choix
amirtu (fém. morph. sur 'MR "voir")
nisiqtu (fém. morph. sur NSQ "choisir")
nisqu (NSQ "choisir")
nīš īni
chouette
qadû
eššebu
chute
miqittu (fém. morph. sur MQT "tomber")
miqtu (MQT "tomber")
chuter (prix)
šapālu (i/i)
cicatrice
pendû
ṣihhu
ciel
šamû (pl.)
cigogne
laqlaqqu / *raqraqqu*
igirû?
circonférence
kippatu (fém. morph. sur KPP "courber")
sihirtu (fém. morph. sur SHR "entourer")
circonspect
muštālu (sur Š'L "interroger")
circonstances
arkatu (fém. morph. sur *arku* "derrière")
circonvenir
suppû (SPĪ)
cire
iškuru
citadelle
āl dūri; *ālu elû*
birtu (fém. morph.; pl. *birātu*; *birānātu*)
citerne
būrtu (fém. morph. sur *būru* "puits")
kuppu (pl. *kuppāni* / *kuppātu*)
citoyen
mār āli
clameur
habarattu (fém. morph. sur HBR "faire du bruit")
clan
illatu (fém.)
qinnu (m./ fém. QNN "faire un nid")
salātu
classe sociale (type de)
hupšu
clé
namzāqu
cloître
gagû (emp. sum.)
clôture
limītu / *liwītu* / *libītu* (fém. sur LMŪ "entourer")
pirsu (sur PRS "séparer")
clou
samrūtu (fém. morph.; pl. *samrātu*)
sikkatu
clou (cunéiforme)
santakku / *sattakku* (emp. sum.)
clouer
rapāqu (i/i)
cocher

mukīl appāti / *ašâti* (litt. "celui qui tient les rênes")
cochon
šahû (emp. sum.)
cochon de cannaie
šahapu (*šahû* + *apu*)
coefficient
igigubbû (emp. sum.)
cœur
libbu
ṣurru
coiffure (des esclaves)
abbuttu
coin
tubqu (pl. *tub(u)qātu*)
coïncidence
mithurtu (fém. morph. sur MHR "(être) en face")
colère
libbātu (pl. fém. sur LBB "(être) en colère")
šibsātu (pl. fém. sur ŠBS "(être) en colère)
colère divine
kimiltu (fém. morph. sur KML "(être) en colère")
collecter
esēpu ("SP; i/i)
kupputu (II)
laqātu (a/u)
collecter (argent)
šuddunu (III de NDN "donner")
collecter (taxes)
makāsu (u/u)
collecteur (taxes)
dēkû (DKĪ "lever")
mākisu (sur MKS "lever une taxe")
collection
himmatu (fém. morph. sur HMM "rassembler")
collègue
ibru
itbāru (sur *ibru* "ami")
kinattu / *kinātu* (pl. *kinattū*, *kinātātu*)
mehru / *mihru* (MHR "faire face")
rū'u
collier
kišādu (pl. *kišādātu*)
colline
mūlû (sur "LĪ "(être) haut")
colline artificielle
tīlu / *tillu*
colon
iššakku / *iššiakku* (emp. sum.)
coloniser
uššubu (II de ^{W}ŠB "habiter")
colonne vertébrale
eṣenṣēru (sur *eṣemtu* "os")
coloquinte
irrû
combat
anantu / *anuntu* (fém. morph.)
ippīru / *ippēru* (emp. sum.)
qablu
šašmu
tāhāzu (pl. *tāhāzātu*; sur 'HZ "saisir")
tamhāru (sur MHR "faire face")
ṣāltu (fém. morph. sur Ṣ'L "disputer")
combattant
mundahṣu / *mundahhiṣu* / *muttahṣu* (sur MHṢ "frapper")
muqtablu (sur *qablu* "combat")
combattre
ṣâlu / *ṣêlu* (Ṣ'L)
combustible
šurpu (ŠRP "brûler")
commandant
muma"iru / *muma"eru* (sur ^{W}'R "commander")
commander
qabû (QBĪ) / *qabā'u*
šapāru (a/u)
ûru (IIde ^{w}'R "conduire")
comme
appitti (*ana* + *pitti*)
kî
kīma
mala (sur *malû* "abondance")

commencer
šurrû (ŠRĪ)
comment?
akkā'i
kî
comment
kīam
commentaire (littéraire)
mukallimtu (fém. morph. sur KLM "montrer")
ṣâtu / *ṣiātu* (fém. pl. sur ʷṢĪ "sortir")
commerce
šīmu (m. / fém.; Š'M "acheter")
commerce fructueux
išdihu (sur ŠDH "aller en avant")
commettre une faute
šêṭu (Š"Ṭ)
gullulu (GLL II)
haṭû (HṬĪ)
commis
šamallû (emp. sum.)
commissaire
rābiṣu (RBṢ "(être) aux aguets")
compagnon
ibru
compagnons
athû (sur **ahû* "fraterniser")
comparaître (en justice)
zaqāpu (?/u)
compensation
bitiqtu (fém. morph. sur BTQ "séparer")
mullû (sur ML' "(être) rempli")
compenser
apālu ('PL; a/u)
napālu (a/u)
compétence
lē'ûtu (abstr. sur L"Ī "pouvoir")
compétent
sapqu (SPQ "(être) suffisant")
complaire à
mahāru (a/u)
complet
gamru (GMR "achever")
šuklulu (ŠKLL "achever")
compliqué
itguru (I/2 de "GR "(s')entrecroiser")
comploter
hamālu (i/i)
kapādu (KPD; u/u)
ṣummuru (II de ṢMR "(s')efforcer")
compréhension
tašīmtu / *tašīmdu* (fém. morph. sur Š"M "réfléchir")
comprendre
hakāmu (i/i)
hasāsu (a/u)
lamādu (a/a)
šemû (ŠM")
comprimer
hanāqu (a/u)
compte
maškattu (fém. morph. sur ŠKN "placer"; pl. *maškanātu*)
minûtu (sur MNŪ "compter")
minītu (fém. morph. sur MNŪ "compter")
munūtu (pl. *munuātu*; sur MNŪ "compter")
nikkassu (emp. sum.)
compte tenu que
ašša / *aššu*
maṣi
compter
manû (MNŪ)
concasser
dakāku (u/u)
concentration
kiṣru (KṢR "attacher")
concentré
kaṣru (KṢR "nouer")
concilier (se)
sullumu (II de SLM "être en paix")
conclure un traité
riksa rakāsu
concombre?
qiššû (pl. *qiššû* et *qiššāte*)
concubine
esirtu (fém. adj. sur "SR "enfermer")

conducteur d'âne
sāridu (SRD "charger (un âne)")
conducteur de chevaux
kartappu / *qartappu* / *kirdippu* (emp. sum.)
conduire
abāku ('BK; a/u)
arû (^{W}RŪ)
mašāru (a/u)
redû / *radā'u* (RDĪ)
conduit d'eau
butuqtu (fém. morph. sur BTQ "séparer")
conduite
alaktu / *alkatu* (fém. morph. sur 'LK; pl. *alkakātu*)
epēšu ("PŠ "faire")
kibsu (KBS "suivre une trace"; pl. *kibsū*, *kibsātu*)
rīdu (RD""conduire")
simātu (fém. pl. sur WSM "convenir")
tallaktu (fém. morph. sur 'LK "aller)
cône
sikkatu
confédération
a'lu
confiance
qīptu (fém. morph. sur QĪP "avoir confiance")
tukultu (fém. morph. sur TKL "faire confiance")
confier
paqādu (i/i)
qâpu / *qiāpu* (QĪP)
confirmation
takittu (fém. morph. sur KŪN "(être) sûr")
confirmé
kunnu (KŪN "(être) stable")
confondre
ešû/ *ašû* ("ŠĪ)
confus
ešû/ *ašû* / *išû* ("ŠĪ "confondre")
confusion
dalihtu (fém. adj. sur DLH "troubler")
duluhhû (sur DLH "troubler")
ešītu / *išītu* (fém. adj. sur "ŠĪ "confondre")
tēšû (sur "ŠI "confondre")
conifère (type de)
argānu / *hargānu*
connaître
idû ('DĪ)
lamādu (a/a)
connu
edû / *wedû* (sur *idû* "savoir")
conquérir
kašādu (a/u)
ša'āru (Š'R; a/a)
conquête
kišittu (fém. morph. sur KŠD "prendre"; pl. *kišdātu*)
consacrer
karābu (a/u)
quššudu (II de QŠD "(être) pur")
conscrit
ālik madakti
conseil
milku (MLK "conseiller")
conseiller
malāku (i/i)
conseiller (subst.)
māliku (MLK "conseiller")
consentement
annu (cf. *anna* "oui")
conspirer
dabābu (u/u)
narkusu (IV de RKS "lier")
constamment
ginâ
kakdâ / *kaqdâ*
santak(ka/u)
constriction
hinqu (HNQ "comprimer")
kiṣirtu (fém. morph. sur KṢR "attacher")

constructeur
bānû (BNĪ "créer")
itinnu (emp. sum.?)
construction
epištu / *epšetu* (fém. morph. sur ʾPŠ "faire")
pitqu (PTQ "construire")
construire
banû (BNĪ)
epēšu (ʾPŠ; e/u ou u/u)
patāqu (i/i)
raṣāpu (i/i)
consultation
šitūltu (I/2 de Š'L "interroger")
consultation hépatoscopique
amūtu (fém. morph.)
consumer
arāhu ('RH)
contestataire
sēhû (SHĪ "(se) révolter")
contestation
harāra / *harharra* (emp. aram.)
tapqertu (PQR "contester")
contester
baqāru / *paqāru* (a/u, aussi i/i, u/u)
nakāru (i/i)
contester à tort
surruru (II de SRR "être faux")
contingent
kiṣru (KṢR "attacher")
continuer
lezû (LZŪ)
raṭāpu (u/u)
darû (DRĪ)
continuité
dārītu (fém. adj. sur *dārû* "éternel")
contracter (se)
hemēru
kanānu / *qanānu* (KNN; a/u)
kalāṣu (i/i)
contrat
rikistu / *rikištu* / *rikiltu* (fém. morph. sur RKS "lier")
riksu (RKS "lier")
contre
eli (sur *elu* "haut)
ana
contrefort
kilīlu
contrôler
hâṭu / *hiāṭu* / *hâdu* (HĪṬ)
lâṭu (LŪṬ)
sanāqu (i/i)
ûru (II de ʷ'R "aller")
convention
mitgurtu (fém. morph. sur MGR "(être) d'accord")
copeau
hibištu (fém. morph. sur HBŠ "écraser")
kisittu (fém. morph.)
sukkinnu / *šumkīnu* (emp. sum.)
copie
gabarû (emp. sum.)
hirṣu / *herṣu* (HRṢ "séparer de")
mehertu / *mihirtu* (fém. morph. sur MHR "faire face")
mehru / *mihru* (MHR "faire face")
šaṭāru (ŠṬR "écrire")
copier
muššulu (II de MŠL "(être) égal")
coquillage (type de)
išqillatu / *sillatu* (fém. morph.)
coquille
haṣbu
corail blanc?
ajartu (fém. morph.)
corbeau
āribu / *ēribu* / *herēbu*
corbeille
gihennu / *gihannu* (emp. sum.)
corde
abšānu
ašlu (fém.; pl. *ašlātu*)
eblu
ebīhu (ʾBH "ceinturer")
kannu (KNN "enrouler")
markasu (sur RKS "lier")
corde (instrument)
guhaššu
corde (pour diriger)

ṣerretu
corde de halage
šādidu (ŠDD "étendre")
cordon
qû
coriandre
kis(si)ibirru / *kisibirrītu* / *kisibarru*
cornaline
sāmtu (fém. morph. sur SĪM "(être) rouge")
corne
qarnu (duel et pl. fém. *qarnātu*)
corniche
kulūlu
cornu
qarnānû (sur *qarnu* "corne")
corps
pagru
šīru / *šēru*
zumru
correct
išaru ('ŠR "aller droit")
correspondant
mithāru (I/2 de MHR "(être) en face")
corroyeur
aškāpu (emp. sum.)
corvée
dikûtu (fém. morph. sur DKĪ "lever")
dullu (pl. *dullū*, *dullātu*, *dullāni*)
ilku ('LK; pl. *ilkū* et *ilkātu*)
corvée (type de)
harrānu (m./ fém.)
tupšikku / *šupšikku* / *dupšikku*
corvée journalière
adû (emp. sum.)
côte
sikkat ṣēli
ṣēlu / *ṣillu*
côte flottante
najjabtu (fém. morph.)
côté
ahu
idu (m. / fém.)
littu / *lītu* (pl. *lētātu*)
šiddu (sur ŠDD "(é)tendre")
ṣēlu / *ṣillu*
cou
kišādu (pl. *kišādātu*)
labânu
tikku (pl. *tikkātu*)
couche (briques)
natbaku (sur TBK "verser")
coucher (avec)
nâku / *niāku* (NĪK)
coucher (se)
nâlu / *niālu* (NĪL)
sakāpu (u/u)
ṣalālu (a/a)
se coucher (astre)
rabû / *rabā'u* (RBĪ)
coucher (du soleil)
šalām šamši
erēb šamši
coudée (unité de mesure)
aslu (fém.)
ammatu
coudre
kubbû (II de KBĪ)
couffin
arānu (fém.)
couleur
šimtu / *šindu*/ *simtu*
coup
liptu (pl. *liptātu*; sur LPT "toucher")
mehṣu / *mihṣu* (MHṢ "frapper")
mihiṣtu / *mihištu* / *mihiltu* (fém. morph. sur MHṢ "frapper")
terku / *tirku* (TRK "frapper")
coupable
bēl hiṭi
couper
batāqu / *badāqu* (a/u)
gadāmu (i/i)
harāṣu (a/u)
haṣābu (u/u)
karātu (i/i)
karāṣu (i/i)
kasāmu (a/u puis i/i)
kašāṭu (i/i)
nakāsu (i/i)

palāku (a/u)
parāsu (a/u)
salātu (a/u ou i/i)
sarāmu (i/i)
couper (des branches)
arû (WRŪ)
coupure
niksu (NKS "couper")
cour d'entrée
kisallu (pl. *kisallātu*)
cour principale
kisalmāhu (emp. sum.)
courage
libbu
courant
agû (emp. sum.)
courber
kapāpu (KPP; a/u)
lâdu / *luādu* (LŪD)
uttuku (II de 'TK "être courbé")
courir
dakāku (u/u)
lakādu (i/i)
lasāmu (u/u)
nâqu / *nuāqu* (NŪQ)
ša'û (Š'Ī)
šanû (ŠNĪ)
courir (se mettre à)
našarbuṣu / *našarbuṭu* (IV de ŠRBṬ)
couronne
agû (emp. sum.)
kulūlu
couronner
apāru ('PR; i/i)
kullulu (II de KLL)
courrier
lāsimu (sur LSM "courir")
cours
mālaku (sur 'LK "aller")
tāluku (sur 'LK "aller"; pl. *tālukū*, *tālukātu*)
cours (d'eau)
mardītu (fém. morph. sur RDĪ "conduire")
harru (pl. *harrātu*; HRR "creuser")
nāru (fém. sauf nA)
courtisan
manzaz / *mazziz pāni* (litt. "celui qui se tient devant (le roi)"; pl. *manza/iz pānūti*)
nanzāzu (sur *izuzzu* "se tenir debout")
couteau
karzillu / *karṣillu* (emp. sum.)
coutumes
simātu (fém. pl. sur WSM "convenir")
couvercle
naktamu; *naktamtu* (fém. morph. sur KTM "couvrir")
couverture
ermu ("RM "couvrir")
hullānu (pl. *hullānātu*)
couverture pour chevaux
tahapšu (emp. hourr.?)
couvrir
arāmu / *harāmu* ('RM; i/i)
hesû / *hasû* (HSĪ)
kašû (KŠĪ)
katāmu (a/u)
couvrir (maison)
ṣullulu (II sur *ṣulūlu* "toit")
couvrir la tête (se)
apāru ('PR; i/i)
crabe?
aluttu / *allu'u*
cracher
hahû (HHŪ)
šalû (ŠLŪ)
craindre
adāru ('DR; a/u)
hâpu (HĪP)
palāhu (a/a)
šahātu (u/u)
crâne
gulgull(at)u (pl. *gulgullū* / *gulgullātu*)
muhhu
crapaudine
abunnatu (fém. morph.)
créancier
rāšû (RŠĪ "obtenir")

créateur
bānû (BNĪ "créer")
création
binûtu (abstr. sur BNĪ "créer")
binītu (fém. morph. sur BNĪ "créer")
nabnītu (fém. morph. sur BNĪ "créer")
créature
binûtu (abstr. sur BNĪ "créer")
binītu (fém. morph. sur BNĪ "créer")
nabnītu (fém. morph. sur BNĪ "créer")
crédit
qīptu (fém. morph. sur QĪP "avoir confiance")
rašûtu (abstr. sur RŠĪ "obtenir")
créditeur
bēl hubulli
bēl qīpti
nāš tuppāti
créer
banû (BNĪ)
bašāmu (i/i)
šubšû (III de BŠĪ "être")
créer selon un plan
ṣubbû (ṢBĪ)
crémation
qilûtu (fém. morph. sur QLĪ "brûler")
créneau
gabadibbû (pl.; emp. sum.)
cresson?
sahlû
creuser
harāru (a/u)
haṭāṭu (a/u)
hepēru (i/i)
herû (HRĪ)
napālu (a/u)
nasāhu (a/u)
creuset
naṣraptu (fém. morph. sur ṢRP "brûler")
cri
ikkillu (emp. sum.; pl. *ikkilū* et *ikkillātu*)
rigmu (RGM "crier"; pl. *rigmū*, *rigmātu*)
cri de guerre
tanūqātu (fém. morph sur N'Q "crier")
crier
nagāgu (a/u ou u/u)
nâqu (N'Q)
šasû (ŠSĪ)
crime
sartu (fém. morph. sur SRR "(être) faux")
šērtu (fém. morph.)
criminel
sarru (SRR "(être) faux"; pl. *sarrūtu*)
cristal de roche
dušû
croasser
harāru / *arāru* (u/u)
crocodile
namsuhu / *nemšahu* (emp. égyp.)
croire (en)
qâpu / *qiāpu* (QĪP)
croisé
itguru (I/2 de "GR "(s')entrecroiser")
croisement
nēberu (sur "BR "franchir")
croit
lillidu (sur ^{W}LD "engendrer")
croix
išpallurtu / *pillurtu* (pl. *išpilurātu*)
cru
balṭu (BLṬ "vivre")
cruche
assammû (emp. sum.)
namharu (sur MHR "recevoir")
cruche (type de)
kirru (emp. sum.; pl. *kirrū*, *kirrātu*, *kirrētu*)
cruche de bière
pīhu
cruche de grande taille
kannu (emp. sum.)
crue
bubbulu (sur BBL "emporter")
mīlu (sur MLĀ "remplir")
crue dévastatrice

biblu (BBL "emporter")
cueillir
qatāpu (a/u)
cuillère
itqūru
cuir
mašku
cuire
epû ("PĪ)
cuisinier
nuhatimmu (emp. sum.)
kakardinnu / *kakatennu* / *karkadinnu*
cuisse
hallu
šapru
cuivre
erû / *werû*
cuivre (médiocre)
zarinnu
culte
parakku (emp. sum.)
parṣu
pelludû (emp. sum.)
cultivateur
errēšu (sur "RŠ "cultiver")
cultiver
erēšu ("RŠ; i/i)
culture
mēreštu (fém. morph. sur "RŠ "cultiver")
cumin
kamūnu / *kamannu*
cumin noir
zibû; *s*/*zibibiānu* / *kizibiannu*
cuve
kakkullu (pl. *kakullātu*; emp. sum.)
namharu (sur MHR "recevoir")
cuve à fermentation
namzītu (fém. morph. sur MZ' "presser")
cuve pour laver
namsû / *nemsû* (sur MSĪ "laver")
nemsêtu (fém. morph. sur MSĪ "laver")
cyprès
šurmēnu
hašurru / *hašūru*

D

d'où?
ajānu (sur l'interr. *aj* "où?")
dague
luṭû
daim
aj(j)alu
dais
andullu (emp. sum.)
parakku (emp. sum.)
zāratu (fém. morph.)
dalle de pierre
askuppu
dame
bēltu (sur B"L "gouverner")
rubātu (fém. morph. sur *rubû* "prince")
dangereux
akṣu
dans
ina
ina muhhi
danser
raqādu (u/u)
sâru (SŪR)
danseur (cultuel)
huppû (emp. sum.)
datte
suluppu (emp. sum.)
datte (de Dilmun)
asnû / *issanû*
dauphin
nāhiru (NHR "renifler")
débile
sukkuku (sur SKK "bloquer")
déblayer
passuku (PSK)
débris
miqtu (MQT "tomber")
ziblu
début
pānu

qaqqadu / *kaqqadu* (pl. *qaqqadātu*)
rēštu (fém. morph. sur *rēšu* "tête")
rēšu
šurrû (ŠRĪ "commencer")
tašrītu (fém. morph. sur ŠRĪ "commencer")
déchiqueter
muluhhu (II de MLH "arracher")
déchirer
naqāru (a/u)
šarāṭu (a/u)
décider
parāsu (a/u)
décision
dīnu / *dēnu* (DĪN "juger"; pl. *dīnātu*)
décision (capacité de)
ṭēmu (pl. *ṭēmātu*, *ṭēmētu*)
décision judiciaire
purussû (sur PRS "trancher")
déclarer
zakāru (a/u)
décorer
ulluhu (II de "LH "saupoudrer")
zunnu (II de Z'N)
découper
qarāšu / *garāšu* (a/u)
décrépitude
lu'tu
décret
dātu (emp. vp.)
décret divin
šīmtu / *šēmtu* (fém. morph. sur ŠĪM "décider (un destin)")
dédier
šarāku (a/u)
déduction
niširtu / *nišertu* (fém. morph. sur NŠR "déduire")
déduire
batāqu / *badāqu* (a/u)
harāṣu (a/u)
našāru (a/u)
déesse
iltu (fém. morph. sur *ilu* "dieu")
ištaru (sur Ištar)
déesse protectrice
lamassatu (fém. morph. sur *lamassu* "génie protecteur")
défaire
pašāru (a/u)
paṭāru (a/u)
défaite
abiktu (fém. morph. sur 'BK "renverser")
dabdû / *daw(a)dûm* / *dubdû* (emp. sum.)
dīktu (fém. morph. sur DŪK "vaincre")
tahtû (sur HTĪ "frapper")
défaut
hiṭītu (fém. morph. sur HṬĪ "mal agir")
déféquer
nezû (NZĪ)
déficit
bābtu (fém. morph. sur *bābu* "porte")
bitiqtu (fém. morph. sur BTQ "séparer")
ibbû (emp. sum.)
muṭû / *muṭā'ū* (MṬĪ "(être) moindre")
défier
šanānu (a/u)
défilé
nērebu (sur "RB "entrer"); *nērebtu* (fém. morph.)
définir
harāṣu (a/u)
déflorer
nakāpu / *naqāpu* (i/i)
naqābu (a/u)
déformé
akû
défrichage
teptītu / *taptētu* (fém. morph. sur PT" "ouvrir")
déguisement
tahluptu (fém. morph. sur HLP "(s')envelopper")
dehors
bābānu (sur *bābu* "porte")
délai
adannu / *hadānu* / *hidānu*

délayer
lâšu (LŪŠ)
délégué
bēl pī/āhāti
délibération
šitūltu (fém. morph. sur I/2 de Š'L "interroger")
délibérer
malāku (i/i)
délimiter
esēru ("SR; i/i)
muṣṣuru (II sur *miṣru* "frontière")
délivrance
pišru (PŠR "délivrer")
déluge
abūbu
demande
mērēštu (fém. morph. sur "RŠ "désirer")
demander
erēšu ("RŠ; i/i)
hašāhu (i/i ou a/u)
demander (aide)
še'û / *še'ā'u* (Š'")
démarche
mālaku (sur 'LK "aller")
demi
mašlu (MŠL "(être) égal")
demi-sang (cheval)
sumaktar (emp. cass.; pl. *sumaktarātu*)
démolir
nutturu (II de NTR "fendre")
sarāhu (i/i puis u/u)
šebēru (i/i)
naqāru (a/u)
démon (d'une maladie)
labāṣu
démon (type de)
šēdu
asakku (emp. sum.)
gallû (emp. sum.)
lilû (emp. sum.)
démone (type de)
ardat lilî
lamaštu (fém. morph.)
dénoncer
batāqu / *badāqu* (a/u)
nugguru (II de NGR)
dénonciateur
bātiqu (BTQ "dénoncer")
dénonciation
batiqtu (BTQ "dénoncer")
dénouer
paṭāru (a/u)
dent
šinnu (fém.)
dénuder
urrû (II de "RĪ "(être) nu")
dénuement
mērênu (sur "RĪ "(être) nu")
départ
tību (TBĪ "se lever")
dépenses
gimru (GMR "achever")
mānahtu (fém. morph. sur 'NH "(être) fatigué")
déplacer
nâšu / *nuāšu* (NŪŠ)
déplacer (se)
akāšu ('KŠ; a/u)
déporter
ukkumu (II de "KM "enlever")
nasāhu (a/u)
déposer une plainte (jur.)
qerēbu / *qarābu* (i/i)
dépôt
izirtu (fém. morph. sur "ZB "excepter")
maškattu (fém. morph. sur ŠKN "placer"; pl. *maškanātu*)
maṣṣartu (fém. morph. sur NṢR "veiller")
nabšû (sur BŠI "être")
natbaku (sur TBK "verser")
šipkātu (fém. pl. sur ŠPK "verser")
dépression
kūru
mušpalu (sur ŠPL "(être) bas")

sapannu (sur SPN "aplanir")
dépression mentale
tādirtu (fém. morph. sur 'DR "(s')assombrir")
depuis
ištu / *ultu* / *issu*
dériver
neqelpû / *naqalpû* (IV de QLP")
déroute
suhhurtu (fém. morph. sur SHH "retourner")
derrière
arka / *warka* / *urku*; *arki*
arkītu (fém. morph. sur *arki* "derrière")
dès que
kīma
(*ina*) *qanni*
désacraliser
lu''û (II de L'Ī)
suhhû (II de SHĪ "(se) révolter")
désastre
šahluqtu (fém. morph. sur HLQ "perdre")
descendance
littu / *liddatu* (fém. morph. sur ^{W}LD; pl. *lidātu*)
līpu / *lēpu* ("LP "croître")
zēru
descendant
māru / *mar'u* / *mer'u*
līp(*i*) *līpi* / *lib*(*bi*)*libbi*
descendre
arādu (^{W}RD; a/i)
descendre le courant
neqelpû / *naqalpû* (IV de QLP")
désert (subst.)
harbu (HRB "(être) désert")
šadû (pl. *šadû*, *šadānu* / *šadâtu*)
huribtu (fém. morph. sur HRB "(être) désert")
madbaru
désert (de sable)
qaqqar bāṣi
désert (adj.)
harbu (fém. *harubtu*; HRB "(être) désert")
désespoir
miqit ṭēmi (litt. "chute de la raison")
deshériter
ina mārūti nasāhu
šūlû (III de "LĪ "(être) haut")
désigner
šakānu (a/u)
šâmu / *šiāmu* (ŠĪM)
désintérêt
nīd(*i*) *ahi*
désir
erištu / *ereštu* / *eriltu* (fém. morph. sur "RŠ "désirer")
izzimtu (fém. morph. sur NZM "se plaindre")
lalû (emp. sum.?)
libbu
mēreštu (fém. morph. sur "RŠ "désirer")
nizmatu (fém morph. sur NZM "se plaindre")
nīš libbi (litt. "lever du cœur")
ṣibûtu (fém. morph. sur ṢBĪ "désirer")
ṣummirātu (fém. pl. sur ṢMR "s'efforcer (de)")
désirer
erēšu ("RŠ; i/i)
hašāhu (i/i ou a/u)
ṣabû / *ṣebû* (ṢBĪ)
désobéissance
la mitgurtu (litt. "non-accord")
désolation
arbūtu (sur *arbu* "dévasté")
namûtu (sur NWĪ "(être) désertique")
désordres
duluhhû (sur DLH "troubler")
désordre(s) (politiques)
ešâtu (pl. fém. sur "ŠĪ "troubler")
dessécher
na'āpu (N'P; u/u)
rašāku
ubbulu (II de *abālu* "être sec")

dessiner
eṣēru ("ṢR; i/i)
dessous
šaplān(u) (sur ŠPL "(être) bas")
šaplu (ŠPL "(être) bas")
dessus
muhhu
ṣēru
destin
isqu (pl. *isqātu*)
namtaru (emp. sum.)
šīmtu / *šēmtu* (fém. morph. sur ŠĪM "décider (un destin)")
destruction
anhūtu (abstr. sur 'NH "(être) fatigué")
naspantu / *našpant/du* (fém. morph. sur SPN "niveler")
šahluqtu (fém. morph. sur HLQ "perdre")
šalputtu (fém. morph. sur LPT "toucher")
détacher (se)
parāru (u/u)
šahāṭu (a/u)
détenir
kullu (II de KŪL)
kalû (KLĀ)
détenteur
mukillu (sur KŪL "(dé)tenir")
détention
mūsiru / *mūseru* (sur "SR "enfermer")
détériorer (se)
šahāhu (u/u)
détourner (se)
pasālu (i/i)
nê'u / *ne'āu* (NĀ')
détremper
ṣapû / *ṣabā'u* (ṢPŪ)
détresse
dalihtu (fém. adj. sur DLH "troubler")
dannatu (fém. morph. sur DNN "(être) fort")
hīp libbi (litt. "cassure de cœur")
nakuttu / *naquttu* (fém. morph. sur NK/QD "(être) anxieux")
détruire
abātu ('BT, a/u)
arāhu ('RH)
hepû / *hapû* (HPĪ)
hulluqu (II de HLQ "disparaître")
mêsu (M"S)
napālu (a/u)
naqāru (a/u)
nêru (N"R; a/a)
quttû (II de QTĪ "finir")
sarāhu (i/i puis u/u)
šulputu (III de LPT "toucher")
suhhû (II de SHĪ "(se) révolter")
dette
e'iltu (fém. morph. sur "'L "lier")
habullu / *hubullu* (HBL "emprunter")
dette restante
labirtu (fém. morph. sur LBR "durer")
devant
lāma / *lām*
mahra (acc. adv. de *mahru* "devant")
pānātu (pl. fém.; cf. *pānu* "face")
dévastation
arbūtu (sur *arbu* "dévasté")
naspantu / *našpant/du* (fém. morph. sur SPN "niveler")
dévaster
sapānu (a/u)
šuhrubu (III de HRB "(être) désert")
šuhruru (ŠHRR)
devenir / être durable
darû (DRI)
devenir / être long
arāku ('RK; i/i)
devenir adulte
eṭēlu ("ṬL; dénominatif sur *eṭlu* "homme jeune")
devenir brillant
ba'ālu (B'L; i/i)
devenir désertique
namû / *nawû* (NWĪ)

devenir différent
šanû
devenir égal
šanānu (a/u)
devenir
emû / *ewûm*
devenir enceinte
arû ('RĪ)
devenir énorme
gapāšu (a/u)
devenir extraordinaire
šamāhu (u/u)
devenir florissant
šamāhu (u/u)
devenir fort
patānu (i/i)
devenir furieux
šamāru (u/u)
devenir long
šatāhu (a/u)
devenir mou
labāku (i/i)
devenir noir
hašû (HŠĪ / Ū)
ṣalāmu (i/i)
devenir sombre
erēpu ("RP; u/u)
devenir valable
bâru (BŪR)
nabšû (IV de BŠĪ)
devenir voilé
apû (WPĪ)
barāru (u/u)
déverser
râku (RŪ/ĪK)
déversoir
mehru / *mihru* (MHR "faire face")
devin
bārû (BRĪ "voir")
šā'ilu (Š'L "interroger")
dévorer
malālu (a/u)
dévot
kanšu (KNŠ "(se) soumettre")
diagnostique
qabû (QBĪ)
diagonale
ṣiliptu (fém. morph. sur ṢLP "couper")
diamètre
hīpu (HPĪ "casser")
kubru (KBR "(être) gros")
dicton
tēltu (fém. morph. sur T"L "prononcer")
dieu
ilu (pl. *ilū* et *ilānu*)
diffamation
ahītu (fém. morph. sur *ahu* "côté")
difficile
aštu / *waštu*
dannu (DNN "(être) fort"; fém. *dannatu*)
marṣu (MRṢ "(être) difficile)
difficulté
dannatu (fém. morph. sur DNN "(être) fort")
maruštu / *maruṣtu* (fém. adj. sur MRṢ "(être) difficile")
namrāṣu (sur MRṢ "(être) difficile")
pušqu (PŠQ "(être) étroit")
digne de confiance
na'du / *nādu* (sur N'D "(être) attentif")
digue
kisirtu (fém. morph. sur KSR "bloquer")
īku (emp. sum.)
arammu
dilué
hīqu (HĪQ "mélanger")
dimension(s)
minītu (fém. morph. sur MNŪ "compter")
diminuer
maṭû (MṬĪ)
nuššuru (II de NŠR "enlever")

qullulu (II de QLL "(être) de peu d'importance")

diminution

miṭītu (fém. morph. sur MṬĪ "(être) en moins")

nušurrû (sur NŠR "déduire")

tamṭītu (fém. morph. sur MṬĪ "(être) moins")

dire

dabābu (u/u)

qabû (QBĪ) / *qabā'u*

zakāru (a/u)

dirigeant

mu'irru / *mu'erru* (sur [W]'R "commander")

diriger

urrû (II de [W]RŪ "aller")

discernement

tašīmtu / *tašīmdu* (fém. morph. sur Š'M "réfléchir")

discipline

išdu / *ildu* / *irdu* / *ušdu*

discorde

la mitgurtu (litt. "non-accord")

discours

atmû / *atwûm* (sur 'WŪ "parler")

dabābu (DBB "parler")

lišānu (fém.)

qabû (QBĪ)

qibītu (fém. morph. sur QBĪ "dire")

zikru (ZKR "parler")

amû / *awû* ('WŪ)

atpulu (I/2 de 'PL "répondre")

discuter

šutaddunu (III/2 de NDN "donner")

disparaître

halāqu (i/i)

disperser

purruru (II de PRR "se détacher")

sapāhu (a/u)

zarû / *sarû* (ZRŪ)

disponible

sanqu (SNQ "(s')approcher de")

disposition

šikittu (fém. morph. sur ŠKN "placer")

dispute

ṣāltu (fém. morph. sur Ṣ'L "disputer")

disputer (se)

ṣâlu / *ṣêlu* (Ṣ'L)

disque (solaire)

niphu (NPH "briller")

šamšatu (fém. sur *šamšu*)

dissolution

tazkītu (fém. morph. sur ZKŪ "(être) libre")

dissoudre

pašāru (a/u)

šahāhu (u/u)

zâbu (ZŪB)

dissoudre (se)

naharmuṭu (HRMṬ)

distance

birītu / *bištu* (fém. morph. sur *biri-* "entre")

mālaku (sur 'LK "aller")

nesâtu (fém. pl. sur NSĪ "(être) loin")

rēqu (sur RĪQ "(être) loin")

distinguer

mussû / **wussû* / *muššu* (WS' II)

distribuer

purruru (II de PRR "se détacher")

ussuqu / *ussuku* (sur *isqu* "part")

zuzzu (II de ZŪZ "diviser")

district

abullu (fém.)

bābtu (fém. morph. sur *bābu* "porte")

dimtu / *dindu* (fém. morph.)

erṣetu

halṣu (m. / fém.)

nagû (pl. *nagû*, *nagiāni*)

pāṭu

qerbetu (fém. morph. sur *qerbu* "intérieur")

sihirtu (fém. morph. sur SHR "entourer")

district rural
išru (pl. *išrātu*)
dividende
munūtu (pl. *munuātu*; sur MNŪ "compter")
divination
bīru (BRĪ "voir"); *birûtu*
divinité tutélaire
angubbû (emp. sum.)
diviser
hepû / *hapû* (HPĪ)
letû (LT")
našāru (a/u)
zâzu (ZŪZ)
diviser (terrain)
palāku (a/u)
divorcer
ezēbu ("ZB; i/i)
document
giṭṭu (emp. sum.)
document de fondation
asumittu (fém. morph.; pl. *asuminētu*)
temmēnu / *timmēnu* (emp. sum.)
document scellé
kanku (KNK "sceller")
kanīku (KNK "sceller"; pl. *kanīkū* / *kanīkātu*)
domaine
bītu (pl. *bītātu* / *bētānu*)
dimtu / *dindu* (fém. morph.)
pittu
domesticité
aštapīru
domicile
mūšabu (sur ᵂŠB "habiter")
domination
nīru
šarrūtu (abstr. sur *šarru* "roi")
dominer
šalāṭu (a/u)
bêlu (B"L)
dommage
hīṭu (pl. *hīṭū* et *hīṭāni*; HṬĪ "mal agir")
hibiltu (fém. morph. sur HBL "endommager")
don
cf. cadeau
donation
nidintu / *nidittu* (fém. morph. sur NDN "donner")
donner
nadānu (a/i ou i/i)
tadānu (cf. NDN "donner")
donner avec largesse
ruppušu (II de RPŠ "(être) large")
donner des coups de cornes
nakāpu / *naqāpu* (i/i)
donner naissance
hurrušu (II de HRŠ "être en travail")
donner son content (à)
šubbu (II de ŠB""(être) satisfait")
dormir
itūlu / *utūlu*
ṣalālu (a/a)
dos
ṣēru
doter (de)
šakānu (a/u)
douaire
nudunnû (sur NDN "donner")
doubler
eṣēpu ("ṢP; i/i)
douleur
murṣu (MRṢ "(être) malade")
doux
duššupu (sur *dišpu* "miel")
rabbu (RBB "(être) faible")
dragon
mušhuššu (emp. sum.)
drainer
nazālu (/u)
dresser (se)
kadāru (i/i)
tebû (TB"ou TBĪ)

droit
išaru ("ŠR "(être) droit")
šūšuru (sur "ŠR "(être) droit")
droite (subst.)
imnu
imittu (fém. morph. sur. *imnu* "droite")
dromadaire
ibilu
duel (combat en)
šašmu
dune
šipik bāṣi
durable
dārû / *dāriu* (DRĪ "durer (éternellement)")
durcir
napāqu (NPQ)
durée
dārītu (fém. adj. sur *dārû* "éternel")
labāru (LBR "durer")
tarṣu (TRṢ "étendre")
durer
bitrû (I/2 de BRĪ)
lazāzu (a/a)

E

eau
mû / *mê* (pl.)
eau souterraine
apsû (emp. sum.)
lalgar
asurrakku (emp. sum.)
ébranler
nâšu / *nuāšu* (NŪŠ)
écaille
qilpu (QLP "peler") / *qulēptu* (fém. morph.)
écarter
magāgu (a/u)
échange
pūhu (PŪH "échanger")
šupêltu (fém. morph. sur ŠP"L "échanger")
échange amoureux
ṣīhtu (fém. morph. sur. ṢĪH "(sou)rire")
échanger
puhhu (PŪH)
šupêlu (ŠP"L)
échanson
šāqû (sur ŠQĪ "abreuver")
échapper (s')
šahāṭu (i/i)
écharpe
huṣannu
échelle
nabalkattu (fém. morph. sur BLKT "renverser")
simmiltu (fém. morph.)
éclair
birqu / *berqu* (BRQ "fulgurer")
éclairer
barāqu (i/i)
éclat
mišhu (MŠH "briller")
éclipse
anta(l)lû / *attalû* / *namtallû*
ešâtu (pl. fém. sur "ŠĪ "troubler")
écorce
qilpu (QLP "peler")
qulēptu (fém. morph.)
écorcher
kâṣu (KŪṢ)
écraser
hašālu (a/u)
hepû / *hapû* (HPĪ)
marāqu (a/u)
mêsu (M"S)
napāṣu (a/u)
écraser (le blé)
dâšu, *diāšu* (DĪŠ)
écrevisse?
alluttu / *allu'u*
écrire
šapāru (a/u)
šaṭāru (a/u)
écriture
šiṭru (ŠṬR "écrire"); *šiṭirtu* (fém. morph.)

écrouler (s')
naharmumu (HRMM)
écume
hurhummatu
écuyer
kizû
édifier
ramû (RMĪ)
zaqāru (i/i; a/a; a/u)
édit
šūdûtu (sur *idû* "savoir")
éducation
tarbītu (fém. morph. sur RBĪ "(être) grand")
effacer
pasāsu (a/u)
pašāṭu (i/i)
effondrer (s')
qâpu (QŪP)
ṣamāru
effrayant
pardu (PRD "(être) terrifié")
palhu (PLH "craindre")
effroi
pirittu (fém. morph. sur PRD "craindre")
égal (subst.)
mehru / *mihru* (MHR "faire face")
égal
mithāru (I/2 de MHR "faire face")
šāninu (ŠNN "rivaliser")
également
malmališ (sur *mala* "autant que")
égaler
muššulu (II de MŠL "(être) égal")
égorger
hatāpu (i/i)
ṭabāhu (a/u)
éléphant
pīru
élévation
nīšu (NŠĪ "lever")
élever
našû (NŠĪ)
šuqqû (II de ŠQĪ/Ū "(être) haut")
tarû (TRĪ)
ullû (II de "LĪ "(être) haut")
élever (enfant)
rubbû (II de RBĪ "(être) grand")
élever des objections
ida šuršû
éliminer
šussuku (III de NSK "(re)jeter")
éloigné
labiru (LBR "durer")
éloigner (s')
duppuru (II: DPR)
ṭapāru (i/i)
darāsu (i/i)
élu
nibītu (fém. morph. sur NBĪ "nommer")
embargo
sukurtu (fém. morph. sur SKR "couper")
embarrasser
dalāhu (a/u)
embellir
dummuqu (II de DMQ "(être) bon")
emblème divin
šurinnu / *šurīnu* (emp. sum.)
embouchure
pû
embrasser
edēru ("DR; i/i)
epēqu ("PQ; i/i)
našāqu (i/i)
embrouiller
ešû / *ašû* ("ŠĪ)
émerger
elû ("LĪ)
émietter
šahāhu (u/u)
éminent
ṣīru
émission
ṣītu / *ṣētu* (fém. morph. sur ʷṢĪ "sortir"; pl. *ṣiātu*)
emmener
abāku ('BK; a/u)

nepû / *napû* (NPĪ)
tabālu (a/a)
émousser
hesēru / *hasāru* (i/i)
empaler
zaqāpu (a/u)
empaqueter
darāku / *darāq/gu*
empêcher
karāmu (i/i)
kubbulu (II de KBL "(être) paralysé")
masāru / *maṣ/zāru* (u/u)
šudnû (III de NDĪ "déposer")
empiler
šapāku (a/u)
emplacement
mazzāzu / *manzāzu* (sur *uzuzzu* "se tenir debout")
šiknu (ŠKN "placer")
šubtu (fém. morph. sur ^{W}ŠB "habiter")
employé
kinattu / *kinātu* (pl. *kinattū*, *kinātātu*)
empoigner (s')
tiṣbutu (I/2 de ṢBT "saisir")
emporter
leqû / *laqā'u* (LQ")
tabālu (a/a)
tarû / *tarā'u* (TRŪ)
zabālu (i/i)
emporter sur (l')
le'û (L"Ī)
emprisonnement
kīlu (KL' "tenir")
ṣibittu (fém. morph. sur ṢBT "saisir")
emprisonner
pâdu (P'D; a/a)
emprunter
habālu (a/u)
habātu (a/u)
en amont
elēnu (sur *eli* "sur")
en bas
šaplān(u) (sur ŠPL "(être) bas")
en dehors de
ezib / *ezub* ("ZB "abandonner")
en éveil
dalpu (DLP "(être) sans sommeil")
en plus
ahamma (sur *ahu* "bras, côté")
ahhur ('HR)
en plus de
elat (sur *ela* "sauf")
elēnu (sur *eli* "sur")
en secret
šaplānu (sur ŠPL "(être) bas")
en sorte que
kīma
en travers
pallurta
en vain
ana / *ina magāni*
encens
qutrīnu (QTR "fumer")
encensoir
ahrušhu (hourr.)
nignakku / *nignaqqu* (emp. sum.)
qutrīnu (QTR "fumer")
šēhtu (fém. morph.)
encerclement
nītu (N"T "encercler")
encercler
hapāru
enchaîner
kasû (KSĪ / Ū)
enchasser
uhhuzu ('HZ; a/u)
enclos
haṣāru / *hiṣāru* (pl. *haṣīrātu*)
supūru
tarbaṣu (sur RBṢ "se coucher"; pl. *tarbaṣātu*)
encourager
qurrudu (II de QRD "(être) belliqueux")
tukkulu (II de TKL "faire confiance")

endetté
hubbulu (HBL "avoir une dette")
endiguer
samāku (a/u)
endommagé
laptu (de LPT "toucher")
endroit
ašru (m. / fém.)
endroit de l'ordalie
huršānu / *hursānu*
endroit sacré
hamru
enduire
eqû ("QĪ)
pašāšu (a/u)
šâlu / *šêlu* / *šiālu*
ṭerû (ṬRĪ)
zarû / *sarû* (ZRŪ)
enfant
bukru
inbu
lakû (LKĪ "(être) faible")
šerru
enfermer
edēlu ("DL; i/i)
esēru ("SR; i/i)
pâdu (P'D; a/a)
pehû / *pahû* (PHĪ)
enfers
arallû (emp. sum.)
erṣetu
enfoncer
ṣapāru (a/u)
enfreindre
kabāsu (a/u)
enfuir (s')
abātu ('BT; a/u)
halāqu (i/i)
engin de siège
kalbānātu (fém. pl.)
engraissé
šūkulu (sur 'KL "manger")
engraisser
marû / *marā'u* (MR')
enlever
ekēmu ("KM; i/i)
eṭēru ("ṬR; i/i)
kapāru (a/u)
našāru (a/u)
nepû / *napû* (NPĪ)
nussû (II de NSĪ "reculer")
šamāṭu (a/u)
tabālu (a/a)
tarû / *tarā'u* (TRŪ)
enlever (vêtement)
šahāṭu (a/u)
enlever de force
puāgu
enlever en soufflant
našāpu (a/u)
ennemi
aj(j)ābu
bēl nukurti
nakru / *nakiru* (NKR "(être) ennemi"; pl. *nakrū*, *nakrūtu*)
zā'iru / *zā' eru* (Z"R "haïr")
zāmânu / *zāwiānum*
zajjāru (sur Z"R "haïr")
zū" irānu/û (Z"R "haïr")
ennui
ašuštu (fém. morph. sur 'ŠŠ "(être) soucieux")
niziqtu (fém. morph. sur NZQ "(être) ennuyé")
énorme
atru / *watrum* / *mat(a)ru* (WTR "(être) en excès")
paglu (PGL "(être) fort")
šurbû (sur RBĪ "(être) grand")
enrager
labābu (a/u)
enrouler
kanānu / *qanānu* (KNN; a/u)
kapālu (KPL; i/i)
patālu (i/i)

ensemble (subs.)
ište(n)nūtu (sur *ištēn* "un")
ensemble
ahāmeš / *ahāiš* (sur *ahu* "côté")
ištēniš (sur *ištēn* "un")
ensorceler
kašāpu (i/i)
ensuite
arka / *warka* / *urku*; *arki*
dāt
harāma / *haramamāni* (sur 'HR "(être) plus tard")
entasser
karāmu (i/i)
entendement
hasīsu (HSS "(être) avisé")
entendre
šemû (ŠM")
enterrer
qebēru (i/i)
temēru (i/i)
entourage
sihirtu (fém. morph. sur SHR "entourer")
entourer
lamû / *lawû* / *labû* (LWĪ)
lâṭu (LŪṬ)
sahāru (u/u)
entrailles
qerbu (QRB "(être) proche de")
entraîné
ersû
entre
biri-
birīt (sur *biri–*)
entrée
nērebu (sur "RB "entrer"); *nērebtu* (fém. morph.)
entrelacer
sabāku (i/i)
zâru (ZŪR)
entremêlé
itguru (I/2 de "GR "(s')entrecroiser")
entrepôt
išpikū (pl.; ŠPK "entasser")
abūsu (fém.)
ašahhu (pl. *ašahhātu*)
maškattu (fém. morph. sur ŠKN "placer"; pl. *maškanātu*)
nakkamtu (fém. morph. sur NKM "amonceler")
entreprise
liptu (pl. *liptātu*; sur LPT "toucher")
nēpešu (sur "PŠ "faire")
entrer
erēbu ("RB; u/u, a/u)
entrer en transe
namhû (IV de MHĪ "(être) en délire")
entretien
zinnātu (fém. pl. sur ZNN "s'occuper de")
enveloppe
ermu ('RM "couvrir")
lippu (sur LPP "envelopper")
enveloppe d'argile
imgurru (emp. sum.; pl. *imgurrūtu*)
envelopper (s')
halāpu (u/u)
harāmu (i/i)
lapāpu (a/u)
envieux
hādû (HDŪ/ Ī "se réjouir")
environs
ahātu (fém. morph. sur *ahu* "côté")
itâtu (pl. de *itû*)
kaw/mātu (fém. pl. de *kamû* "extérieur")
qannu
qerbetu (fém. morph. sur *qerbu* "intérieur")
tamertu / *tawwertum* (fém. morph. sur NWR "briller")
envoi
mēreštu (fém. morph. sur "RŠ "désirer")
šūbultu (fém. morph. sur ^{W}BL "apporter")

envoler (s')
naprušu (a)
envoûtement
ruhû (RH""verser")
envoyé (subst.)
mār šipri
našpāru (sur ŠPR "envoyer")
envoyer
abāku ('BK; a/u)
šapāru (a/u)
šūbulu (III de ᵂBL "apporter")
suhhuru (II de SHR "tourner")
ûru (II de ᵂ'R "aller")
envoyer à temps
šuhmuṭu (III de HMṬ "être rapide")
envoyer au loin
ṭarādu (a/u)
envoyer rapidement
ṣarāhu (a/u)
épais
kabru (KBR "(être) épais"; fém. *kabartu* / *kabaštu*)
kubbutu (II de KBT "(être) lourd")
épaisseur
kubru (KBR "(être) gros")
kuburrû (sur KBR "(être) gros")
épargner
ezēbu ("ZB; i/i)
padû / *pedû* (PDĪ)
éparpiller
sapāhu (a/u)
épaule
būdu / *pūdu* (fém.)
imittu (fém. morph. sur "MD "(s')appuyer sur")
épée?
sinnatum (fém. morph.)
épi
šubultu / *šubiltu* (fém. morph.; pl. *šubullātu*)
épidémie
miqittu (fém. morph. sur MQT "tomber")
mūtānu (sur *mūtu* "mort")
šibṭu (sur ŠBṬ "frapper")
épilepsie
bennu
épine
puquttu
sihlu / *sehlu* (SHL "piquer")
ṣillû (fém.)
épingle
ṣillû (fém.)
éponyme
līmu
épouse
aššatu / *aštu* / *altu* (fém.)
épouse (de même rang)
hīrtu (fém. morph. sur HĪR "choisir")
épouser
ahāzu ('HZ; a/u)
époux
mutu
épuisé
dalpu (DLP "(être) sans sommeil")
équipage
rakkābu (RKB "chevaucher")
rikbu (RKB "chevaucher")
équiper
šakānu (a/u)
équivalent
mehertu / *mihirtu* (fém. morph. sur MHR "faire face")
mehru / *mihru* (MHR "faire face")
tamšīlu / *tanšīlu* (sur MŠL "(être) équivalent")
ère
dāru (DRĪ "durer (éternellement")
ériger
zaqāpu (a/u)
éroder
sullutu (II de SLT "fendre")
errant
murtappidu (I/3 de RPD "courir")
errer
dâlu / *duālu* (DŪL)

itagguru (i/i; I/3 de NGR "aller")
rapādu (u/u)
erreur
hīṭu (pl. *hīṭū* et *hīṭāni*; sur HṬĪ "mal agir")
éruption cutanée (type de)
lamṣatu / *nams(at)u*
escalade
nabalkattu (fém. morph. sur BLKT "renverser")
escalier
simmiltu (fém. morph.)
esclave
ardu, wardu, urdu
esclave (femme)
amtu (fém. morph.)
esclave (type d')
lamutānu
esclave pour dette
nipûtu (sur NPĪ "prendre pour gage")
esclavage (pour dette)
kiššātu (pl. fém. sur KŠŠ "avoir sous son autorité")
escorte
ālik idi (litt. "qui va au côté")
escorter
qurrubu (II de QRB "(être) proche de")
redû / *radā'u* (RDĪ)
espace
tarṣu (TRṢ "étendre")
espace intermédiaire
birītu / *bištu* (fém. morph. sur *biri-* "entre")
espace public
sūqu (pl. *sūqāni, sūqātu*)
esprit
qerbu (QRB "(être) proche de")
essayer
latāku (a/u)
essuyer
mašāšu (a/u)
est
šadû
ṣīt šamši
estimer
kaṣāpu / *keṣēpu* (i/i)
šūquru (III de WQR "(être) précieux")
estival
ebūrû (sur *ebūru* "été")
estomac
irrū (pl.)
karšu (m. / fém.)
tākaltu (fém. morph. sur K'L "(con)tenir")
estropié
akû / *makû*
hummuru (HMR "fracasser")
étable
majjaltu / *ma'āssu* / *mâltu* (fém. morph. sur NĪL "s'étendre")
qabuttu (sur *qabû* "enclos")
établir
burru (II de BŪR "(être) durable")
karāru (a/u)
kunnu (II de KŪN "(être) vrai")
šakānu (a/u)
uššubu (II de ^{W}ŠB "habiter")
établir une limite
kadāru (i/i; sur *kudurru* "borne")
étagère en bois
kannu
étain
annaku / *anāku*
étaler
makāku (?/u)
šeṭû (ŠṬĪ)
šuparruru (ŠPRR)
tarāṣu (a/u)
étape
mardītu (fém. morph. sur RDĪ "conduire")
etc
kīam
été
ebūru (pl. *ebūrānu*)
éteindre
bullū (II de BLĪ "venir à sa fin")
pašāṭu (i/i)

étendard
šurinnu / *šurīnu* (emp. sum.)
étendre
šadādu (a/u)
šunūlu (III de NĪL "(se) coucher")
tarāṣu (a/u)
étendre (s') au-delà
ebēru ("BR; i/i)
étendre les ailes
ṣubbubu (II de ṢBB "voleter")
étendu
rapšu (RPŠ "(être) large")
étendue
mišihtu / *me*/*išhat*(*t*)*u* (MŠH "mesurer")
sihpu / *sehpu* (SHP "envelopper, recouvrir")
šiddu (sur ŠDD "(é)tendre")
éternel
dārû / *dariu* (DRĪ "durer (éternellement")
éternité
dārâtu (fém. pl. sur *dārû* "éternel")
dāru (DRĪ "durer (éternellement)")
dārītu (fém. adj. sur *dārû* "éternel")
dūru (DRĪ "durer")
étinceler
ṣarāhu (u/u)
étirer
talālu (a/u)
étoffe
ṣubātu
étoile
kakkabu
étourdissement
kūru
étrange
ahû
nakru / *nakiru* (NKR "(être) autre")
étranger (adj.)
ahû
étranger
nakru / *nakiru* (NKR "(être) autre"; pl. *nakrū*, *nakrūtu*)
étrangler
hanāqu (a/u)
être (subst.)
šiknat napišti
être
bašû (BŠĪ)
être abandonné
namû / *nawû* (NWĪ)
être achevé
qatû (QTĪ)
être adapté (à)
redû (RDĪ)
être affaibli
anāhu ('NH; a/a)
être affamé
barû / *berû* (BRĪ)
être amical
râ'u (sur *rū'u*)
être anxieux
hâšu (H'Š)
être appauvri
enēšu ("NŠ; i/i)
être atrophié
ekim (perm. "KM; i/i)
être attentif à
hasāsu (a/u)
être aux aguets
rabāṣu (i/i)
être barbu
zaqānu
être bien portant
nahāšu (i/i)
être capable (de)
maṣû (MṢĪ)
être changé
šanû (ŠNĪ)
être circonspect
latāku (a/u)
être clair
namāru / *nawāru* (i/i)
être comme il convient
asāmu (WSM; i/i)
être complet
šalāmu (i/i)
être confus

egēru ("GR; i/i)
être continu
bitrû (I/2 de BRĪ)
être couché
itūlu / *utūlu*
rabāṣu (i/i)
être croisé
egēru ("GR; i/i)
être cuit
bašālu / *pašālu* (a/a)
être d'une couleur foncée
dâmu / *da'āmu* (D'M; i/i, u/u)
être de mauvaise qualité
ba'āšu (B'Š; i/i)
être décoré
zânu / *za'ānu* (Z'N)
être dense
šapû / *šepû* / *šabû* (ŠPŪ)
être déprimé
qatāru (u/u)
être désobéissant
lemû (LMĪ/Ū)
être désoeuvré
râqu / *riāqu* (RĪQ)
être détendu
habāṣu (i/i)
être détruit
halāqu (i/i)
être différent
nakāru (i/i)
être durable
bâru (BŪR)
kâru (KŪN)
être en alerte
etēku / *etāku* ("TK; i/i)
harādu (i/i)
être en bon état
šalāmu (i/i)
être en délire
mahû (MHŪ/ Ī)
être en excès
atāru / *watāru* (WTR; i/i)
être en paix
salāmu (i/i)
être en rage
ṣarāhu (a/u)
être en retard
kâšu / *kuāšu* (KŪŠ)
namarkû (MRK')
être en travail (femme)
hâlu (HĪL)
harāšu (i/i)
être en travers
egēru ("GR; i/i)
être en vigueur
ba'ālu (B'L; i/i)
être enceinte
erû / *arû* / *merû* ("RĪ)
être endetté
habālu (a/u)
être ennuyé
adāru ('DR; a/u)
ašāšu ('ŠŠ; u/u)
nakādu (u/u)
être enragé
šegû (ŠG")
être étranger
nakāru (i/i)
être éveillé
êru ("ŪR)
être faux
sarāru / *ṣarāru*
être favorable
ešēru ("ŠR; i/i)
magāru (a/u puis u/u)
être fébrile
ṣarāhu (a/u)
être fier
šarāhu
être furieux
agāgu ('GG; a/u)
lababu (a/u)
zenû (ZNĪ)
être gonflé
ṣemēru

être haut
šaqû (ŠQĪ/Ū)
être hésitant
samû (SMŪ)
être hostile
nakāru (i/i)
être immense
atāru / *watāru* (WTR; i/i)
être indécis
samû (SMŪ)
être inepte
samû (SMŪ)
être inerte
šuharruru (ŠHRR)
être informé (de)
šemû (ŠM")
être insouciant
šuta'û (I/2 de Š"Ī)
être intelligent
hasāsu (a/u)
être jeune
ṣehēru / *ṣahāru* (i/i)
être le maître de
bêlu (B"L)
être léger
qalālu (i/i)
être lent?
marû (MRĪ)
être libre (de réclamations)
zakû (ZKŪ/Ī)
être loin
rêqu (R"Q)
ruāqu (RŪQ)
être luxuriant
bahû (BHĪ / Ū)
être maladroit
samû (SMŪ)
être malhonnête
sarāru / *ṣarāru*
être massif
epēqu ("PQ; i/i)
être mauvais
lemēnu (i/i)
lapātu (a/u) (présages)

être multicolore
barāmu
être négligent
aham nadû (NDĪ)
egû ("GĪ)
šelû (ŠL")
šiāṭu (ŠIṬ)
être orné
zânu / *za'ānu*
être paisible
nâhu / *nuāhu* (NŪH)
être paralysé
kabālu (a/u)
être paresseux
egû ("GĪ)
être pervers
egēru ("GR; i/i)
être poilu
lahāmu
être pointu
zaqātu
être précoce
harāpu (u/u)
être privé de
zummû (ZMĪ)
être propre
ebēbu (i/i)
zakû (ZKŪ/Ī)
être prospère
ešēru ("ŠR; i/i)
être protubérant
zaqāru (i/i; a/a; a/u)
être raffiné
zakû (ZKŪ/Ī)
être rapide
hamāṭu (u/u)
être rassasié
nešbû (IV de ŠB" "(être) satisfait")
être récalcitrant
lemû
être réjoui
hadû (HDŪ)
habāṣu (i/i)
être sans sommeil

dalāpu (i/i)
être satisfait (de)
šebû / *šabā'u* (ŠB")
être silencieux
qâlu (QLŪ)
sakātu (u/u)
šapû / *šepû* (ŠPŪ)
être solide
epēqu ("PQ; i/i)
être sombre
tarāku (a/u)
être suffisant
maṣû (MṢĪ)
sapāqu (emp. aram.)
être sur le dos
naparqudu (PRQD; a)
être suspendu
šuqallulu
être (en re)tard
ahāru
uppulu (II de 'PL "répondre")
être terrifié
parādu (i/i ou u/u)
être tordu
atāku ('TK; a/a)
être très grand
ba'ālu (B'L; i/i)
être valable
redû (RDĪ)
être vide
râqu / *riāqu* (RĪQ)
être volubile
tiṣburu (I/2 de ṢBR "bouger rapidement")
être, devenir abondant
mâdu / *ma'ādu* / *miādu* (M'D; i/i)
napāšu (u/u)
ṭahādu (u/u)
être, devenir âgé
šâbu / *šiābu* (ŠĪB)
être, devenir amer
marāru (i/i)
être, devenir aride
harābu (u/u)
être, devenir bas
maṭû (MṬĪ)
šapālu (i/i)
être, devenir beau
banû (BNĪ)
ṭâbu / *ṭiābu* (ṬĪB)
être, devenir bien
šalāmu (i/i)
être, devenir blanc
peṣû (PṢĪ)
être, devenir bon
banû (BNĪ)
damāqu (i/i)
ṭâbu / *ṭiābu* (ṬĪB)
être, devenir brillant
ebēbu ("BB; i/i)
être, devenir calme
šuqammumu (ŠQMM)
être, devenir chaud
emēmu ("MM; i/i)
šahānu (u/u)
être, devenir correct
išaru ("ŠR)
tarāṣu (u/u)
être, devenir court
karû (KRĪ)
être, devenir de peu d'importance
qalālu (i/i)
être, devenir déficient
maṭû (MṬI)
être, devenir désert
harābu (u/u)
être, devenir difficile
marāṣu (a/a, nB u/u)
pašāqu (u/u)
être, devenir doux
dašāpu (sur *dišpu* "mid")
matāqu (i/i)
ṭâbu / *ṭiābu* (ṬĪB)
être, devenir égal
mašālu (a/u)
être, devenir en colère
ezēzu ("ZZ; i/i)
kamālu (i/i)
šabāsu / *sabāsu* / *šabāšu* (u/u)
zenû (ZNĪ)

être, devenir en ordre
ešēru ("ŠR; i/i)
taqānu (u/u
tarāṣu (u/u)
être, devenir épais
ebû ("BŪ)
kabāru (i/i)
sapû / *sepû* / *sabû* (SPŪ)
être, devenir étrange
šanû (ŠNĪ)
être, devenir étroit
pašāqu (u/u)
qatānu (i/i)
sâqu / *siāqu* (SĪQ)
être, devenir faible
enēšu ("NŠ; i/i)
lakû (LKĪ)
qalālu (i/i)
rabābu (u/u ou i/i)
être, devenir fatigué
anāhu ('NH; a/a)
être, devenir favorable
damāqu (i/i)
šalāmu (i/i)
être, devenir fidèle
kânu / *kuānu* (KŪN)
être, devenir fort
danānu (i/i)
kabāru (i/i)
être, devenir froid
kaṣû (KṢĪ)
être, devenir grand
rabû / *rabā'u* (RBĪ)
être, devenir habile
nakālu (i/i)
être, devenir humble
maṭû (MṬI)
šapālu (i/i)
être, devenir humide
**narābu* (au perm.)
raṭābu
être, devenir important
kabātu (i/i)
être, devenir intact
šalāmu (i/i)
être, devenir ivre
šakāru (i/i)
être, devenir joyeux
elēṣu ("LṢ)
helû (HL")
napardû / *neperdû* (PRDĪ)
être, devenir large
rapāšu (i/i)
šadālu (i/i)
être, devenir libre
ebēbu ("BB; i/i)
elēlu ("LL; i/i)
zakû (ZKU/I)
être, devenir lourd
kabātu (i/i)
être, devenir maigre
bahû (BHĪ/U)
raqāqu (i/i)
masāku
être, devenir méchant
lemēnu (i/i)
être, devenir médiocre
maṭû (MṬI)
être, devenir mince
qatānu (i/i)
raqāqu (i/i)
sâqu / *siāqu* (SĪQ)
être, devenir mou
**narābu* (au perm.)
être, devenir noir
ṣalāmu (i/i)
être, devenir nombreux
mâdu / *ma'ādu* / *miādu* (M'D; i/i)
être, devenir nouveau
edēšu ("DŠ; i/i)
être, devenir pauvre
lapānu (i/i)
être, devenir pénible
kabātu (i/i)
marāṣu (a/a, nB u/u)
être, devenir petit
ṣehēru / *ṣahāru* (i/i)
être, devenir peu
maṭû (MṬĪ)
être, devenir plein (de)

malû (ML')
tapāpu (u/u)
être, devenir pointu
edēdu ("DD; u/u)
être, devenir précieux
aqāru (WQR; i/i)
être, devenir proche (de)
qerēbu / *qarābu* (i/i)
être, devenir profond
šapālu (i/i)
être, devenir propre, pur
ebēbu ("BB; i/i)
elēlu ("LL; i/i)
zakû (ZKŪ/Ī)
être, devenir prospère
šarû (ŠRŪ/ Ī)
être, devenir puissant
danānu (i/i)
être, devenir rare
aqāru (WQR; i/i)
être, devenir riche
šarû (ŠRŪ/ Ī)
être, devenir rouge
pelû (PLĪ)
rašû (RŠĪ)
sâmu / *siāmu* (SĪM)
être, devenir sale
ṭanāpu (u/u)
être, devenir semblable
mašālu (a/u)
être, devenir sombre
adāru ('DR; a/u)
da'āmu (D'M; i/i ou u/u)
ekēlu ("KL; i/i)
eṭû ("ṬĪ)
ṣalāmu (i/i)
être, devenir stable
kânu / *kuānu* (KŪN)
être, devenir sûr
taqānu (u/u)
être, devenir tranquille
nâhu / *nuāhu* (NŪH)
šuqammumu (ŠQMM)
être, devenir vert-jaune
arāqu (WRQ; i/i)
être, devenir visible
apû (WPĪ)
être, devenir vrai
kânu / *kuānu* (KŪN)
être, rester inactif
ṣalālu (a/a)
être bien
banû (BNĪ)
étreindre
šapāṣu (i/i)
étreinte
abāru / *apāru* / *ubāru* ('BR "étreindre")
étroitesse
pušqu (PŠQ "(être) étroit")
étui
tākaltu (fém. morph. sur K'L "(con)tenir")
euphorbe
nikiptu
évanouissement
hattu / *ha'attu* (fém.)
éventail
sāru
éviter
paṭāru (a/u)
zêru / *ze'āru* (Z"R)
exagération
atartu (fém. morph. sur WTR "(être) en excès")
exagérer
utturu (II de WTR "(être) en excès")
exalté
elû (sur *elu* "haut")
examiner
barû (BRĪ)
bu'û (II de B'Ī)
hâṭu / *hiāṭu* / *hâdu* (HĪṬ)
latāku (a/u)
ṣubbû (ṢBĪ)

excédentaire
atru / *watrum* / *mat(a)ru* (WTR "(être) en excès")
excellent
arattû (sur Aratta)
atru / *watrum* / *mat(a)ru* (WTR "(être) en excès")
ṣīru
excepter
ezēbu ("ZB; i/i)
excès
atartu (fém. morph. sur WTR "(être) en excédent")
excessif
atru / *watrum* / *mat(a)ru* (WTR "(être) en excès")
excrément(s)
rupuštu
zû (pl.)
excroissance
atartu (fém. morph. sur WTR "(être) en excédent")
excuse
idu (pl. *idātu*)
exécuter un rite
parāṣu
exécution
nēpeštu (fém. morph. sur "PŠ "faire")
exemplaire
šaṭāru (ŠTR "écrire")
exemption
mīšaru (sur "ŠR "(être) droit")
zakûtu (abstr. sur ZKŪ "être libre")
exercer une autorité
šalāṭu (a/u)
exiger un paiement
esēru ("SR; i/i)
exister
bašû (BŠĪ)
exonération
šubarrû (emp. sum.)
exorcisme
āšipūtu (abstr. sur *āšipu* "exorciste")
šiptu (fém. morph. sur ^{W}ŠP "exorciser")
exorciste
āšipu (^{W}ŠP "exorciser")
expérimenté
emqu / *enqu* ("MQ "(être) sage"; fém. *emuqtu*)
expert
apkallu (emp. sum.)
lē'û (sur L"Ī "pouvoir")
massû (emp. sum.)
mūdû (sur *idû* "savoir")
exploits
narbû (sur RBĪ "(être) grand")
exposer
kullumu (II de KLM)
exposition
taklimtu (fém. morph. sur KLM "montrer")
exprimer (un liquide)
mazû / *mazā'u* (a/ u et i/i)
expulser (le mal)
pussuhu
exsudation
hīlu (HĪL "suinter")
exsuder
hâlu (HŪL)
exta (partie d')
isru
extatique
mahhû (sur MHĪ "(être) en délire")
zabbu
extension
terṣu (TRṢ "(é)tendre")
extérieur (subst.)
kamītu (fém. adj. de *kamû*)
kīdu (pl. *kīdū*, *kīdātu*)
qannu (pl. *qannātu*; état constr. *qaran* et *qanni*)
extérieur
ahītu (fém. morph. sur *ahu* "côté")
bābānû (sur *bābānu* "dehors")
kamû / *kawûm*
kīdânu (sur *kīdû* "extérieur")

kīdû
extraire
napālu (a/u)
nasāhu (a/u)
ṣahātu (a/u)
extrait
nishu (NSH "arracher")
extraordinaire
ahû
šūtuqu (sur ”TQ "franchir")

F
fabricant
ēpišānu (sur ”PŠ "faire")
fabriquant d'huile
ṣāhitu (ṢHT "presser")
fabriquer une potion
rabāku (a/u)
fabricant d'arcs
sasinnu
façade
pānu
face
mehertu / *mihirtu* (fém. morph. sur MHR "faire face")
pānu
pūtu (pl. *pâtu* puis *pūtātu*)
fâcher (se)
agāgu ('GG; a/u)
ra'ābu (R'B; u/u)
fagot de joncs
šūru
fagot de roseaux
guzullu / *kuzullu*
faible
akû / *makû*
faiblesse
lemuttu (fém. morph. sur LMN "(être) méchant")
lu'tu
faim
arurtu (fém. morph. sur 'RR "trembler")
bubūtu
faire
epēšu (”PŠ; e/u ou u/u)
faire attention (à)
qâlu (QLŪ)
puqqu (PŪQ II)
faire au matin
šêru (Š”R)
faire complètement
gamāru (a/u)
faire confiance (à)
qâpu / *qiāpu* (QĪP)
hamû (HMĪ)
rahāṣu (i/i ou u/u)
takālu (a/a, i/i)
faire de la bière
luhhumu (II de LHM)
faire des plans
hamālu (i/i)
faire des profits
kussû (II de KSĪ "augmenter")
faire du bruit
habāru (u/u)
faire du commerce
makāru (MKR; a/u?)
faire du tort
habālu (a/u ou i/i)
šalā'u (ŠL'; a/a?)
faire la paix
salāmu (i/i)
faire le sacrifice-*hitpu*
huttupu (II de HTP "égorger")
faire macérer
lubbuku (II de LBK "(être) mou")
faire payer
esēru (”SR; i/i)
faire pour la deuxième fois
šanû (sur *šina* "deux")
faire pour la troisième fois
šalāšu (a/u; sur *šalāš* "trois")
faire rapidement
karāku (i/i)
faire régulièrement
sadāru (i/i ou a/u)
faire souffrir
akālu ('KL; a/u)

faire un contrat
riksāti rakāsu
faire un nid
qanānu (a/u; sur *qinnu* "nid")
faire un procès
gerû (GRĪ)
faire une incursion
habātu (a/u)
faire une offrande funéraire
kasāpu (i/i)
fait vérifié
saniqtu (fém. morph. sur SNQ "(s')approcher de")
faits d'armes
qurdū (pl. de *qurdu* "héroïsme")
falaise
kāpu
famille
bīt abi
bītu (pl. *bitātu* / *bētānu*)
kimtu / *kintu* / *kīmatu* (fém. morph.)
qinnu (m./ fém.)
famille (par alliance)
emūtu (abstr. sur *emu* "beau-père")
salātu
famine
arurtu (fém. morph. sur 'RR "trembler")
bubūtu
dannatu (fém. morph. sur DNN "(être) fort")
hušahhu / *kušahhu* (HŠH "avoir besoin de")
sunqu (SNQ "manquer (de)")
fané
šābulu (sur 'BL "(être) sec")
fange
rubṣu (RBṢ "gîter")
fantôme
alû
eṭemmu
zaqīqu / *zīqīqu* (sur ZĪQ "souffler")
farine
qēmu
farine (type de)
samīdu (SMD "moudre")
tappinnu (emp. sum.)
zidubdubbû (pl.) (emp. sum.)
isqūqu (emp. sum.)
sasqû / *tasqû* / *taksû* (emp. sum.?)
farine fine
mundu
farine grillée pour offrande
maṣhatu (sur ṢHT "presser")
farouche
ekdu ("KD)
fatigue
anhūtu (abstr. sur 'NH "(être) fatigué")
mānahtu (fém. morph. sur 'NH "(être) fatigué")
fatiguer
muqqu (M'Q II)
faubourgs
ahāt āli
faucon
surdû (emp. sum.)
fausseté
sarrūtu (abstr. sur SRR "(être) faux")
ṣaburtu (fém. morph. sur ṢBR "être volubile")
faute
arnu
gillatu
hiṭītu (fém. morph. sur HṬĪ "mal agir")
hīṭu (pl. *hīṭū* et *hīṭāni*; HṬĪ "mal agir")
šērtu (fém. morph.)
faveur
damiqtu (fém. adj. sur DMQ "(être) favorable")
dumqu (DMQ "(être) bon")
gimillu (sur GML "traiter avec faveur")
favorable
išaru ("ŠR "aller droit")
magru (MGR "accepter")
favori
migru (MGR "accepter")
favoriser
gamālu (i/i)

femme
sinništu (fém. morph.)
amīltu / *awēltu* (fém. morph. sur *amīlu* "homme")
femme de même rang
mehertu / *mihirtu* (fém. morph. sur MHR "faire face")
femme du harem
sekretu (fém. morph. sur SKR "fermer")
fendre
letû (LT")
salātu (a/u ou i/i)
šalāqu (a/u)
šatāqu (a/u)
fenêtre
aptu (fém. morph.; empr. sum.)
fenouil
šambaliltu
fente
piṭru (PṬR "ouvrir")
fer
parzillu
fer (météorique)
aši'u (fém.)
amūtu (fém. morph.)
fermage
errēšūtu (abstr. sur *errēšu* "cultivateur")
ferme
tarbaṣu (sur RBṢ "se coucher"; pl. *tarbaṣātu*)
fermenter
purruhu (PRH)
fermer
edēlu ("DL; i/i)
pehû / *pahû* (PHĪ)
sekēru (i/i)
fermeture
hargullu / *hargallu* (emp. sum.)
féroce
dāpinu (DPN "dompter")
fers
maškanu (sur ŠKN "placer"; pl. *maškanū* / *maškanātu*)
fertile
habṣu (HBṢ "être réjoui")
fertiliser
rukkubu (II de RKB "monter (sur)")
fertilité
hegallu / *hengallu* (emp. sum.)
fesses
qinnatu (fém. morph.)
fête
isinnu (pl. *isinnū* et *isinnātu*; emp. sum.)
qerītu (fém. morph. sur QR" "inviter")
fête (type de)
akītu
kinūnu / *kanūnu*
feu
girru / *gīru*
išātu (fém.; pl. *išātātu*)
feuillage
artu (fém. morph. sur *aru* "branche")
fiable
kajjamānû (sur *kajjamānu* "stable")
fiancée
kallātu / *kalla/utu* (fém. morph.)
fibre (de palmier)
imbû
pitiltu (fém. morph. sur PTL "enrouler")
fidèle
kīnu (KŪN)
taklu (TKL "faire confiance")
fidélité
kittu (fém. morph. sur KŪN "(être) sûr")
fier
elû (sur *elu* "haut")
gapšu (GPŠ "(être) énorme"; fém. *gapuštu*)
fièvre
himṭu (HMṬ "brûler")
humṭu / *hunṭu* (HMṬ "brûler")
ummu
figue
tittu (pl. *tinātu*)

figuier
tittu / *ti'(it)tu* (pl. *tinātu*)
fil
qû
fil métallique
guhaššu
filer
ṭamû / *ṭawûm* / *ṭemû* (ṬWĪ)
filet
alluhappu (emp. sum.)
azamillu (pl. *azamillātu*)
qû
saparru (emp. sum.)
šētu (fém. morph.)
šuškallu (emp. sum.)
fille
bintu (fém. morph. sur *bīnu* "fils")
mārtu / *mar'atum* (fém. morph. sur *māru* "fils")
fils
bīnu
māru / *mar'u* / *mer'u*
šumu
fils (héritier)
aplu
fils aîné
kudurru
filtré
halṣu (HLṢ "filtrer")
filtrer
halāṣu (a/u)
šahālu (a/?)
fin (adj.)
qatnu (QTN)
fin
qītu (QTĪ "(être) achevé")
finir
qatû (QTĪ)
šuklulu (ŠKLL)
firmament
burūmû (pl.)
fissure
piṭru (PṬR "ouvrir")

fixer
rapāqu (i/i)
retû (RTĪ)
sanābu / *sanāpu* (i/i)
flamme
akukūtu (pl. *akukâtu*)
flatter
parāšu (a/u)
flèche
mulmullu / *malmallu*
qanû (pl. *qanû* et *qanâtu*)
šiltāhu / *šiltahhu*
šukud(d)u / *šakudu*
fleur
ajaru
fleur (type de)
illuru
fleurir
duššû (DŠ' II)
fleuve
nāru
fleuve de l'au-delà
hubur (emp. sum.)
flexible
labku (LBK "(être) mou")
flûte
embūbu / *ebbūbu*
sasānu / *sasannu*
foetus anormal
izbu ("ZB "excepter")
kūbu / *kummu* / *qūpu*
foie
amūtu (fém. morph.)
gabīdu
kabattu / *kabittu* (fém. morph. sur KBT "(être) lourd")
folie
miqit ṭēmi (litt. "chute de la raison")
fond
sassu
šaplu (ŠPL "(être) bas")
fondation
asurrû (emp. sum.)

išdu / *ildu* / *irdu* / *ušdu*
šubtu (fém. morph. sur ^{W}ŠB "habiter")
šuršu
temmēnu / *timmēnu* (emp. sum.)
fondation(s)
šipik ušši
fondé fermement
šuršudu (III de RŠD "fonder")
fondement
duruššu
fonder
rašādu
fondre
patāqu (i/i)
ṣâdu (ṢŪD)
fonds disponibles
be'ūlātu / *bûlātu* (fém. pl. sur *bêlu* "disposer de")
force
abāru / *apāru* / *ubāru* ('BR "étreindre")
danānu / *da'ānu* (DNN "(être) fort")
dannūtu / *da'nūtu* (abstr. sur DNN "(être) fort")
dunnu (DNN "(être) fort"; pl. *dunnū* et *dunnātu*)
emūqu (pl. *emūqū* / *emūqātu*)
idu (m. / fém.)
lē'ûtu (abstr. sur L"I "pouvoir")
magšaru (sur GŠR "(être) fort")
force expéditionnaire
aṣītu (fém. morph. sur ^{W}ṢĪ "sortir")
karāšu
force principale
gimirtu (fém. morph. sur GMR "achever")
kabittu / *kibittu* (fém. morph. sur KBT "(être) lourd")
force vitale
bāštu / *bāltu* (fém. morph. sur B'Š "avoir honte")
lamassu
forêt
qištu / *qiltu* (fém. morph.)
forgeron
kiškattû / *kiškittû* / *kitkittû* (emp. sum.)
forme
binûtu (abstr. sur BNĪ "créer")
binītu (fém. morph. sur BNĪ "créer")
gattu (m. / fém.)
lānu
minītu (fém. morph. sur MNŪ "compter")
šikittu (fém. morph. sur ŠKN "placer")
šiknu (ŠKN "placer")
former
bašāmu (i/i)
patāqu (i/i)
former (des briques)
labānu (i/i)
fors intérieur
šaplītu (fém. adj. sur *šaplû* "bas")
fort (adj.)
ašṭu / *waštu*
dannu (DNN)
gašru (fém. *gašratu* / *gašertu* / *giširtu*; GŠR "(être) puissant")
forteresse
birtu (fém. morph.; pl. *birātu* / *birānātu*)
dannatu (fém. morph. sur DNN "(être) fort")
dūru (pl. *dūrāni*)
halṣu (m. / fém.)
fortifier
dunnunu (II de DNN)
patānu (i/i)
fortune
dumqu (DMQ "(être) bon")
fosse
haštu
fossé
atappu (m. / fém.)
harīṣu / *hirīṣu* (HRṢ "creuser")
hirītu (fém. morph. sur HRĪ "creuser")

kalakku (pl. *kalakkātu*; emp. sum.)
palgu
fouet
ištuhhu
qinnāzu (m. / fém.)
fouler
kabāsu (a/u)
four
tinūru
fourneau
mušahhinu / *mušhinnu* (sur ŠHN "(être) chaud")
kiškattû / *kiškittû* / *kitkittû* (emp. sum.)
kūru (fém.)
kīru / *kēru* (fém.; emp. sum.)
fourmi
kulbābu
fournir
ašāru ('ŠR; a/u)
šuršû (III de RŠĪ "obtenir")
fournisseur des vivres
kakardinnu / *kakatennu* / *karkadinnu*
fourrage
hābu
imrû (sur MRĪ "engraisser")
kissatu / *kiššatu*
fourré de joncs
ṣuṣû
fourrure
šārtu (fém. morph.)
fraction
igitennu (emp. sum.)
fragment
hirṣu/ *herṣu* (HRṢ "séparer de")
hupû (HPĪ "casser")
fragments (de métal)
hušû (pl.; HŠŪ "couper")
fraîcheur
arqūtu (sur 'RQ "(être) jaune-vert")
franchir
ebēru ("BR; i/i)
etēqu ("TQ; i/i)
frange
sikku
frapper
da'āpu (D'P; i/i)
dâku / *duāku* (DŪK)
hatû (HTŪ)
lapātu (a/u)
mahāṣu (a/a)
pa'āṣu / *pêṣu* (P"S)
rasābu / *rasāpu* (i/i)
šabāṭu (i/i)
šubruqu (III de BRQ "fulgurer")
tarāku (a/u)
zaqātu (a/u)
fraternité
ahhūtu (sur *ahu* "frère")
athûtu (abstr. sur *athû* "partenaires")
fraude
sartu (pl. *sarrātu*; fém. morph. sur SRR "(être) faux")
frayeur
pirittu (fém. morph. sur PRD "craindre")
frémir
šâbu (ŠŪB)
frère
ahu
frère plus jeune
duppussû (emp. sum.)
frère préféré
talīmu
friche
kišubbû (emp. sum.)
friser? (cheveux)
kezēru / *kazāru* (i/i)
frisson
hurbāšu
kuṣṣu / *kūṣu*
froid
kuṣṣu / *kūṣu*
froncer le nez
ganāṣu

fronde
aspu
front
mahru
pānātu (pl. fém.; cf. *pānu* "face")
pūtu (pl. *pâtu* puis *pūtātu*)
frontière
itû (fém.)
kisurrû / *kasurru* (emp. sum.; pl. *kisurrû*, *kisurrētu*)
kudurru
miṣru / *miṣirru* / *miṣaru* (pl. *miṣrū*, *miṣrātu*, *miṣrētu*)
pāṭu / *pattu*
pilku (PLK "séparer")
pulukku
qannu
tah(h)ūmu / *tuhūmu*
frotter (avec)
kadādu (a/u)
kâru (KŪR)
marāqu (a/u)
muššu'u (MŠ')
pašāšu (a/u)
sêru / *se'āru* (S"R)
fruit
inbu
fugitif
arbu
munnabtu (sur 'BT "s'enfuir")
ṭardu (ṬRD "envoyer au loin")
fuir
abātu ('BT; i/i; surtout IV: *nābutu*)
halaqu (i/i)
fuite
arbūtu (sur *arbu* "fugitif")
fulgurer
barāqu (i/i)
fumée
qutru (QTR "fumer")
fumer
qatāru (u/u)
fumigation
qutāru (QTR "fumer")
furoncle
simmu
fuseau
pilakku / *pilaqqu*
futur (dans le)
ahrātaš (sur 'HR "tarder")
futur (subst.)
ahrâtu (fém. pl. sur 'HR "tarder")
arkītu (fém. morph. sur *arki* "derrière")
aṣītu (fém. morph. sur ʷṢĪ "sortir")
futur
arkû (sur *arki* "derrière")

G

gage
maškanu (sur ŠKN "placer"; pl. *maškanū* / *maškanātu*)
mazzazānu / *manzazānu* (sur *izuzzu* "se tenir debout")
qātatū (pl. de *qātu* "main")
gages
idū (pl.)
gain
išdihu (sur ŠDH "aller en avant")
gains
himmatu (fém. morph. sur HMM "rassembler")
galbanum?
baluhhu
gale
ekkētu (fém. morph. sur "KK "gratter")
galet
abattu (fém. morph., sur *abnu* "pierre")
išqillatu / *sillatu* (fém. morph.)
garant
bēl qātāti
ipṭiru (sur PṬR "délier")
līṭu (L'Ṭ "enfermer"; pl. *līṭūtu* / *līṭū*)
qātātu (pl. fém. de *qātu* "main")

garantie
ezibtu / *izibtu* (fém. morph. sur ”ZB “laisser”)
mazzazānu / *manzazānu* (sur *izuzzu* “se tenir debout”)
qātātu (pl. fém. de *qātu* “main”)
šapartu (fém. morph. sur ŠPR “mander”)
garçon
māru / *mar'u* / *mer'u*
ṣuhāru (ṢHR “(être) jeune”)
garde (poste de)
kādu (pl. *kādānu*)
garde (subst. fém.)
maṣṣartu (fém. morph. sur NṢR “veiller”)
garde (subst. m.)
maṣṣaru (sur NṢR “veiller”)
garde-manger
huršu
garder
naṣāru (a/u)
garder (la possession de)
qanû, *qanā'u* (QNĪ)
garder du bétail
re'û (R”Ī)
garder éveillé
dalāpu (i/i)
gardien
maṣṣaru (sur NṢR “veiller”)
rābiṣu (RBṢ “(être) aux aguets”)
gâteau sucré
muttāqu / *mutāqu* / *muntāqu* (MTQ “(être) doux”)
gauche (à)
šumēlû
gauche (subst.)
šumēlu
gazelle
ṣabītu (fém. morph.)
gazouiller
habābu (u/u)
gel
halpû (emp. sum.)
šuruppû
gelée
šurīpu (m. / fém.)
geler
qarāhu (u/u)
gémir
anāhu ('NH; a/a)
damāmu (u/u)
nasāsu (u/u)
nazāmu (u/u)
gémissement
nissatu (fém. morph. sur NSS “se lamenter”)
gencive
lašhu / *lahšu*
gendre
hatanu / *hatnu*
général (subst.)
tartānu / *turtānu* / *ta*/*urtannu* (emp. hourr.)
genévrier
burāšu
duprānu / *dap*(*a*)*rānu*
supālu
génie protecteur
lamassu
géniteur
bānû (BNĪ “créer”)
zārû (ZRŪ “répandre”)
genou
birku
gens
nišū (pl. m. / fém.)
tenēštu (fém. morph. sur N”Š “vivre”)
ṣābu
gentillesse
ṭūbātu (fém. pl. sur ṬĪB “(être) bon”)
gerboise?
arrabu
germer

elēpu ("LP; i/i)
giron
sūnu (pl. *sūnātu*)
gîte
rubṣu (RBṢ "gîter")
glace
qarhu (QRH "geler")
šurīpu (m. / fém.)
glaive
namṣaru (sur MṢR)
patru
glisser (se)
nehelṣû (IV de HLṢĪ)
glisser
našallulu (IV de ŠLL)
neqelpû / *naqalpû* (IV de QLP")
pašālu (i/i)
glisser dans (se)
halāpu (u/u)
gloire
dalīlu (DLL "louanger")
tanattu (fém. morph. sur. *nâdu* "célébrer"); *tanittu* / *tanīdu*
tašrihtu (fém. morph. sur ŠRH "(se) glorifier")
glorifier
dalālu (a/u)
šurruhu (II de ŠRH "(se) glorifier"); *šušruhu* (III de ŠRH)
glose
lišānu (fém.)
gobelet
assammû (emp. sum.)
kāsu (m./ fém.)
gonfler
emēru ("MR)
gapāšu (a/u)
gorge
napištu (fém. morph. sur NPŠ "respirer")
goutter
natāku (u/u)
ṣarāru (u/u)
gouttes de pluie
tīku (cf. NTK "goutter")
gouvernail
parīsu (PRS "séparer")
sikkannu / *sik(k)ānu* (emp. sum.; pl. *sikkannū* et *sikkannātu*)
gouverner
âru (^{W}'R; i/i)
bêlu (B"L)
gouverneur
bēl pī/āhāti
halzuhlu (sur *halṣu* "forteresse")
šakin māti
šakkanakku / *šakkanku* (emp. sum.?)
šaknu (ŠKN "placer")
šāpiru (ŠPR "mander")
gouverneur de Nippur
guennakku (emp. sum.)
gouverneur (provincial)
šakin ṭēmi
grain
ašnan (fém.)
še'u; *û* (fém.)
graisse
lipû
graisse de porc
nāhu / *nuhhu*
grandeur
narbû (sur RBĪ "(être) grand")
grandir
rabû (RBĪ)
šâhu / *šiāhu* (ŠĪH ou ŠŪH)
grandir avec luxuriance
ešēbu ("ŠB; i/i)
grange
adru (m. / fém.)
grappe de raisin
ishunnatu (fém. morph.)
gras (subst.)
šamnu
gratter
ekēku ("KK; i/i)
halāšu (a/u)

marāṭu (a/u)
graver
esēqu ("SQ; i/i)
eṣēru ("ṢR; i/i)
grenade
lurmû / *nurmû*
grenadier
lurmû / *nurmû*
grenier
bīt karî
išittu
našpaku (sur ŠPK "entasser"; pl. *našpakū* / *našpakātu*)
šutummu (emp. sum.)
qarītu / *qirītu* (fém. morph.)
grenouille
muṣa'irānu / *muṣârānu*
griffe
ṣupru (pl. *ṣuprātu*)
kišukku (emp. sum.)
griller
qalû (QLĪ)
grimper
pašālu (i/i)
grincer (des dents)
gaṣāṣu / *kaṣāṣu* (a/u)
grogner
hamû / *hawû* (HWŪ)
labû / *lebû* (LBŪ)
gronder
harāru / *arāru* (u/u)
lahābu (i/i)
šagāmu (u/u)
gronder avec force
raṣānu (u/u)
grossir (pour la crue)
nabā'u (NB'; u/u)
groupe
illatu (fém.)
groupe(ment)
kiṣru (KṢR "attacher")
gué
nēberu (sur "BR "franchir")
guérir
bulluṭu (II de BLṬ "vivre")
nêšu / *na'āšum* (N"Š)
guérison
bulṭu (BLṬ "vivre")
guerre
nukurtu (fém. morph. sur NKR "(être) ennemi")
guerrier
mutu
qarrādu
qurādu
gypse
gaṣṣu

H

habile
emqu / *enqu* ("MQ "(être) sage"; fém. *emuqtu*)
habileté
nikiltu (fém. morph. sur NKL "(être) habile")
habillement
tēdīqu / *tīdīqu* (sur "DQ "vêtir")
habitant
āšibu (^{W}ŠB "habiter"; pl. *āšibū* / *ašibūtu*)
habitation
šubtu (fém. morph. sur ^{W}ŠB "habiter")
habitations
dadmū (pl.)
habiter
ašābu (^{W}ŠB; a/i)
hache
haṣṣinnu
pāšu
qulmû (pl. *qulmû* et *qulmâtu*)
haie (de roseau)
kikkišu
haine
zērātu (pl. fém. sur Z"R "haïr")
zīru / *zūru* (Z"R "haïr")

haïr
zêru / *ze'āru* (Z"R)
halo (lune)
qimmatu (fém. morph. sur QMM "dresser")
supūru
hameau
edurû / *aduru* / *aturu* (emp. sum.)
hanche
gilšu / *giššu*
handicapé
hummuru (HMR "fracasser")
pessû
harceler
duhhusu / *dussuhu* (DHS II)
harmonie
mithurtu (fém. morph. sur MHR "(être) en face")
harnaché
ṣamdu (ṢMD "attacher")
harpe
sammû (emp. sum.)
tibbuttu / *timbūtu*
harpe?/ tambour?
balaggu / *balangu* (emp. sum.)
haruspice
bārû (BRĪ "voir")
hâter (se)
arāhu ('RH; a/a)
hamāṭu (u/u)
hâšu / *hiāšu* (HĪŠ)
haut
arku ('RK "(être) haut")
arraku (sur WRQ "(être) long")
elû (sur "LĪ "(être) haut")
zaqru (ZQR "(être) haut")
hauteur
mēlû (sur "LĪ "(être) haut")
mūlû (sur "LĪ "(être) haut")
ziqpu (ZQP "planter")
heaume de cuir
gurpisu / *gursipu*
hélas!
aja
hématite
šadânu
husāru / *hušāru*
héraut
nāgiru (NGR "annoncer?")
herbe
dīšu
šammu
herbe (une sorte d')
lardu
sassatu (fém. morph. sur *sassu* "sol")
héritage
aplūtu (sur *aplu* "fils (héritier)")
arkatu (fém. morph. sur *arku* "derrière")
héritier
ewuru (emp. hourr.)
héroïque
dāpinu (DPN "dompter")
qardu (fém. *qarittu*; QRD "(être) héroïque")
héroïsme
qurdu (QRD "(être) héroïque")
zikrūtu (abstr. sur *zikru* "mâle")
héron?
igirû
héros
qarrādu
qurādu
herser
šakāku (a/u)
heure double
bēru
hier
amšali
hirondelle
sinuntu / *sinundu*
šinūnūtu
hiver
kuṣṣu / *kūṣu*
homme (libre)
amīlu / *awīlu* / *a'īlu* / *abīlu*
homme
zikaru / *zikkaru* / *zikru*

homme d'affaires
tamkāru (sur MKR "faire du commerce")
homme grossier
ahurrû (sur 'HR "tarder")
homme libre, de qualité
mār banî
homme primitif
lullû (emp. sum.)
honoré
kubbutu (II de KBT "(être) lourd")
honorer
dalālu (a/u)
kubbutu (II de KBT "(être) lourd")
rēša našû (litt. "lever la tête (de)")
honte
būštu / *būltu* (B'Š "avoir honte")
horizon
šipik šamê (litt. "fondement du ciel")
hors de
ina
ištu / *ultu*
hors-la-loi
habbilu (HBL "razzier")
hostilité
nukurtu (fém. morph. sur NKR "(être) ennemi")
zērātu (pl. fém. sur Z"R "haïr")
huile
šamnu
huile d'onction
piššatu (fém. morph. sur PŠŠ "oindre")
huile de sésame
ellu
huile parfumée
igulû (emp. sum.)
humains
nišū (pl. m. / fém.)
humanité
abrātu (pl. fém.)
amīlūtu (abstr. sur *amīlu*)
elâtu (fém. pl. sur "LĪ "(être) haut")
tenēšētu (fém. pl. sur *tenēštu* "gens")
ṣalmāt qaqqadi (litt. "(populations) noires de têtes")
humeur
egirrû / *girrû* (emp. sum.)
kabattu / *kabittu* (fém. morph. sur KBT "(être) lourd")
humide
labku (LBK "(être) humide")
humilier
qullulu (II de QLL "(être) de peu d'importance")
hurlant
nā'iru / *nā'eru* (N'R)
hurlement
šisītu / *tisītu* / *sisītu* (fém. morph. sur ŠSĪ "crier")
hurler
ramāmu (u/u)
šasû (ŠSĪ)
hutte
asuppu (pl. *asuppātu*)
hutte en roseau
huṣṣu (pl. *huṣṣātu*, *huṣṣūtu*; sur HṢṢ "rompre")
šutukku (emp. sum.)
hydre
bašmu
hydropisie
agannutillû (emp. sum.)
hyène
būṣu
hypoténuse
ṣiliptu (fém. morph. sur ṢLP "couper")

I

ici (d')
annânum (sur *annû* "celui-ci"); *annikī'a*/ *annikānu*; *anniš*
ici
adû
akanna
annakam (sur *annû* "celui-ci")
anumma

identifier
mussû / **wussû* / *muššu* (WS' II)
idiotie
lillūtu (abstr. sur *lillu* "idiot")
il n'y a pas
jānu
illumination
mišhu (MŠH "briller")
illuminer
nuwwuru / *nummuru* (II de NWR/NMR "(être) clair")
image
nabnītu (fém. morph. sur BNĪ "créer")
tamšīlu / *tanšīlu* (sur MŠL "(être) équivalent")
ṣalmu (pl. *ṣalmū*, *ṣalmāni*)
imbécile
saklu
immédiatement
kapdu
immerger
karāku (i/i)
šalû /*salû* (ŠLĪ)
impatience
ikku
impérieux
šalṭu (ŠLṬ "gouverner")
implorer
sullû (SLĪ)
imposer
emēdu ("MD; i/i)
šakānu (a/u)
impôt
maddattu / *mandattu* (fém. morph. sur NDN "donner")
miksu (sur MKS "lever un impôt")
impôt annuel
igišû (emp. sum.)
imprégner
mahāhu (a/u)
imprimer
mašāru (a/u)
impudence
miqit pî (litt. "chute de la bouche")
inauguration
tašrītu (fém. morph. sur ŠRĪ "commencer")
inaugurer
šurrû (ŠRĪ)
incantation
mašmaš(š)ūtu (sur *mašmaš(š)u* "prêtre incantateur")
šiptu (fém. morph. sur ^W^ŠP "exorciser")
tû (emp. sum.)
incinération
maqlūtu (sur QLĪ "brûler"; pl. *maqlātu*)
šurpu (ŠRP "brûler")
inciser
paṣādu (i/i)
inclinaison
qiddatu (fém. morph. sur QDD "s'incliner")
incliner (s')
qadādu (a/u)
incomparable
lā šanan
incorporer
summuhu (II de SMH "mêler")
incorrect
lā šalmu
incrustation
ihzētu (pl. fém. sur 'HZ "saisir")
inculte (terre)
arbu
incurvé
suhhuru (SHH "retourner")
indemnité
kiššātu (pl. fém. sur KŠŠ "avoir sous son autorité")
individu
amīlūtu (abstr. sur *amīlu* "homme")
indulgence
ennānātu (fém. pl. sur "NN "supplier")
infanterie
zūku

infecter
lā'ābu (L'B; i/i)
inférieur (subst.)
muškēnu (sur ŠK"N "se prosterner")
inférieur
šaplû (sur ŠPL "(être) bas")
šupālû (sur *šapālu* "dépression")
infériorité
šaplu (ŠPL "(être) bas")
inflammation
bubu'tu (fém. morph.)
išātu (fém.; pl. *išātātu*)
informateur
bātiqu (BTQ "dénoncer")
information
di'(a)tu / *dihtu* (fém. morph.)
ṭēmu (pl. *ṭēmātu*, *ṭēmētu*)
information claire
zakûtu (abstr. sur ZKŪ "(être) pur")
informer
lummudu (II de LMD "apprendre")
ingrédients
maššītu (fém. morph. sur NŠĪ "déposer")
inondation
agû (emp. sum.)
bubbulu / *bibbulu* / *bumbulu* (sur BBL "porter")
butuqtu (fém. morph. sur BTQ "séparer")
mīlu (sur MLĀ "remplir")
rihṣu (RHṢ "inonder")
inonder
rahāṣu (i/i)
šunnû (II de ŠNĪ)
ṣabû / *ṣapû* (ṢBŪ)
inquiéter (s')
nazāqu (i/i)
inscription
maštaru / *maltaru* (sur ŠṬR "écrire")
musarû / *mušarû* (emp. sum.)
šiṭru (ŠṬR "écrire"); *šiṭirtu* (fém. morph.)
insérer
sanāšu (i/i)
insolence
šillatu (fém. morph. sur ŠLL "commettre un acte insolent")
insomnie
diliptu (fém. morph. sur DLP "rester éveillé")
inspecter
amāru ('MR; a/u)
hâṭu (HĪṬ)
naṭālu (a/u)
inspecteur
ha'āṭu / *hajjāṭu* (pl. *ha'āṭāni*; sur HĪṬ "surveiller")
inspecteur des canaux
gugallu (emp. sum.)
inspection
amirtu (fém. morph. sur 'MR "voir")
piqittu (fém. morph. sur PQD "confier; pl. *piqdātu* puis *piq(i)nētu*)
tāmartu / *tāmurtu* (fém. morph. sur 'MR "voir")
inspiration
šēhu (Š"H "souffler")
installer
šabāhu (u/u)
šūlû (III de "LĪ "(être) haut")
sukkunu (II de SKN "s'occuper de")
instigateur
ēpišānu (sur "PŠ "faire")
instruction
našpartu (fém. morph. sur ŠPR "envoyer")
qibītu (fém. morph. sur QBĪ "dire")
taklimtu (fém. morph. sur KLM "montrer")
têrtu / *tîrtu* (fém. morph. sur ^{W}'R "donner des instructions")
instructions
qību (QBĪ "dire")
instruire
kullumu (II de KLM)
instruit
itpūšu (I/2 "PŠ "faire")

instrument
akkullu (pl. *akkullātu*, *akkullānu*)
insuffler
edēpu ("DP; i/i)
insulte
magrītu (fém. adj. sur GRĪ "(être) hostile à")
šillatu (fém. morph. sur ŠLL "commettre un acte insolent")
insulter
arāru ('RR; a/u)
nazāru (a/u)
ṭapālu (a/u, i/i)
ṣelû (ṢL")
insurgé
nābi'u / *nābihu* (NB' "se soulever")
tēbû / *tībû* (sur TBĪ "se dresser")
intact
balṭu (BLṬ "vivre")
intégrité
šulmu (ŠLM "(être) intact")
intelligence
hissatu (fém. morph. sur HSS "comprendre")
milku (MLK "conseiller")
ṭēmu (pl. *ṭēmātu*, *ṭēmētu*)
intelligent
emqu / *enqu* ("MQ "(être) sage"; fém. *emuqtu*)
mūdû (sur *idû* "savoir")
intendant
abarakku
intendante
abarakkatu (fém. morph. sur *abarakku* "intendant")
intention
libbu
pānu
ṭēmu (pl. *ṭēmātu*, *ṭēmētu*)
intercesseur
mukīl abbūti
intérêt
ṣibtu (fém. morph. sur ^{W}ṢB "augmenter")
hubullu (HBL "avoir une dette")
intérieur (subst.)
bītānu / *bētānu* (sur *bītu* "maison")
karšu (m. / fém.)
libbānu (sur *libbu* "intérieur")
libbu
qerbu (QRB "(être) proche de")
qerbītu (fém. adj. sur *qerbu* "intérieur")
ṣurru
intérieur (adj.)
bītānû (sur *bītānu* "intérieur")
qablītu (fém. morph. sur *qablu* "milieu")
interprétation
pišru (PŠR "délivrer")
interprète
targumannu / *turgumannu*
interprête (songes)
šā'ilu (Š'L "interroger")
interrogatoire
maš'altu (fém. morph. sur Š'L "interroger")
interroger
šâlu (Š'L; a/a)
šepû (ŠPĪ)
intervalle
birītu / *bištu* (fém. morph. sur *biri-* "entre")
intestin(s)
erru
qerbu (QRB "(être) proche de")
intimider
šuhhutu (II de ŠHT "craindre")
introduire (s')
palāšu (a/u)
introduire
šūlû (III de "LĪ "(être) haut")
ṭuhhû (II de ṬH""(être) proche")
intrus
errēbu (sur "RB "entrer")
invalide
nahru (NHR)

invalider
hepû / *hapû* (HPĪ)
inventaire
amirtu (fém. morph. sur 'MR "voir")
inviter
qerû / *qarā'u* (QR")
invoquer
nabû (NBĪ)
šasû (ŠSĪ)
zakāru (a/u)
irrigation
mašqītu (fém. morph. sur ŠQĪ "verser (de l'eau)")
mikru (MKR "irriguer")
šiqītu (fém. morph. sur ŠQĪ "irriguer")
šīqu (ŠQĪ "irriguer")
irriguer
makāru (a/u puis i/i)
šaqû (ŠQĪ)
ṣabû / *ṣapû* (ṢBŪ)
irritabilité
ikku
irriter la gorge
šanā'u (ŠN'; a/u)
isolé
ēdēnû / *ēdāniu* (sur *ēdēnu* "seul")
ivoire
šinnu (fém.)
ivraie
pû

J

jachère
kankallu / *kagallu* / *kigallu* (emp. sum.; fém.)
nidītu (fém. morph. sur NDĪ "abandonner)
jaillir
napāṣu (a/u)
jambage
sippu / *sibbu* (emp. sum.?; pl. *sippū*, *sippāni*)
jambe
purīdu

jardin
kirû (pl. *kirû*, *kirâtu*)
musaru / *mūš/sarû*
jardinier
nukaribbu (emp. sum.)
jarre
išpikū (pl.; ŠPK "entasser")
karpatu (fém. morph.)
jarre à provision
našpaku (sur ŠPK "entasser"; pl. *našpakū* / *našpakātu*)
jaspe
jašpû
jaune-vert
arqu (fém. *aruqtu*; 'RQ "(être) jaune-vert")
jaunisse
ahhāzu ('HZ "saisir")
amurriqānu
javelot
nar'amtu (pl. *narāmātu*)
jetée
kisirtu (fém. morph. sur KSR "bloquer")
jeter
nadû (NDĪ)
nasāku (u/u)
jeu
mēlultu (fém. morph. sur *mēlulu* "jouer")
jeune (animal)
lillidu (sur ^W^LD "engendrer")
jeune (subs.)
līdānu (^W^LD "engendrer")
atmu
jeune femme
ardatu (fém. morph. sur *ardu* "serviteur")
ṣuhārtu (fém. morph. sur ṢHR "(être) jeune")
jeune fille
batultu / *batussu* (fém. morph. sur *batūlu* "jeune homme")
ṣuhārtu (fém. morph. sur ṢHR "(être) jeune")

jeune homme
batūlu
jeûner
šurrû (ŠRĪ)
jeunesse
ṣuhru (ṢHR "(être) jeune")
joie
hadû (HDŪ/ Ī "se réjouir")
hidâtu / *hidiātu* (fém. pl. sur HDĪ "être joyeux")
hidûtu (abstr. sur HDĪ "être joyeux")
hūdu / *hudû* (HDĪ "être joyeux")
rīštu / *rēštu* (fém. morph. sur RĪŠ "jubiler")
ṭūbātu (fém. pl. sur ṬĪB "(être) bon")
jonc
šulpu
joue
lētu / *lītu* (pl. *lētātu*)
dūr appi (litt. "mur du nez")
jouer
mēlulu (i/ i; vb irrégulier)
joug
abšānu
nīru
ṣimittu (fém. morph. sur ṢMD "lier")
jouir de
akālu ('KL; a/u)
jour
šamšu
ūmu
joyaux
šukuttu (fém. morph. sur ŠKN "placer")
jubilation
nigûtu / *ningûtu* (sur NGŪ "chanter de joie"; pl. *nigâtu*)
jubiler
nagû / *negû* (NGŪ)
juge
dajjānu (DĪN "juger")
juge suprême
sartennu / *širtinnu* (empr. hourr.)
jugement
dīnu / *dēnu* (DĪN "juger"; pl. *dīnātu*)
juger
dânu / *diānu* (DĪN)
jumeau
māšu / *maššû*
tū'amu / *tu'īmu*
jument
atānu (fém.)
jurer
tamû (TMĀ, nB TMĒ)
zakāru (a/u)
jusqu'à (ce que)
adi
adīni
juste
tarṣu (TRṢ "(être) juste")
kīnu / *kēnu* (sur KŪN "(être) stable")
išaru (sur "ŠR "(être) droit")
justice
kīnātu (fém. pl. sur KŪN "(être) stable")
mīšaru (sur "ŠR "(être) droit")

L

là
ašriš (sur *ašru* "lieu")
là où
ašar
là-bas
akannaka
ammaka(m) (sur *ammû* "celui-là")
ašrānu (sur *ašru* "lieu")
lâcher
uššuru (^{W}ŠR II)
laine
šipātu (fém. pl.)
laine peignée
pušikku
laine pourpre
argamannu
takiltu (fém. morph.)
laine rouge
nabāsu

tabarru (emp. hourr.)
ṣirpu (ṢRP "teindre (en rouge)")
laisser
ezēbu ("ZB; i/i)
râhu / *riāhu* (RĪH)
laisser aller
uššuru (^{W}ŠR II)
lait
šizbu
laitue
hassū (pl.)
lamentateur
lallaru
lamentation
bikītu (fém. morph. sur BKĪ "pleurer")
ikkillu (emp. sum.; pl. *ikkilū* et *ikkillātu*)
qubû (QBĪ "dire")
šigû
lamenter (se)
nubbû (II de NBĪ "nommer")
sapādu (i/i)
lampe
nūru (NWR "(être) clair")
lance
azmarû (pl. *azmarû* et *azmarānû*)
šukurru
lancer
nadû (NDĪ)
ramû (RMĪ)
ṣalā'u (ṢL'; i/i)
lancer (armes)
šalû (ŠLŪ)
lancette
karzillu / *karṣillu* (emp. sum.)
lance?
sinnatum (fém. morph.)
langue
lišānu (pl. *lišānū*)
langue (idiome)
lišānu (fém.)
pû
lapicide
kabšarru (emp. sum.)
lapidaire
parkullu (emp. sum.)
zadimmu (emp. sum.)
lapis-lazuli
zagindurû / *zagid(du)rû* (emp. sum.)
lard
nāhu / *nuhhu*
large
palkû (NPLK" "(être) large")
largeur
pūtu (pl. *pâtu* puis *pūtātu*)
rupšu (RPŠ "(être) large")
larme
dīmtu / *dindu* (fém. morph.; pl. *dīmātu*, *dī'ātu*)
lasso
ašqulālu
lavage
mīsu (MSĪ "laver")
laver
mesû (MSĪ "laver")
ramāku (u/u)
šahātu (a/u)
laver d'une accusation
ubbubu (II de "BB "(être) pur")
lécher
lêku (L"K)
lecteur
āmiru ('MR "voir")
léger
qallu (QLL "(être) de peu d'importance")
légitime
dannu (DNN "(être) fort"; fém. *dannatu*)
kunnu (KŪN "(être) stable")
lentille
kakkû
léopard
nimru
lèpre
saharšubbû (emp. sum.)
lésion (de la peau)
simmu
lettre

našpartu (fém. morph. sur ŠPR "envoyer")
šaṭāru (ŠTR "écrire")
šipirtu (fém. morph. sur ŠPR "mander")
šipru (ŠPR "mander")
levée (de troupes)
dikûtu (fém. morph. sur DKĪ "lever")
lever (subst.)
tibûtu / *tebûtu* (abstr. sur TBĪ "se lever")
lever (astres)
niphu (NPH "briller")
lever
dekû (DKĪ)
matāhu (a/u)
našû (NŠĪ)
lever (se)
tebû (TB"ou TBĪ)
lever tôt (se)
šêru (Š"R)
lèvre
šaptu (fém. morph.)
lézard
ṣurārû
liasse
lippu (sur LPP "envelopper")
libation
maqqītu (fém. morph. sur NQĪ "verser")
libellule
kulīlu / *kulilû*
libération
pišertu (fém. morph. sur PŠR "délivrer")
libérer
pašāru (a/u)
paṭāru (a/u)
šahātu (a/u)
uššuru (ᵂŠR II)
libre (de réclamations)
zakû (ZKŪ "être) propre"; fém. *zakūtu* / *zakītu*)
qadšu (QDŠ "(être) pur")
licencier
sapāhu (a/u)
lie
qadūtu (pl. nA *qaduātu*)
šuršummu
lien
kannu (KNN "enrouler"; pl. *kannātu*)
kurṣû
kīsu (KSĪ/Ū "lier")
markasu (sur RKS "lier")
riksu (RKS "lier"; pl. *riksū* / *riksātu*)
ṭurru / *turru* (emp. sum.)
ṣimdu / *ṣindu* (ṢMD "lier")
liens
izqātu (fém. pl.)
siparrū (pl. de *siparru* "bronze")
lier
e'ēlu ("' L; i/i)
harāšu (HRŠ)
kasû (KSĪ / Ū)
rakāsu (a/u)
ṣamādu (i/i)
lier par un serment
tummû (II de TMĀ "jurer")
lier (avec des lanières)
šapû (ŠPĪ)
lieu
maškanu (sur ŠKN "placer"; pl. *maškanū* / *maškanātu*)
lieu caché
puzru (PZR "cacher")
lieu cultuel (type de)
ibratu (fém.)
lieu de résidence
maštaku
lieu hanté
(*bīt*) *zāqīqi* (sur ZĪQ "souffler")
lieue double (env. 10 km.)
bēru

lieutenant
laputtû (emp. sum.)
ligne
sadīru (pl. *sadīrū* / *šadīrātu*; SDR "mettre en ordre")

šumu
ligne de bataille
sidirtu (fém. morph. sur SDR "mettre en ordre")
ligne de séparation
perku / *pirku* (sur PRK "barrer")
limite
itû (fém.)
limītu / *liwītu* / *libītu* (fém. sur LMŪ "entourer")
limon
sakīku (SKK "boucher")
lin
kitû
lin (vêtement de)
kitinnû / *kitītu* (sur *kitû* "lin")
lingot
kušru
linteau
hittu
lion
labbu / *lābu*
nēšu
liquide
mû / *mê* (pl.)
lire (à haute voix)
šasû (ŠSĪ)
lisière
qannu (pl. *qannātu*; état constr. *qaran* et *qanni*)
liste
mehru / *mihru* (MHR "faire face")
lit
eršu (fém.)
majjaltu / *ma'āssu* / *mâltu* (fém. morph. sur NĪL "s'étendre")
majjālu (sur NĪL "s'étendre")
lit de brique
tibku (TBK "verser")
litière (feuilles ou de roseaux)
hāmū (pl.)
litige
ṣāltu (fém. morph. sur Ṣ'L "disputer")
livraison
maššītu (fém. morph. sur NŠĪ "déposer")
puquddu (fém. morph. sur PQD "confier")
lointain
nesû (NSĪ "(être) loin")
rūqu (sur RĪQ "(être) loin")
long
arku ('RK "(être) long")
arraku (sur 'RK "(être) long")
longévité
labāru (LBR "durer")
rūqu (sur RĪQ "(être) loin")
longueur
ariktu (fém. morph. sur 'RK "(être) long")
māraku (fém. morph. sur 'RK "(être) long")
mūraku (sur 'RK "(être) long")
loquet
aškuttu (fém.; emp. sum.)
mēdelu (sur "DL "fermer")
lot
isqu (pl. *isqātu*)
louage
idū (pl.)
louer (prendre en location)
agāru ('GR; a/u)
louer (faire la louange)
nâdu / *na'ādu* (N'D; a/a puis a/u)
loueur
āgiru (sur 'GR "louer")
loup
barbaru
loutre
kalab mê (litt. "chien de mer")
loyer
igru ('GR "louer")
lumière
nūru (NWR "(être) clair")
šamšu
šarūru
ṣētu / *ṣītu*

lumière (du ciel)
nannāru (sur NWR "(être) lumineux")
lumineux
nebû / *nabû* (NBĪ "briller")
luminosité surnaturelle
namrirrū (sur (NWR "(être) brillant")
lune
nannāru (sur NWR "(être) brillant")
^d^Sin
luxuriance
hiṣbu (HṢB "être vert")
lalû (emp. sum.?)
šumhu (ŠMH "(être) luxuriant")
luxuriant
šamhu (sur ŠMH "(être) luxuriant")
luzerne
elpetu

M

machination(s)
epištu / *epšetu* (fém. morph. sur "PŠ "faire")
mâchoire
isu
lahû
lašhu / *lahšu*
maçon
itinnu (emp. sum.?)
maçonnerie
pitqu (PTQ "construire")
magasin
abūsu (fém.)
ašahhu (pl. *ašahhātu*)
šipkātu (fém. pl. sur ŠPK "verser")
magasin à blé
aldû (emp. sum.)
magnifique
šitrahu (I/2 ŠHR "(être) fier")
main
kappu
qātu (fém.)
rittu
main gauche
šumēlu
main droite
imittu / *emittu*
maintenant
adû
akanni
annūri(g) (sur *annû* "celui-ci")
anumma
inanna
maintenir
kullu (KŪL II)
maire
hazannu
laputtû (emp. sum.)
rabânu / *rabiānu* (sur RBĪ "(être) grand")
maison
bītu (pl. *bitātu* / *bētānu*)
maître
bēlu (sur B"L "gouverner")
majesté
šarrūtu (abstr. sur *šarru* "roi")
majestueux
šagapūru / *šaggapūru* / *šagapīru*
mal (subst.)
masiktu / *mašiktu* (fém. adj. sur MSK "(être) mauvais")
lumnu (LMN "(être) mauvais")
malachite
ešmekku (emp. sum.)
maladie
liptu (pl. *liptātu*; sur LPT "toucher")
murṣu (MRṢ "(être) malade")
maladie (de la tête)
ašû / *hašû* / *ušû*
di'u / *dihu*
sagkidabbû (emp. sum.)
maladie (infectieuse?)
sili'tu (fém. morph. sur SL' "infecter")
maladie (type de)
lilû (emp. sum.)

asakku (emp. sum.)
labāṣu
lamaštu (fém. morph.)
sikkatu
maladie de la peau
li'bu (L'B "infecter")
maladie des yeux
amurdinnu / *murdinnu*
maladie musculaire
sakikku / *sagiqqu* (emp. sum.)

mâle
zikaru / *zikkaru* / *zikru*

malédiction
arratu (fém. morph. sur 'RR "maudire")
izzirtu (fém. morph. sur NZR "maudire")
māmītu (fém. morph. sur ^{W}MĪ; pl. *māmâtu*)

maléfice
epēšu ("PŠ "faire")

malfaisant
raggu (RGG "(être) mauvais")

malheur
adirtu (fém. morph. sur 'DR "être sombre")
ahītu (fém. morph. sur *ahu* "côté")
lemuttu (fem. morph. sur LMN "(être) mauvais")
lumnu (LMN "(être) mauvais")
maruštu / *maruṣtu* (fém. adj. sur MRṢ "(être) pénible")

malignité
ṣaliptu / *ṣiliptu* (fém. morph. sur ṢLP "pervertir")

malodorant
bīšu (B'Š "puer")

malt
buqlu

maltraiter
habālu (a/u ou i/i)

mander
âru (^{W}'R; i/i)
šapāru (a/u)

mandragore
pillû

manger
akālu ('KL; a/u)
patānu (a/u)
ta'û (T'Ī)

mangouste
šikkû

manifeste
šūpû (WPĪ "(être) visible")

manquant
halqu (HLQ "disparaître")

manque
hišihtu / *hašehtu* (fém. morph. sur HŠH "désirer")
hīṭu (pl. *hīṭū* et *hīṭāni*; HṬI "mal agir")
muṭû / *muṭā'ū* (MṬĪ "(être) peu")
tamṭītu (fém. morph. sur MṬĪ "(être) peu")

manquer (de)
makû (MK')
maṭû (MṬĪ)
naparkû / *neperkû* (PRKŪ)
zummû (ZMĪ)

manteau
nahlaptu (fém. morph. sur HLP "vêtir")
nalbašu (sur LBŠ "vêtir")
tillu / *tillû*
siriam (pl. *sirijamāti*, *sir'amūti*)

manumission
andurāru / *durāru* (sur DRR "se libérer de")
tazkītu (fém. morph. sur ZKŪ "(être) libre")

maquillé
ebru ("BR "(être) maquillé")

marais
agammu (emp. sum.?)
appāru (emp. sum.; pl. *appārātu*)
nāriṭu (NRṬ "trembler")

marchand
tamkāru (sur MKR "faire du commerce")
marchandises
luqūtu (fém. morph. sur LQ" "recevoir")
namhartu (fém. morph. sur MHR "recevoir")
šīmu (m. / fém.; Š'M "acheter")
marchands (organisme de)
kāru
marche
kibsu (KBS "suivre une trace"; pl. *kibsū*, *kibsātu*)
tallaktu (fém. morph. sur 'LK "aller")
marche (d'escalier)
ebertu (fém. morph. sur "BR "franchir")
mēlû (sur "LĪ "(être) haut")
marché
mahīru (MHR "recevoir"; pl. *mahīrū*, *mahīrātu*)
marcher
rapādu (u/u)
marcher (en procession)
šadāhu (i/i)
marcher en cercle
maṣāru (a/u)
mari
hā'iru / *hāwiru* / *hāmiru* (HĪR "choisir")
mutu
mariage
ahūzatu (fém. morph. sur 'HZ "saisir")
aššūtu (abstr. sur *aššatu* "épouse")
marin
malāhu (emp. sum.)
marque
ittu (fém. morph.; pl. *ittātu* et *idātu*)
šimtu / *šindu*/ *simtu*
marque oraculaire sur le foie
naplastu (fém. morph. sur PLS "regarder")
marque sur la peau
erimmu
marquer
šamātu (i/i)
massacre
abiktu (fém. morph. sur 'BK "renverser")
dabdû / *daw(a)dûm* / *dubdû* (emp. sum.)
šaggaštu (fém. morph. sur ŠGŠ "tuer")
masse
gipšu (GPŠ "(être) massif")
kubru (KBR "(être) gros")
massif
zaqru (ZQR "(être) massif")
massue
zahaṭû (emp. sum.)
mastiquer
kasāsu (u/u)
lamāmu (a/u)
na'āsu (N'S; i/i) (accom. I: *i'is*)
mat
tarkullu / *darkullu* (emp. sum.; pl. *tarkullū*, *tarkullātu*)
matelot
rakkābu (sur RKB "monter (sur)")
matin
kaṣâtu (fém. pl. sur KṢĪ "(être) froid")
šērtu (fém. morph. sur *šēru* "matin")
šēru
maudire
arāru ('RR; a/u)
ezēru ("ZR; i/i)
nazāru (a/u)
mauvais
bīšu (B'Š "puer")
lemnu; fém. *lemuttu* (LMN)
mauvaise réputation
masiktu / *mašiktu* (fém. adj. sur MSK "(être) mauvais")
méchanceté
lemuttu (fem. morph. sur LMN "(être) méchant")
ṣaburtu (fém. morph. sur ṢBR "(être) volubile")

méchancetés
nullâtu
méchant
lemnu; fém. *lemuttu* (LMN)
raggu (RGG "(être) mauvais")
ṣēnu
médecin
asû (emp. sum.)
médecin-chef
azugallu (emp. sum.)
médian
qablû (adj. sur *qablu* "milieu")
médiocre
qallalu (sur QLL "(être) de peu d'importance")
qallu (QLL "(être) de peu d'importance")
médisance
karṣu (KRṢ "sectionner")
méfait
hibiltu (fém. morph. sur HBL "endommager")
meilleur (subst.)
rēšu
mélange
billatu (fém. morph. sur BLL "mélanger")
mélanger
balālu (a/u)
hâqu (HĪQ)
mêlée
mithuṣu (sur MHṢ "frapper")
mêler
marāsu (a/u)
samāhu (a/u)
membrane
ipu
šišītu / *šisītu* / *tisītu* (fém. morph.)
membres
binātu (fém. pl. sur *binītu* "forme")
mešrêtu (pl.; sur ŠRĪ "(être) sain")
minītu (fém. morph. sur MNŪ "compter")
memorandum
tahsistu (fém. morph. sur HSS "(être) attentif")
menace
šipṭu (ŠPṬ "réprimander")
menottes
izqātu (fém. pl.)
mensonge
pirištu (fém. morph.)
sarrātu (fém. pl. sur SRR "(être) faux")
sartu (fém. morph. sur SRR "(être) faux")
surrātu (pl. fém. sur SRR "(être) faux")
ṣaliptu / *ṣiliptu* (fém. morph. sur ṢLP "pervertir")
mensuellement
arhussu (sur *arhu* "mois")
menteur
sarru (SRR "(être) faux"; pl. *sarrūtu*)
mention
hissatu (fém. morph. sur HSS "comprendre")
zikru (ZKR "parler")
mentir
salā'u (SLĪ)
surruru (II de SRR "être faux")
menton
suqtu
menuisier
nagāru / *naggāru* / *nan/mgāru* (emp. sum.)
mépriser
mêšu (M"Š)
šâṭu (ŠŪṬ)
šêṭu (Š"Ṭ)
ṭuppulu (II de ṬPL "insulter")
mer
ajabba (indécl.)
marratu (fém. morph. sur MRR "(être) amer")
tâmtu / *tiāmtu* / *tâm/ndu*
message
bussurtu (fém. morph. sur *bussuru* "apporter des nouvelles")
našpartu (fém. morph. sur ŠPR "mander")

šipirtu (fém. morph. sur ŠPR "mander")
šipru (ŠPR "mander")
messager
allāku ('LK "aller")
bātiqu (BTQ "dénoncer")
mār šipri
messager rapide
kallû
messager à cheval
rakbu (RKB "chevaucher")
mesure
middatu / *mindatu* / *maddatu* (fém. morph. sur MDD "mesurer")
mišiḫtu / *me/išḫat(t)u* (MŠḪ "mesurer")
mesurer
madādu (a/u)
mašāḫu (a/u)
šadādu (a/u)
métayage
errēšūtu (abstr. sur *errēšu* "cultivateur")
métayer
babbilu (sur BBL "apporter")
errēšu (sur "RŠ "cultiver")
mettre
šakānu (a/u)
mettre au monde
alādu (ʷLD; a/i)
mettre de côté
nakāšu (i/i)
mettre en branle
dekû (DKĪ)
mettre en campagne (se)
ṣabā'u / *ṣabāḫu* (ṢB'; a/u)
mettre en colère (se)
naḫnuqu (IV de ḪNQ "comprimer")
mettre en ligne
sadāru (i/i ou a/u)
mettre en morceaux
ḫabāšu (a/u)
mettre en mouvement (se)
namāšu (u/u)
mettre en rage (se)
šamāru (u/u)
mettre en travers (se)
parāku (i/i)
mettre fin à
baṭālu (i/i)
mettre un toit
ṣullulu (II sur *ṣulūlu* "toit")
mettre une coiffure
apāru ('PR; i/i)
meule
erû (pl. *erêtu*)
meunier
ararru (emp. sum.)
kaṣṣidakku (emp. sum.)
sāmidu (SMD "moudre")
meurtre
niksu (NKS "couper")
nērtu (fém. morph. sur N"R "tuer")
šaggaštu (fém. morph. sur ŠGŠ "tuer")
meurtrier
bēl dāmi
dā'ikānu (sur *dā'iku* "meurtrier")
dā'iku / *dajjiku* (DŪK "tuer")
ēpiš nērti
midi
muṣlālu (sur ṢLL "dormir")
ūm mašil
miel
dišpu / *dašpu*
milieu
mišlu / *mešlu* (MŠL "égaler"; pl. *mišlātu*)
qabaltu (fém. morph. sur *qablu* "milieu")
qablu
qablītu (fém. morph. sur *qablu* "milieu")
qerbu (QRB "(être) proche de")
mille
līmu
millet
duḫnu / *tuḫnu*

mince
qatnu (QTN)
mine (mesure: 480 gr)
manû
ministre
šukkallu / *sukkallu*
miroir
mušālu (sur MŠL "(être) égal")
nāmaru (sur 'MR "voir")
misère
dullu (pl. *dullū*, *dullātu*, *dullāni*)
miséricordieux
pādû (PDĪ)
tajjāru (sur TŪR "retourner")
mission
piqittu (fém. morph. sur PQD "confier; pl. *piqdātu* puis *piq(i)nētu*)
mobile
muttalliku (sur I/3 de 'LK "aller")
mobiliser
dekû (DKĪ)
modèle
gišhur(r)u (emp. sum.; pl. *gišhurāte*)
moelle épinière
lipištu (fém. morph.)
moins
maṭi (MTĪ "manquer")
mois
arhu / *urhu* / *barhu* (fém.)
moisson
ēburu
turāšu / *turēzu* / *turazzu*
tēlītu (fém. morph. sur "LĪ "(être) haut")
moissonner
eṣēdu ("ṢD; i/i)
moissonneur
ēṣidu ("ṢD "moissonner")
moitié
ahu
bāmtu (fém. morph.)
mišlu / *mešlu* (MŠL "égaler"; pl. *mišlātu*)
muttatu
mollet
kimṣu

moment
niṭil īnī (litt. "regard des yeux")
monceau
karmu / *kamru*
monde (humain)
adnātu (pl. fém.)
monde habité
dadmū (pl.)
monde de l'au-delà
arallû (emp. sum.)
monde inférieur
šaplītu (fém. adj. sur *šaplû* "bas")
monde infernal
kigallu (emp. sum.)
monstre (type de)
lahmu (pl. *lahmū*, *lahmānu*)
montagne
huršānu / *hursānu* (emp. sum.)
šadû (pl. *šadû*, *šadānu* / *šadâtu*)
monter
elû ("LĪ)
monter (sur)
rakābu (a/a)
monticule
šipkātu (fém. pl. sur ŠPK "verser")
montrer
kullumu (KLM II)
montrer humble (se)
labānu (i/i)
montrer les dents
hanāṣu (i/i)
monture (pour pierre précieuse)
ihzū (pl. sur 'HZ "saisir")
moquer (se)
lezēnu (i/i)
moquerie
namūtu
morceau
hīpu (HPĪ "casser")
kirbānu / *kurbannu*
kusāpu (KSP "couper")
niksu (NKS "couper")
nishu (NSH "arracher)
šibirtu / *šebirtu* (fém. morph. sur ŠBR "briser")

morceau (informe)
kirṣu (KRṢ "sectionner")
morceau de bois
huṣābu (HṢB "(être) vert")
morceler
habāšu (a/u)
mordre
našāku (a/u)
morsure
nišku (NŠK "mordre")
mort (la)
mūtu (MŪT "mourir")
mītūtu (abstr. sur MŪT "mourir")
mort prématurée
ūm lā šīmti
mot
dibbu (DBB "parler")
qibītu (fém. morph. sur QBĪ "dire")
motte de terre
akkullātu (fém. pl.)
kirbānu / *kurbannu*
lamṣatu / *nams(at)u*
mouche
zumbu / *zubbu*
moucheter
takāpu (i/i)
moudre
qamû / *qemû* (QMĪ)
samādu (u/u)
ṭênu (Ṭ"N)
mouflon
bibbu
mouiller
na'ālu (N'L; i/i)
rasānu (a/u, i/i)
šanû (ŠNĪ)
šaqû (ŠQĪ)
tuhhuhu (THH II)
moule à briques
nalbanu (sur LBN "faire de briques"; pl. *nalbinānu*)
nalbattu (fém. morph. sur LBN "faire de briques")
mourir
mâtu / *muātu* (MŪT)
mourir (de mort naturelle)
ana šīmti alāku
moustache
sapsapu (pl. *sapsapāte*)
mout (de bière)
sību (SBĪ "faire de la bière")
moutarde?
kasû (pl.)
mouton
immeru
gukkallu / *kukallu* (emp. sum.)
mouton (jeune)
aslu
mouton (une race de)
alu
mouton sauvage
atūdu
mouvement
alaktu / *alkatu* (fém. morph. sur 'LK "aller"; pl. *alkakātu*)
moyen
qablû (adj. sur *qablu* "milieu")
mugir
hadādu (u/u)
mule
kūdan(n)u
parû
multicolore
burrumu (BRM "(être) coloré")
multiplier
šutābulu (III/2 de ^{W}BL "apporter")
uṣṣubu (II de ^{W}ṢB "augmenter")
mur
igāru (pl. *igārū* et *igārātu*; emp. sum.)
pitiqtu (fém. morph. sur PTQ "construire")
mur de renfort
kisû (emp. sum.)
mur extérieur de ville
šalhû
mûrir
bašālu / *pašālu* (a/a)
murmurer
habābu (u/u)

halālu (u/u)
murmurer (des prières)
luhhušu (II de LHŠ "murmurer")
muscle
gīdu (pl. *gīdū* et nB *gidātu*)
šer'ānu
museler
haṭāmu (i/i)
muselière
hargullu / *hargallu* (emp. sum.)
huṭṭimmu (sur HṬM "bloquer")
musicien
nāru (emp. sum.?)
zammāru (sur ZMR "chanter")
musicien en chef
nargallu (emp. sum.)
mutiler
nakāpu / *naqāpu* (i/i)
myrrhe
asu
murru (MRR "être amer")

N

n'importe où
ali
ūma
nain
kurû (KRŪ "(être) court")
naissance
ilittu (fém. sur ᵂLD)
ṣītu / *ṣētu* (fém. morph. sur ᵂṢĪ "sortir"; pl. *ṣiātu*)
naphte
napṭu
nappe phréatique
nagbu / *nagabbu*
narine
nahīru
nasse
sasānu / *sasannu*
natte
burû (pl. *burânu* et *burû*)
kutummu (KTM "couvrir")
navet?
laptu (fém.)
ne ... pas
la / *lā*
ul
néant
zaqīqu / *zīqīqu* (sur ZĪQ "souffler")
négligence
hiṭītu (fém. morph. sur HṬĪ "mal agir")
nīd(i) ahi
négliger
ezēbu ("ZB; i/i)
haṭû (HṬĪ)
mašû (MŠĪ)
mekû / *makû* (MKĪ)
nadû (NDĪ)
šâṭu (ŠŪṬ)
šêṭu (Š"Ṭ)
neige
šalgu
nettoyer
hâbu / *hâpu* / *hêpu* / *hiāpu* (HĪB/P)
kapāru (KPR; a/u)
mesû (MSĪ)
ubbubu (II de "BB "(être) pur")
nez
appu (pl. *appātu*)
nid
qinnu (m./ fém. QNN "faire un nid")
noble
muštarhu (sur ŠRH "(être) fier")
noces
emūtu (abstr. sur *emu* "beau-père")
noeud
kiṣru (KṢR "attacher")
pitiltu (fém. morph. sur PTL "enrouler")
riksu (RKS "lier"; pl. *riksū* / *riksātu*)
ṭurru / *turru* (emp. sum.)
noirceur
ṣulmu (ṢLM "(être) noir")
noircir (de fumée)
qutturu (II de QTR "fumer")

nom
nibītu (fém. morph. sur NBĪ "nommer")
nību / *nimbu* (sur NBĪ "nommer")
šumu
zikru (ZKR "parler")
nombre
minûtu (sur MNŪ "compter")
mīnu (sur MNŪ "compter")
nību / *nimbu* (sur NBĪ "nommer")
nombre réciproque
igû (emp. sum.)
nombreux
gapšu (GPŠ "(être) énorme"; fém. *gapuštu*)
mādu (M'D "(être) nombreux"; fém. *mattu, ma'assu*)
nombreuse (humanité)
apâtu (adj. fém. pl.)
nombril
abunnatu (fém. morph.)
nommer
nabû (NBĪ)
zakāru (a/u)
nommer à un poste
šâmu / *šiāmu* (ŠĪM)
non
ul; lā
non!
ē
nord
ištānu / *iltānu*
normal
išaru ("ŠR "aller droit")
kajjānu (sur KŪN "(être) stable")
normalement
ginâ
normalité
išarūtu ("ŠR "aller droit")
noter
šaṭāru (a/u)
notice
tahsistu (fém. morph. sur HSS "comprendre")
notification
hissatu (fém. morph. sur HSS "comprendre")
nouer
hadālu (a/u)
kaṣāru (a/u)
rakāsu (a/u)
šatû (ŠTŪ)
ṣamādu (i/i)
nourrice
mušēniqtu (fém. morph. sur "NQ "téter")
tārītu (fém. morph. sur TRĪ "éduquer")
nourrir
epēru ("PR; i/i)
nourrisson
la'û
lakû (LKĪ "(être) faible")
ša šizbi (litt. "celui du lait")
nourriture
akalu ('KL "manger")
kur(um)matu (fém. morph.)
mākālu (sur 'KL "manger")
nouveau
eššu ("DŠ "(être) nouveau"; fém. *eššetu* / *edištu*)
nouveau-venu
errēbu (sur "RB "entrer")
nouvel an
rēš šatti
nouvelle (subst.)
amātu / *awātu* / *abūtu* (fém. morph. sur 'WŪ "parler")
nouvelle lune
bubbulu / *bibbulu* / *bumbulu* (sur BBL "porter")
nouvelles
ṭēmu (pl. *ṭēmātu, ṭēmētu*)
nouvelles (imprévues)
bussurtu (fém. morph. sur *bussuru* "apporter des nouvelles")
novice
tarbûtu (abstr. sur RBĪ "(être) grand")

nu
erû ("RĪ "(être) nu")
nuage
erpetu (fém. morph. sur "RP "devenir couvert")
nuage de brume
akāmu (sur 'KM)
nudité
mūrênu (sur "RĪ "(être) nu")
nuit
mušītu (fém. morph. sur *mūšu* "nuit")
mūšu
nuque
kišādu (pl. *kišādātu*)
kutallu (pl. *kutallū*, *kutallātu*)

O

obéir (à)
magāru (a/u puis u/u)
dagālu (a/u)
šemû (ŠM")
obéissant
māgiru (MGR "accepter")
sanqu (SNQ "(s')approcher de")
objecter
uppusu (II de "PS "(être) difficile")
objection
idu (pl. *idātu*)
objet
nēpeštu (fém. morph. sur "PŠ "faire")
objet cultuel (type d')
ēqu
oblat
šerku / *širku* (ŠRK "offrir")
obligation
e'iltu (fém. morph. sur "'L "lier")
obscurcir
ukkulu (II de "KL "(être) sombre")
uṭṭû (II de "ṬĪ "(être) sombre")
obscurité
adirtu (fém. morph. sur 'DR "être sombre")
eṭûtu (abstr. sur "ṬĪ "(être) sombre")
ikletu / *ekletu* (fém. morph sur "KL "être sombre")
obscurité profonde
da'ummatu (fém. morph. sur *da'āmu* "(être) sombre")
observation
maṣṣartu (fém. morph. sur NṢR "veiller")
tāmartu / *tāmurtu* (fém. morph. sur 'MR "voir")
observer
naṭālu (a/u)
ṣubbû (ṢBĪ)
obsidienne
ṣurru
obstiné
šapṣu (ŠPṢ "étreindre")
obstruction
miqtu (MQT "tomber")
obstruer
karāku (i/i)
kasāru / *kesēru* (i/i)
parāku (i/i)
šanā'u (ŠN'; a/u)
obtenir
kašādu (a/u)
leqû / *laqā'u* (LQ")
rašû / *rašā'u* (RŠĪ)
occident
erēb šamši
occuper (s')
na'ādu / *nahādu* (N'D; i/i)
paqādu (i/i)
sakānu (a/u; emp. ouest-sém.)
occuper
ramû (RMĪ)
occuper une position (militaire)
zaqāpu (?/u; G, Gt)
océan originel
apsû (emp. sum.)
odeur
erēšu / *erīšu*
napīšu (sur NPŠ "respirer")
nipšu (NPŠ "respirer")
odeur (mauvaise)

būšānu (B'Š "puer")
oeil
īnu / *ēnu* (pl. *īnū et īnātu* ou duel)
oeillères
naplastu (fém. morph. sur PLS "regarder")
oesophage
lu'u
oeuf
pelû
œuvre
epištu / *epšetu* (fém. morph. sur "PŠ "faire")
nēpeštu (fém. morph. sur "PŠ "faire")
offenser
murruṣu (II de MRṢ "(être) pénible")
office
parṣu
offrande
biblu (BBL "emporter")
igišû (emp. sum.)
irbu ("RB "entrer")
niqû / *nīqu* (sur NQĪ "verser (une libation)"; pl. *niqû*, *niqiātu*)
taqribtu (fém. morph. sur QRB "prier")
offrande (alimentaire)
sirqu (SRQ "verser")
zību
offrande (de céréales)
nindabû / *nidabû* (emp. sum.)
offrande (type d')
nisan(*n*)*u* (emp. sum.)
guqqû (emp. sum.; pl. *guqqānû* et *guqqû*)
šuginû (emp. sum.)
surqinnu (sur SRQ "verser")
offrande du soir
nubattu (fém. morph. sur BĪT "passer la nuit")
offrande funéraire
kispu (KSP "faire une offrande funéraire")
offrande régulière
sattukku / *santukku* / *sattakku* (emp. sum.)
ginû / *genû* (emp. sum.)
offrande volontaire
šagigu(*r*)*rû* (emp. sum.)
offrir
qâšu / *qiāšu* (QĪŠ)
râmu / *riāmu* (RĪM)
šarāku (a/u)
oie
kurkû (emp. sum.)
oignon
šamaškillu (emp. sum.)
oindre
pašāšu (a/u)
surru (II de S"R "badigeonner")
oiseau
iṣṣūru (pl. *iṣṣūrū* et *iṣṣūrātu*)
oisiveté
rīqūtu (sur RĪQ "(être) vide")
olive
serdu / *sirdu*
oliveraie
sirdu / *serdu*
olivier
serdu / *sirdu*
ombre
ṣillu
omoplate
naglabu
onagre
serrēmu / *serrāmu* / *sirrimu*
oncle
ahi abi
oncle maternel
hālu
onction
piššatu (fém. morph. sur PŠŠ "oindre")
tēqītu (fém. morph. sur "QĪ "oindre")
ongle
ṣupru (pl. *ṣuprātu*)
onguent
napšaštu (fém. morph. sur PŠŠ "enduire")
opinion
niṭlu (NṬL "voir")
šaptu (fém. morph.)

ṭēmu
oppression
habālu (HBL "faire du tort")
opprimer
bazā'u
habālu (a/u ou i/i)
sahāmu (i/i)
se'û (S"Ī)
opulence
ṭuhdu (ṬHD "(être) abondant")
or
hurāṣu
orage
ašamšūtu / *ašamtūtum* (pl. *ašamšātu* / *ašanšātu*)
ordalie
huršānu / *hursānu*
ordinaire
išaru ("ŠR "aller droit")
ordonner
qabû (QBĪ)
ûru (II de ᵂ'R "aller")
ordre
milku (MLK "conseiller")
qibītu (fém. morph. sur QBĪ "dire")
qību (QBĪ "dire")
ṣīt pî
šipirtu (fém. morph. sur ŠPR "mander")
šipru (ŠPR "mander")
zikru (ZKR "parler")
ordre strict
šipṭu (ŠPṬ "réprimander")
ordre cosmique
mû (emp. sum.)
oreille
hasīsu (HSS "(être) avisé")
uznu (pl. *uznātu*)
orfèvre
kutimmu / *kutīmu* (emp. sum.)
organisation
išdu / *ildu* / *irdu* / *ušdu*
organiser
ašāru ('ŠR; a/u)
kaṣāru (a/u)
sadāru (a/u et i/i)
orge
kunāšu
še'u; *û* (fém.)
tabrû
orge (variété d')
inninu / *ennēnu*
orge grillée
laptu
orgueilleux
muštarhu (sur ŠRH "(être) orgueilleux")
orient
napāh šamši ("apparition du soleil")
origine
ilittu (fém. morph. sur ᵂLD "engendrer")
ṣītu / *ṣētu* (fém. morph. sur ᵂṢĪ "sortir"; pl. *ṣiātu*)
ornement
simtu (fém. morph. sur WSM "convenir")
šukuttu (fém. morph. sur ŠKN "placer")
orphelin
ekû ("KĪ "priver (de)")
os
eṣemtu / *eṣentu* (pl. *eṣmētu*)
otage
līṭu (L'Ṭ "enfermer"; pl. *līṭātu* / *līṭū*)
où?
aj / *ē* (pron. inter. *ajjû*)
ajikī'am / *jaka* / *êkâ* (sur l'interr. *aj*)
bīt / *bīte*
ali
oublier
mašû (MŠĪ)
oued
nahallu / *nahlu*
ouest
amurru
ereb šamši
šalām šamši
oui
anna / *anni* (cf. *annû* "celui-ci")

ouragan
ašamšūtu / *ašamtūtum* (pl. *ašamšātu* / *ašanšātu*)
šibṭu (sur ŠBṬ "frapper")
tarbu'(t)u / *tarbuttu* / *tur(u)bu*
ourlet
sikku
sissiktu / *šissiktu* / *zissiktu* (fém. morph. sur *sikku* "frange")
ours
asu
outil
nēpešu (sur "PŠ "faire")
outil de bois
ampannu (empr. hour.)
outre (prép.)
eli (sur *elu* "haut")
outre (subst.)
harinnu / *hirinnu*
nādu / *najjādu* (pl. *nādātu*)
ouvert (yeux, intelligence)
palkû (PLK""(être) large")
petû (PT")
ouverture
aptu (fém. morph.)
bitqu (BTQ "séparer")
mūṣû / *mūṣā'u* (sur ᵂṢĪ "sortir")
pītu (PT""ouvrir")
ouvrier journalier
agru (sur 'GR "louer")
ouvrir
petû / *patû* (PT")
ouvrir (s') largement
nepelkû (IV de PLK")
ovin(s)
immertu (fém. morph. sur *immeru* "mouton")
ṣēnu

P

pacifier
nuhhu (II de NŪH "(être) calme")
sullumu (II de SLM)
paiement
isru ("SR "enfermer")
mašqaltu (fém. morph. sur ŠQL "peser")
paiement final
ahirtu (fém. morph. sur 'HR "tarder")
tašlimtu / *tašlindu* (fém. morph. sur ŠLM "(être) intact")
paiement (type de)
nishu (NSH "arracher")
paiement additionnel
nūptu
paiement compensatoire
iplū (pl. sur 'PL "répondre")
paille
pû
tibnu
paille hachée
iltu
pain
akalu ('KL "manger")
pain (type de)
kukku / *gukku* (emp. sum.)
pain à bière
bappiru (emp. sum.)
pain doux
mutqû (MTQ "(être) doux")
paire
tāpalu (sur 'PL "répondre")
ṣimittu (fém. morph. sur ṢMD "lier")
paix
nēhtu (fém. morph. sur NŪH "(être) paisible")
salāmu (SLM "(être) en paix")
salīmu (SLM "(être) en paix")
šalāmu (ŠLM "(être) intact")
palais
ekallu (emp. sum.; pl. *ekkallātu*)
palefrenier
šušānu
pâlir
arāqu (WRQ; i/i)
palmier dattier

alamittu
iṣ mašrî (litt. "arbre de richesse")
gišimmaru (m./ fém.; emp. sum.)
palmier dattier jeune
suhuššu (emp. sum.)
palpiter
nakādu (u/u)
panier
huppu (pl. *huppātu*)
masabbu / *masappu*
mazrūtu (sur ZRŪ "vanner")
pišannu / *pisannu* (emp. sum.; pl. *pisannū*, *pisannātu*)
sellu (pl. *sillū*, *salliāte*)
šugrû / *šugurû* / *šugarrû*
panier de roseau
kuruppu
sasānu / *sasannu*
panier (type de)
qappatu (fém. morph.)
panier à briques
kudurru (pl. *kudurrū*, *kudurrātu*)
tupšikku / *šupšikku* / *dupšikku*
panique
hattu / *hātu* / *ha'attu* (fém.)
gabarahhu (emp. sum.)
pansement
naṣmattu (fém. morph. sur ṢMD "lier"; pl. *naṣmadātu*)
paquetage
nēpišu (sur "PŠ "faire")
zurzu
par
ina
paralyser
eqēqu ("QQ)
eṣēlu ("ṢL; i/i)
hamû (HMĪ)
šamāmu (a/u)
paralysie
mišittu (fém. morph. sur MŠD "frapper")
mungu (MGG "avoir des crampes")
parapet
gabadibbû (pl.; emp. sum.)
parce que
ašša / *aššu*
pardon
tajjartu / *ta"artu* (fém. morph. sur TŪR "retourner"; pl. *têrātu*)
tajjāru (sur TŪR "retourner")
pardon (divin)
salīmu (SLM "(être) en paix")
parent
ālidu (^{W}LD "engendrer")
parent par alliance
hatanu / *hatnu*
parents de sang
nišūtu (abstr. sur *nišu* "gens")
parfait
gitmālu (I/2 GML "favoriser")
šuklulu (ŠKLL "achever")
parfum
rīqu / *riqqu*
parler
amû / *awû* ('WŪ)
dabābu (u/u)
qabû (QBĪ)
zakāru
parmi
biri-
birīt (sur *biri–*)
ina
parole
amātu / *awātu* / *abūtu* (fém. morph. sur 'WŪ "parler")
atmû / *atwûm* (sur 'WŪ "parler")
dibbu (DBB "parler")
šaptu (fém. morph.)
zikru (ZKR "parler")
part
isqu (pl. *isqātu*)
qātu (fém.)
zittu (fém. morph. sur ZŪZ "partager"; pl. *zīzātu*)
part additionnelle
elâtu (fém. pl. sur "LĪ "(être) haut")
partager
samāhu (a/u)
zâzu (ZŪZ)

partenaire
bēl zitti
itbāru (sur *ibru* "ami")
šutāpu / *šutappu* / *šuzāpu*
partenaires
athû (sur **ahû* "fraterniser")
partenariat
athûtu (abstr. sur *athû* "partenaires")
partie inférieure
šaplītu (fém. adj. sur *šaplû* "bas")
partie supérieure
elâtu (fém. pl. sur "LĪ "(être) haut")
elītu (fém. adj. sur "LĪ "(être) haut")
partir
atluku (I/2 de *alāku* "aller")
bêšu (B"Š)
nagāšu (u/u)
namāšu (u/u)
nesû / *nasā'u* (NSĪ)
pas encore
adīni (+ nég.)
passé (subst.)
ṣâtu / *ṣiātu* (fém. pl. sur ^WṢĪ "sortir")
pānātu (pl. fém.; cf. *pānu* "face")
labirtu (fém. morph. sur LBR "durer")
passé (adj.)
mahru
passer la nuit
bâtu/ *biādu* (BĪT)
šumšû (III sur *mūšu* "nuit")
passer le long de
bâ'u (BĀ')
passoire
nappû (sur NPĪ "filtrer")
pâte
līšu (sur L'Š "pétrir")
tēqītu (fém. morph. sur "QĪ "oindre")
pâte d'antimoine
guhlu
patine
šuhtu
patrie
mātu (fém.: pl. *mātātu*)
patrimoine
aplūtu (sur *aplu* "fils (héritier)")
bīt abi
patronage
abbūtu (sur *abu* "père")
pâturage
mirītu (fém. morph. sur R"Ī "paître")
namû / *nawû* (m. / fém.)
qerbetu (fém. morph. sur *qerbu* "intérieur")
rîtu (sur R"Ī "paître") / *ri'ītu* (fém. morph.)
pâturage extérieur
aburru
paupière
kap īni (litt. "aile de l'oeil")
pauvre
lapnu (de LPN "devenir pauvre"; fém. *lapuntu*, *laputtu*, *lapussu*)
pauvreté
lupnu (LPN "(être) pauvre")
pavement
kisirtu (fém. morph. sur KSR "bloquer")
payer
apālu ('PL; a/u)
eṭēru ("ṬR; i/i)
hâṭu / *hiāṭu* / *hâdu* (HĪṬ)
madādu (a/u)
nadānu (a/i ou i/i)
šaqālu (a/u)
payer complètement
mullû (II de MLĀ "remplir")
pays
mātu (fém.: pl. *mātātu*)
pays frontalier
tah(h)ūmu / *tuhūmu*
paysan
ikkaru (emp. sum.)
peau
mašku
qilpu (QLP "peler") / *qulēptu* (fém. morph.)
péché
arnu
gullultu (fém. morph. sur GLL "com-

mettre un péché")
hīṭu (pl. *hīṭū* et *hīṭāni*; HṬĪ "mal agir")
pêcher
bâru / *ba'āru* (B'R)
pêcheur
bā'iru/ *bā'eru* (B'R "pêcher")
pectoral
tudittu (fém.; pl. *tudinātu*)
peigne
mušṭu / *mulṭu* (pl. *mušṭātu*)
peigner
halāṣu (a/u)
peigner (laine)
napāšu (a/u)
peine
tānēhu (sur 'NH *anāhu* "(être) fatigué")
peler
kapāru (a/u)
qalāpu (a/u)
pelle
marru (emp. sum.; pl. *marrū* / *marrātu*)
nēsepu (sur "SP "rassembler")
pelle (type de)
nashiptu / *našhiptu* (fém. morph. sur SHP "renverser")
pelote
pitiltu (fém. morph. sur PTL "enrouler")
pencher
kapāṣu (i/i)
pencher (se)
šurru (ŠŪR)
pendant (que)
adi
pendant
ina
pendentif
sanhu (pl. *sanhāni*)
pénis
išaru /(*m*)*ušaru* ("ŠR "aller droit")
pensée
kabattu / *kabittu* (fém. morph. sur KBT "(être) lourd")
percepteur
mākisu (MKS "collecter les impôts")
rab miksi
percer
sahālu (a/u)
perche
timmu / *dimmu* (emp. sum.)
perdre
hulluqu (II de HLQ "disparaître")
père
abu (pl. *abbū*)
perforation
šīlu
périmètre
kippatu (fém. morph. sur KPP "courber")
limītu / *liwītu* / *libītu* (fém. sur LMŪ "entourer")
sihirtu (fém. morph. sur SHR "entourer")
périphérie
kibru
périr
qatû (QTĪ)
mâtu (MŪT)
permanence
dūru (DRĪ "durer")
kīnātu (fém. pl. sur KŪN "(être) stable")
permanent
kajjamānu (sur *kajjānu* "permanent")
kajjānu (sur KŪN "(être) stable")
permettre
magāru (a/u puis u/u)
nadānu (a/i ou i/i)
persister
lazāzu (a/a)
sahāru (u/u)
personne (subst.)
qaqqadu / *kaqqadu* (pl. *qaqqadātu*)
zumru
lānu

napištu (fém. morph. sur NPŠ "respirer")
pagru
personne impure
musukku (emp. sum.)
personnel (subst.)
nišūtu (abstr. sur *nišu* "gens")
tenēštu (fém. morph. sur N"Š "vivre")
personnel
ša šēpē
perte
bitiqtu (fém. morph. sur BTQ "séparer")
butuqqû (sur BTQ "séparer")
haliqtu (fém. morph. sur HLQ "perdre")
hiṭītu (fém. morph. sur HṬĪ "mal agir")
ibbû (emp. sum.)
muṭû / *muṭā'ū* (MṬĪ "(être) moindre")
nēkemtu (fém. morph. sur "KM "enlever")
ṣītu / *ṣētu* (fém. morph. sur ^{W}ṢĪ "sortir"; pl. *ṣiātu*)
perte(s)
huluqqû (HLQ "perdre")
miṭītu (fém. morph. sur MṬĪ "(être) en moins")
imṭû (pl. sur MṬĪ "(être) en moins")
pertes financières
ibissû (emp. sum.)
perturber
sehû / *sahā'um* (SHĪ)
pervers
ṣēnu
pervertir
ṣalāpu (i/i)
peser
šaqālu (a/u)
peste
mūtānu (sur *mūtu* "mort")
peste (variété de)
bibbu
petit (subst.)
atmu
petit
qallu (QLL "(être) de peu d'importance")
īṣu / *wīṣū* / *mīṣu* (WĪṢ)
ṣehru (ṢHR "(être) petit")
petit pois
hallūru (fém.)
pétrir
lâšu (LŪŠ)
mašādu (i/i / a/u)
peu
īṣu / *wīṣu* / *mīṣu* (WĪṢ)
peuplier (de l'Euphrate)
ṣarbatu
peuplier (variété de)
ildakku (emp. sum.)
peur
adirtu (fém. morph. sur 'DR "craindre")
puluhtu (fém. morph. sur PLH "craindre")
peut-être
issurri
minde / *midde* (sur WDĪ "savoir")
pīqat
pièce à provisions
huršu
pièce de stockage
ašlukkatu (fém. morph.; emp. sum.)
pied
šēpu
piédestal
labbunu (pl. *labbunāte*)
piège
gišparru (emp. sum.)
nahbalu (sur HBL "lier")
sahātu
pierre
abnu (m. / fém.; pl. *abnū* / *abnātu*)
pierre (variété de)
sikillu / *usikillu* / *ešigillu* (emp. sum.)
sābu
sahhû

sû (pl. *suātu*)
pierre de seuil
abattu (fém. morph., sur *abnu* "pierre")
pierre en forme d'oeuf
erimmatu
pierre précieuse (type de)
abašmû (emp. sum.)
hilibû (emp. sum.)
hulālu
piétiner
kabāsu (a/u)
pieu
gašīšu
sikkatu
zaqīpu (ZQP "ériger")
ziqpu (ZQP "ériger")
pieu d'amarrage
tarkullu / *darkullu* (emp. sum.; pl. *tarkullū*, *tarkullātu*)
pieux
na'du / *nādu* (sur N'D "(être) attentif")
pigeon
summu / *su''u*
pigeon sauvage
sukanninu / *šukannunnu* (emp. sum.)
pile de briques
amaru
piler
dakāku (u/u)
zâku / *sâku*
pilier
timmu / *dimmu* (emp. sum.)
pillage
nēkemtu (fém. morph. sur 'KM "enlever")
šallatu (fém. morph. sur ŠLL "piller")
piller
habātu (a/u)
hamāṣu (a/u)
mašā'u (a/u et a/i)
šalālu (a/u)
pilon
bukānu
pilule
kupatinnu / *kuptatinnu* / *kuppitannu* (pl. *kupatinnū*, *kuppinnētu*)
pin
ašūhu
pincée
kirṣu (KRṢ "sectionner")
pioche
allu
pion
passu
pipette
qanû (pl. *qanû* et *qanâtu*)
takkussu / *sakkuttu* (pl. *s/takkussū* / *s/takkussātu*)
pique
kalabbu / *kalappu* (pl. fém.)
piquer
sahālu (a/u)
zaqātu (a/u)
piqûre
ziqtu (ZQT "piquer")
sihlu / *sehlu* (SHL "piquer")
pistache
buṭuttu / *buṭumtu* / *butnatu* (pl. *budmātum*, *buṭnāte*)
pistachier
buṭuttu / *buṭumtu* / *butnatu* (pl. *budmātum*, *buṭnāte*)
pitié!
ahulap
pitié
rēmu (R'M "avoir pitié")
pivot
ṣerru
place
rebītu (fém. adj sur *rebû* "quart")
ašru (m. / fém.)
placenta
ipu
placer
šakānu (a/u)
plaider

dabābu (u/u)
plaignant
pāqiru (PQR); *pāqirānu*
plaindre (se)
damāmu (u/u)
nazāmu (u/u)
šu'udu
plaine
bamātu (pl.)
tūšāru (sur ᵂŠR "(s')affaisser")
plainte
ikkillu (emp. sum.; pl. *ikkillū* et *ikkillātu*)
nemettu (fém. morph sur "MD "(s')appuyer")
nissatu (fém. morph. sur NSS "se lamenter")
rugummû (sur RGM "réclamer")
tānēhu (sur 'NH *anāhu* "(être) fatigué")
tazzimtu (fém. morph. sur NZM "se plaindre")
tēkītu / *tīkītu* (fém. morph. sur "K' "priver")
plaisir
hūdu / *hudû* (HDĪ "se réjouir")
ṣīhtu (fém. morph. sur ṢĪH "(sou)rire")
plan
gišhur(r)u (emp. sum.; pl. *gišhurāte*)
iṣratu / *miṣratu* (fém. morph. sur "ṢR "dessiner"; pl. *iṣrētu*, *miṣrātu*)
iṣurtu (fém. morph. sur "ṢR "dessiner")
kisurrû / *kasurru* (emp. sum.; pl. *kisurrû*, *kisurrūtu*)
šibqū (pl.)
planète
kakkabu
plante
šammu
andahšu / *andāšu* (emp. sum.)
ardadillu
qulqullânu / *qulqullīnu*
ašqulālu
haltappānu
samīdu
sikillu / *usikillu* / *ešigillu* (emp. sum.)
plante grimpante
imhur-ešrā / *anhurašru*
plante (médicinale)
atā'išu / *adiššu*
arariānu
azallû (emp. sum.)
imhur-līmu / *anhullīme*
planter
erēšu ("RŠ; i/i)
zaqāpu (a/u)
plaquage
tamlû (sur MLĀ "(être) rempli")
plaque (d'ornementation)
gištuppu (emp. sum.)
plaque de bois
kiskirru (pl. *kiskirrētu*)
plaque inscrite
asumittu (fém. morph.; pl. *asuminētu*)
plat (subst.)
huruppu
platane
dulbu
lammu (emp. sum.)
plateau
paššūru (emp. sum.)
plâtre
sīru / *sêru*
gaṣṣu
pleurer
bakû (BKĪ)
pleurs
bikītu (fém. morph. sur BKĪ "pleurer")
dīmtu / *dindu* (fém. morph.; pl. *dīmātu*, *dī'ātu*)
pleuvoir
zanānu (u/u; aB aussi a/u)
plier
kapāpu (KPP; a/u)
plomb
abāru (emp.sum?)

annaku / *anāku*
plonger
ṭebû (ṬBŪ)
pluie
šamû (fém.)
zunnu / *zinnu* (ZNN "pleuvoir")
pluie violente
rādu
plumage
kappu
plus que
alān
plus tard
arkāniš (sur *arka* "derrière")
arkānu / *warkānum* / *barkānum* / *urkānum* (sur *arka* "derrière")
poids
mašqaltu (fém. morph. sur ŠQL "peser")
nakbatu (sur KBT "(être) lourd")
šuqultu (fém. morph. sur ŠQL "peser")
point d'eau
mašqû (sur ŠQĪ "verser de l'eau")
mašqītu (fém. morph. sur ŠQĪ "verser (de l'eau)")
pointe
rēšu
ṣipru (ṢPR "abaisser"; pl. *ṣiprātu*)
poireau
karašu
pois chiche
hallūru / *hullūru* / *hillūru* / *hallāru* (fém.)
poison
imtu (fém. morph.)
poisson
nūnu
poisson mythologique
suhurmāšu (emp. sum.)
poitrine
bāmtu (fém. morph.)
irtu / *iratu* (fém. morph.)
tulû
pomme
hašhūru / *šahšūru*
hinzūru / *inzūru*
pomme de pin
terinnu / *tirinnu* (pl. *terinnātu*)
pommeau
karru (emp. sum.)
pommier
hašhūru / *šahšūru*
hinzūru / *inzūru*
ponctuellement
ahū (sur *ahu* "bras, côté")
pont
gišru
titūru / *titurru* (fém.)
population
tenēštu (fém. morph. sur N'Š "vivre")
population(s)
nišū (pl. m. / fém.)
ba'ūlātu (pl. fém. sur *bêlu* "gouverner")
porcelet
kurkizannu / *kurkuzannu*
port
kāru
portable
muttalliku (sur I/3 de 'LK "aller")
porte
bābu (pl. *babū*, *babānu* et *babātu*)
daltu (fém. morph.)
porte (de la ville)
abullu (fém.)
porter
abālu (^{W}BL; a/i)
babālu (cf. *abālu*)
našû (NŠĪ)
zabālu (i/i)
porter plainte
ragāmu (a/u, u/u)
porteur
zābilu / *zabbilu* (ZBL "porter")
porteur de bouclier

arītu
portier
atû
mukīl bābi (litt. "celui qui tient la porte")
pētû (PT' "ouvrir")
portique (pièce à)
bīt hilāni (emp. hitt.)
posé
šaknu (ŠKN "placer")
poser
karāru (a/u)
nadû (NDĪ)
ṣalā'u (ṢL'; i/i)
position
maškanu (sur ŠKN "placer"; pl. *maškanū* / *maškanātu*)
mazzaztu / *manzaltu* (fém. morph. sur *izuzzu* "se tenir debout")
mazzāzu / *manzāzu* (sur *izuzzu* "se tenir debout")
šubtu (fém. morph. sur ^{W}ŠB "habiter")
position (éminente)
nanzāzu (sur *izuzzu* "se tenir debout")
possession
būšu (BŠĪ "exister")
makkūru / *mak(k)urru* (sur MKR "commercer")
maršītu (fém. morph. sur RŠĪ "avoir")
namkūru (sur MKR "commercer")
nikkassu (emp. sum.)
sikiltu (fém. morph. sur SKL "acquérir")
possession de longue date
labirtu (fém. morph. sur LBR "durer")
poste (un)
mazzaztu / *manzaltu* (fém. morph. sur *izuzzu* "se tenir debout")
postérieur
arkû (sur *arki* "derrière")
postérité
ahrâtu (fém. pl. sur 'HR "tarder")
darkātu (fém. pl. sur DRK "suivre")
pot
diqāru (pl. *diqārātu*)
pot (à onguent)
napšaštu (fém. morph. sur PŠŠ "enduire")
pot (type de)
haṣbattu (sur *haṣbu* "potterie")
potasse
idrānu (pl. *idrānātu*)
poteau
makūtu (pl. *makâtu*)
mašaddu / *mešeddu* (sur ŠDD "(é)tirer")
sippu / *sibbu* (emp. sum.?; pl. *sippū*, *sippāni*)
poterie
haṣbu
potier
pahāru (emp. sum.)
potion
mašqītu (fém. morph. sur ŠQĪ "verser (de l'eau)")
poudre (épices)
tābīlu (sur 'BL "(être) sec")
poulain
suhīru / *suherra*
mūru
poule
tarlugallu (emp. sum.)
poumon
hašû
pour
ana
pourquoi
atā
ammīni
pourrir
raqābu
poursuite
ridûtu (abstr. sur (RD' "accompagner")
rīdu (RD')
poursuivre
radādu (a/u)
radāpu (i/i)

poursuivre en justice
sanāqu (i/i)
pourvoyeur
zāninu (ZNN "approvisionner")
pousse
liblibbu (sur *libbu*)
per'u / *perhu*
tarbûtu (abstr. sur RBĪ "(être) grand")
pousser
elēpu ("LP; i/i)
nakāpu / *naqāpu* (i/i)
pousser en abondance
duššû (DŠ' II)
hanābu (u/u)
šamāhu (u/u)
pousser au-dessus
epēqu ("PQ; i/i)
poussière
ep(e)ru
tarbu'(t)u / *tarbuttu* / *tur(u)bu*
poutre
gušūru (emp. sum.)
iṣu (pl. *iṣ(ṣ)ū*)
poutre de séparation
tallu
pouvoir (vb)
le'û (L"Ī)
pouvoir (subst.)
danānu / *da'ānu* (DNN "(être) fort")
lē'ûtu (abstr. sur L"Ī "pouvoir")
qarnu
pouvoir démoniaque
alû
pouvoir divin
ilūtu (sur *ilu* "dieu")
pouvoir divin suprême
illilūtu
pouvoirs divins
parsū (pl. de *parsu* "office")
prairie
sahhu
pratique magique néfaste
zikur(r)udû (emp. sum.)
précédent
mahrû (sur *mahru* "front")
pānû (sur *pānu* "face")
préceptes
ihzu ('HZ "saisir)
précieux
nasqu (NSQ "choisir")
šūquru (sur WQR "(être) précieux")
précipiter (se)
napāṣu (a/u)
précis
harṣu (fém. *harištu*; HRṢ "(être) clair")
précoce
harpu (fém. *haruptu*; HRP "(être) tôt")
prédécesseur
ālik pāni
mahrû (sur *mahru* "front")
prédiction (type de)
egirrû / *girrû* (emp. sum.)
prééminence
ašaridūtu / *ašaredūtu (sur ašarīdu* "prééminent")
prééminent
ašarīdu / *ašarēdu* (*ašar* + *ēdu*; fém. *ašarittu*)
rēštû (sur *rēšu* "début")
préfet
sākinu (emp. ouest-sém.)
prélèvement
maššartu (fém. morph. sur NŠR "déduire")
premier
ašarīdu / *ašarēdu* (*ašar* + *ēdu*; fém. *ašarittu*)
ištēn / *issēn* / *iltēn* (fém. *išteat* / *iltêt*)
ištēnû (sur *ištēn* "un")
mahrû (sur *mahru* "front")
pānû (sur *pānu* "face")
rēštû (sur *rēšu* "début")

premier né
bukru
prendre
leqû / *laqā'u* (LQ")
ṣabātu (a/a)
prendre (avec un filet)
ašāšu ('ŠŠ; u/u et a/u)
prendre soin (de)
ṭêmu (Ṭ"M)
kunnû (II de KNĪ)
rēša kullu
suddudu (II de SDD)
préoccupation
murṣu (MRṢ "(être) malade")
préparer
hâru / *hiāru* (HĪR)
šutūrsû (sur *ersû* "prêt")
šutēšuru (III/2 de "ŠR "aller droit")
préparer de la bière
sabû (SBĪ)
présage
amūtu (fém. morph.)
giskimmu / *iskimmu* / *iskimbu* (emp. sum.)
ittu (fém. morph.; pl. *ittātu* et *idātu*)
šīru / *šēru*
têrtu / *tîrtu* (fém. morph. sur [W]'R "donner des instructions")
présage controversé
niphu (NPH "briller")
présence
mazzāzu / *manzāzu* (sur *izuzzu* "se tenir debout")
présent (subst.)
qīštu (QĪŠ "offrir")
présent (de mariage)
ahūzatu (fém. morph. sur 'HZ "saisir")
nudunnû (sur NDN "donner")
zubullû (sur ZBL "apporter")
présent supplémentaire
nūptu

présentation
terṣu (TRṢ "(é)tendre")
présenter une requête
šuqrubu (III de QRB "(être) proche de")
presser
mazû / *mazā'u* (a/ u et i/i)
ṣahātu (a/u)
prêt
ersû
prêt (subst.)
qīptu (fém. morph. sur QPĪ "avoir confiance")
prêt sans intérêt
hubuttu (fém. morph. sur HBT "prêter")
prêt (type de)
melqētu (sur LQ""prendre")
tadmiqtu (fém. morph. sur DMQ)
prêter (argent)
hubullu (II de HBL "emprunter")
prêtre (grand)
enu (emp. sum.)
prêtre (type de)
gudapsû (emp. sum.)
lumahhu (emp. sum.)
abriqqu / *abarikku* (emp. sum.)
prêtre extatique
eššebû
prêtre incantateur
mašmaš(š)u (emp. sum.)
prêtre purificateur
išippu (emp. sum.)
pašīšu (sur PŠŠ "oindre")
prêtre-lamentateur
kalû (emp. sum.)
prêtresse (type de)
nadītu (fém. morph. sur NDĪ "(être) en jachère")
ištarītu (adj. fém. sur *ištar*)
qadištu / *qadiltu* / *qadissu* (fém. adj. sur QDŠ "(être) pur")
prêtresse (grande)

entu (fem. morph. sur *enu*)
prier
karābu (a/u)
sarruru
šamāru
sullû (SLĪ)
suppû (SPĪ)
zakāru (a/u)
prière
ikribu (sur KRB "prier")
nīš qāti (litt. "lever de la main")
sullû (SLĪ "prier")
suppû (SPĪ "prier")
teslītu / *tašlītu* (fém. morph. sur SLĪ "prier")
prière (type de)
šuillakku (emp. sum.)
prière fervente
tēmēqu / *tēmīqu* (sur "MQ "(être) sage"; pl. *tēmīqū*, *tēmīqātu*)
prince
malku / *maliku* (MLK "gouverner")
rubû
princesse
rubātu (fém. morph. sur *rubû* "prince")
principal (subst.)
rēšu
printemps
dīšu
prise
ṣibittu (fém. morph. sur ṢBT "saisir")
ṣibtu (ṢBT "saisir")
prison
bīt kīli
bīt ṣibitti
prison (ergastule)
nupāru / *nepāru* / *nubāru*
prisonnier
kamû (KMĪ / Ū "lier")
prisonnier de guerre
asīru ("SR "enfermer")
priver (de)
ekēmu ("KM; i/i)
ukkû ("KĪ II)
privilège (royal / divin)
ikkibu (emp. sum.)
prix
kaspu
mahīru (MHR "recevoir"; pl. *mahīrū*, *mahīrātu*)
šīmu (m. / fém.; Š'M "acheter")
prix de location (type de)
inītu / *enītu* (fém. morph. sur "NI "changer")
procédure
tallaktu (fém. morph. sur 'LK "aller)
procédure illégitime
surrātu (pl. fém. sur SRR "(être) faux")
procès
dabābu (DBB "parler")
dīnu / *dēnu* (DĪN "juger"; pl. *dīnātu*)
ṣāltu (fém. morph. sur Ṣ'L "disputer")
procession
girru / *gerru* (m. / fém.; pl. *girrū* et *girrētu*)
tāluku (sur 'LK "aller"; pl. *tālukū*, *tālukātu*)
prochain
mahrû (sur *mahru* "front")
proche
qerbu (QRB "(être) proche de")
qurbu (QRB "(être) proche")
proclamation
šisītu / *tisītu* / *sisītu* (fém. morph. sur ŠSĪ "crier")
proclamer
nabû (NBĪ)
šasû (ŠSĪ)
šūpû (III de WPĪ "(être) visible")
procréation
rihûtu (fém. morph. sur RHĪ "verser, procréer")
procréer
alādu (wLD; a/i)
rehû / *rahû* (RHĪ)
procurer (frauduleusement) (se)
sakālu (i/i)

production
iškaru (pl. *iškarū* ou *iškarātu*; emp. sum.)
mehertu / *mihirtu* (fém. morph. sur MHR "(faire face")
produire (se)
nabšû (IV de BŠĪ)
produire
banû (BNĪ)
šūlû (III de "LĪ "(être) haut")
šūpû (III de WPĪ "(être) visible")
produit
biblu (BBL "emporter")
binûtu (abstr. sur BNĪ "créer")
bišimtu (fém. sur BŠM "créer")
mehertu / *mihirtu* (fém. morph. sur MHR "faire face")
tēlītu (fém. morph. sur "LĪ "(être) haut")
ṣītu / *ṣētu* (fém. morph. sur WṢĪ "sortir"; pl. *ṣiātu*)
produit (math.)
arû (emp. sum.)
proéminent
šaqû (ŠQĪ/Ū "(être) haut")
profit
himṣu (HMṢ "arracher")
kušīru (KŠR "réussir")
nēmelu (pl. *nēmelētu*)
profondeur
mušpalu (sur ŠPL "(être) bas")
šuplu (ŠPL "(être) bas")
profondeurs
asurrakku (emp. sum.)
progéniture
ilittu (fém. morph. sur WLD "engendrer")
lillidu (sur WLD "engendrer")
līdānu (sur WLD "engendrer")
zēru
tālittu / *tamlittu* (fém. morph. sur WLD "engendrer")
progression
tāluku (sur 'LK "aller"; pl. *tālukū*, *tālukātu*)

proie
bu'uru / *ba'uru* (B'R "chasser")
projet
gišhu(r)ru (emp. sum.)
ṣibûtu (fém. morph. sur ṢBĪ "désirer")
projeter
kapādu (KPD; u/u)
prolonger
lubburu (II de LBR "durer")
promesse
qabû (QBĪ)
promettre
qabû (QBĪ) / *qabā'u*
tukkulu (II de TKL "faire confiance")
promotion
tarbâtu (fém. pl. sur *tarbītu*)
prononcer correctement
têlu (T"L)
prononciation
nibītu (fém. morph. sur NBĪ "nommer")
tēltu (fém. morph. sur T"L "prononcer")
pronostique
qību (QBĪ "dire")
prophète
āpilu ('PL "répondre")
mahhû (sur MHĪ "(être) en délire")
propre
zakû (ZKŪ "(être) propre"; fém. *zakūtu* / *zakītu*)
propreté
zakûtu (abstr. sur ZKŪ "(être) propre")
propriétaire
bēlu (sur B"L "gouverner")
propriété
bāšītu (fém. morph. sur *bašû* "être")
bīšu (BŠĪ "être")
prospère
ilānû (sur *ilu* "dieu")
šamhu (sur ŠMH "(être) superbe")
šūšuru (sur III de "ŠR "(être) droit")
prospérer
damāqu (i/i)
ešēru ("ŠR; i/i)

nahāšu (i/i)
šalāmu (i/i)
prospérité
mašrû / *mešrû* (sur ŠRĪ "(être) riche")
ṭūbu (ṬĪB "(être) bon")
prosterner (se)
labānu (i/i)
šukênu (ŠK"N)
prostitué (cultuel)
assinnu
prostituée
harīmtu (fém. morph. sur HRM "séparer")
kezertu / *kezretu* / *kasratu* (fém. morph. sur KZR "friser?")
prostration
tūšāru (sur ^{W}ŠR "(s')affaisser")
protecteur
nāṣiru (NṢR "(sur)veiller")
protection
andullu (emp. sum.)
ipqu ("PQ "s'étendre sur")
niṣirtu (fém. morph. sur NṢR "garder")
ṣillu
ṣulūlu / *ṣalūlu*
protection divine
kidinnu
protéger
hatānu (i/i)
haṣānu (i/i)
naṣāru (a/u)
protester
dabābu (u/u)
prouver
burru (II de BŪR "(être) durable")
kunnu (II de KŪN)
province
nagû (pl. *nagû*, *nagiāni*)
pīhātu / *pāhātu* (fém. morph.)
provisions (de voyage)
ṣidītu (fém. morph. sur ṢDĪ "approvisionner")
girru / *gerru* (m. / fém.; pl. *girrū* et *girrētu*)
ṣudû (pl.)
proximité
qerbu (QRB "(être) proche de")
ṭēhu / *ṭīhu* (ṬH""(être) proche")
prudent
pitqudu (I/2 PQD "confier")
prune
šallūru
puer
ba'āšu (B'Š; i/i)
puiser (de l'eau)
dalû (DLŪ)
habû (HBŪ)
sâbu (S'B)
puissance
emēqu
puissance sexuelle
inbu
puissant
šagapēru / *šaggapēru* / *šagapīru*
puits
būrtu (fém. morph. sur *būru* "puits")
kuppu (pl. *kuppāni*, *kuppātu*)
būru
pulvériser
habāṣu (u/u)
sâku / *suāku* (SŪK)
punir
enēnu ("NN; i/i)
punition
arnu
imittu (fém. morph. sur "MD "(s')appuyer sur")
šērtu (fém. morph.)
pupille
kakkulat īnē (litt. "cuve des yeux")
lamassat īnē
pur
qadšu (QDŠ "(être) pur")
qašdu (QŠD "(être) pur")
zakû (ZKŪ "(être) pur"; fém. *zakūtu* / *zakītu*)
purificateur (par aspersion)
mullilu (sur "LL "(être) pur")

purification
mīsu (MSĪ "laver")
rimku (RMK "laver")
tazkītu (fém. morph. sur ZKŪ "(être) libre")
tēbibtu (fém. morph. sur ʾBB "(être) pur")
tēliltu / *tīliltu* (fém. morph. sur ʾLL "(être) pur")
purifier
hâbu / *hâpu* / *hêpu* / *hiāpu* (HĪB)
hepû / *hapû* / *habû* (HPĪ)
quddušu (II de QDŠ "(être) pur")
ubbubu (II de ʾBB "(être) pur")
ullulu (II de ʾLL "(être) pur")
pus
bubuʾtu (fém. morph.)
šarku
pustule de pus
bubuʾtu (fém. morph.)
pyramide
asaʾītu (fém.; pl. *asajātu, isītate*)
sikkatu

Q

quai
kāru
qualité de choix
nisqu (NSQ "choisir")
quand (?)
mati / *mate* / *mat* / *immati*
quand
bīt / *bīte*
inūma / *enūma*
ištu / *ultu* / *issu*
kî
kīma
quartiers d'habitation
ganūnu (emp. sum.)
quartz
dušû
querelle
qablu (m. / fém.)
quereller (se)
tiṣbutu (I/2 de ṢBT "saisir")
queue
zibbatu / *sibbatu* / *zimbatu* (fém. morph.)
quittance scellée
ibrû

R

racine
šuršu
radeau
amu
kalakku
radiance effrayante
melemmu / *melammu* (emp. sum.)
šalummatu (fém.)
rafale
idiptu (fém. sur ʾDP "souffler")
raffiné
qalû (QLĪ "griller")
zakû (ZKŪ "(être) propre"; fém. *zakūtu* / *zakītu*)
raffiné (or)
sakru (SKR "bloquer")
ṣarpu (ṢRP)
raffiner
ṣarāpu (a/u)
rage
ṣulum pāni

raisin
karānu
raison
idu (pl. *idātu*)
ṭēmu (pl. *ṭēmātu, ṭēmētu*)
rajout
terdītu / *tardītu* (fém. morph. sur RD" "ajouter")
ramasser
laqātu (a/u)
rame
gišallu (emp. sum.)
rameau
aru
artu (fém. morph. sur *aru* "rameau")

huṣābu (HṢB "(être) vert")
ramification
larû
rampe
arammu
ramper
našallulu (ŠLL IV)
ramper (de peur)
qarāru (u/u)
rançon
ipṭeru / *ipṭiru* (sur PṬR "délier")
rang élevé
ašaridūtu / *ašaredūtu* (sur *ašarīdu* "prééminent")
rang(ée)
sidirtu (fém. morph. sur SDR "mettre en ordre")
sidru (SDR "mettre en ordre")
ranger (une tablette)
arāmu / *harāmu* ('RM; i/i)
rapide
hamṭu / *hantu* (sur HMṬ "(être) rapide")
lasmu (sur LSM "courir")
rapidement
zamar
rappeler (se)
hasāsu (a/u)
rapport
dabābu (DBB "parler")
ṭēmu (pl. *ṭēmātu*, *ṭēmētu*)
raser
gullubu (II sur *gallābu* "barbier")
rasoir
naglabu
rassasier de se)
šebû / *šabā'u* (ŠB")
rassembler
ašāru ('ŠR; a/u)
esēpu ("SP; i/i)
hamāmu (a/u)
kaṣāru (a/u)
kupputu (II)
nakāmu (a/u ou i/i)
pahāru (u/u)
šabāšu / *šabāsu* / *šapāšu* (a/u et u/u)
rate
ṭulīmu
ration
ipru ("PR "nourrir")
sattukku / *santukku* / *sattakku* (emp. sum.)
iškaru (pl. *iškaru* ou *iškarātu*; emp. sum.)
nebrītu (sur BRĪ "avoir faim")
ṣudû (pl.)
ravager
akālu ('KL; a/u)
šuhruru (ŠHRR)
ravin
harru / *hurru* (pl. *ha/urrātu*; HRR "creuser")
hīp šadî (litt. "cassure de montagne")
nahallu / *nahlu*
natbaku (sur TBK "verser")
ravir
ekēmu ("KM; i/i)
rayonnant
nebû / *nabû* (NBĪ "briller")
raz de marée
edû (emp. sum.)
razzia
šehṭu / *šihṭu* (ŠHṬ "attaquer")
razzier
habālu (a/u ou i/i)
šalālu (a/u)
rebelle
bēl sīhi
hammā'u / *hammû*
nabalkattu (BLKT "renverser")
rebeller contre (se)
nabalkutu (BLKT; a)
rebellion
nabalkattu (BLKT; a)
sahmaštu (fém. morph.)

récalcitrant
šapṣu (ŠPṢ "étreindre")
recevoir
leqû / *laqā'u* (LQ")
recevoir amicalement
haṣānu (i/i)
réchapper
šêtu (Š"T)
rechercher
bu'û (II de B'Ī)
še'û (Š"Ī)
récipient
nalpattu (fém. morph. sur LPT "toucher")
pišannu / *pisannu* (emp. sum.; pl. *pisannū*, *pisannātu*)
tākaltu (fém. morph. sur K'L "(con)tenir")
récipient (type de)
burzigallu (emp. sum.)
hiburnu (emp. hourr.)
kandurû (emp. sum.)
ahrušhu (emp. hourr.)
harû (emp. sum.?)
kūtu (pl. *kutū*, *kutātu*)
qablītu (fém. morph. sur *qablu* "milieu")
saplu
récipient de libation
ku(k)ku(b)bu (pl. *kukkubātu*)
récipient d'offrande
adagarru (emp. sum.)
pursītu (emp. sum.)
récipient en pierre
pūru (emp. sum.)
récipient pour huile
tallu (emp. sum.)
réclamer
baqāru / *paqāru* (a/u, aussi i/i, u/u)
réclamer (indûment)
bazā'u
récolte
ebūru / *ibūru* (pl. *e/ibūrānu*)
eṣēdu ("ṢD "récolter")
récolter
eṣēdu ("ŠD; i/i)

réconciliation
salīmu (SLM "(être) en paix")
sulummû (sur SLM "(être) en paix")
recouvrir (avec)
arāmu / *harāmu* ('RM; i/i)
katāmu (a/u)
lubbušu (II de LBŠ "(se) vêtir")
qarāmu
sahāpu (a/u)
turrupu (TRP "(être) recouvert (de)")
recouvrir d'un réseau
edēhu / *edēku* ("DH / K)
rectitude
išarūtu ('ŠR "aller droit")
saniqtu (fém. morph. sur SNQ "(s')approcher de")
recueil
himmatu (fém. morph. sur HMM "rassembler")
liqtu (pl. *liqtū* / *liqtātu* sur LQT "rassembler")
reculer
nahāsu (i/i)
nesû / *nasā'u* (NSĪ)
redouter
nakādu (u/u)
réduire
našāru (a/u)
nuhhutu (II de NHT "(être) petit")
ṣuhhuru (II de ṢHR "(être) petit")
refaire
târu / *tuāru* (TŪR)
réfléchir
hasāsu (a/u)
šummu (II de Š'M)
réfugier (se)
šerû (ŠRĪ)
refus
sikiptu (fém. morph. sur SKP "rejeter")
refuser
kalû (KLĀ)
nakāru (i/i)
târu / *tuāru* (TŪR)

regard
niṭlu (NṬL "voir")
nīš īni
regarder
amāru ('MR; a/u)
dagālu (a/u)
naṭālu (a/u)
palāsu (a/u)
regarder avec colère
nekelmû (IV de KLM")
regarder avec dédain
nâṣu / *na'āṣu* (N'Ṣ; a/a)
regarder fixement
balāṣu (i/i)
région
ašru (m. / fém.)
régions
kibrātu (pl. fém. de *kibru*)
régisseur
šatammu (emp. sum.)
règlement
ṣimdatu / *ṣindatu* (fém. morph. sur ṢMD "lier")
réglisse
šūšu
règne
šarrūtu (abstr. sur *šarru* "roi")
règne (temps de)
palû (emp. sum.)
régulier
kajjamānû (sur *kajjānu* "régulier")
kajjānu (sur KŪN "(être) stable")
sadru (SDR "mettre en ordre")
reine
šarratu (fém. morph. sur *šarru* "roi")
reins
kalītu (fém.)
rejeter
nasāku (u/u)
sakāpu (i/i)
samāku (a/u)
šalû (ŠLŪ)
zêru / *ze'āru* (Z"R)
rejeter l'autorité de
nabalkutu (BLKT; a)
rejeton
ilittu (fém. morph. sur ^{W}LD "engendrer")
līpu / *lēpu* ("LP "croître")
per'u / *perhu*
rejon
ziqpu (ZQP "planter")
réjouir (se)
hadû (HDŪ/ Ī)
hašāšu (u/u)
râšu / *riāšu* (RĪŠ)
elēṣu ("LṢ; i/i)
réjouissance(s)
hidâtu / *hidiātu* (fém. pl. sur HDĪ "être joyeux")
remblai(ement)
tibku (TBK "verser")
rempart
dūru (pl. *dūrāni*)
remplaçant (subst.)
pūhu (PŪH "échanger")
tēnû (sur "NĪ "changer")
remplaçant (adj.)
attaru / *wattaru* (sur WTR "(être) en excès")
remplacement
dinānu / *andunānu* / *ardanānu*
kutallu (pl. *kutallū*, *kutallātu*)
pūhu (PŪH "échanger")
remplacer
râbu / *riābu* (RĪB)
remplissage
tamlītu (fém. morph. sur MLĀ "(être) rempli")
renard
šēlebu / *šellebu*
rencontrer (se)
nenmēdu (IV de "MD "(s')appuyer")
rendre
turru (II de TŪR "retourner")
rendre + adj.
cf. voix II et III des verbes d'état
rendre glorieux

šūpû (III de WPĪ "(être) visible")
rendre joyeux
nuwwuru / *nummuru* (II de NWR "(être) clair")
rendre malade
lā'ābu (L'B; i/i)
rendre compte de
zamāru / *samāru* (i/i)
rênes
appatu (m./ fém.; pl. *appātu*, *appāni*)
ašâtu (pl. fém.)
renforcement (d'un mur)
kuburrû (sur KBR "(être) gros")
renforcer
dunnunu (II de DNN "(être) fort")
renforcer (une construction)
lubbuku (II de LBK "mouler")
renfort (militaire)
tillatu
kitru
renifler
ganāṣu
renommée
tanittu (fém. morph. sur. *nâdu* "célébrer")
zakār šumi
renouveler
uddušu (II de 'DŠ "(être) nouveau")
rente
idū (pl.)
renversement
tūrtu (fém. morph. sur TŪR "tourner")
renverser
abāku ('BK; a/u)
nabalkutu (BLKT; a)
sapānu (a/u)
renvoyer
turru (II de TŪR "retourner")
répandre
šunūlu (III de NĪL "(se) coucher")
zarû / *sarû* (ZRŪ)
réparer
kašāru (a/u puis i/i)
repas
naptanu (sur PTN "dîner")
repas (rituel)
tākultu (fém. morph. sur 'KL "manger")
repas du soir
kinsigu (emp. sum.)
répéter
šunnû (II de ŠNĪ)
turru (II de TŪR "retourner")
replier
kapāṣu (KPṢ; i/i)
kepû (KPĪ)
réplique
zikru
répondre
apālu ('PL; a/u)
réponse
gabarû (emp. sum.)
tāmītu / *tāwītum* / *tā'ītu* (fém. morph. sur 'WŪ "parler")
réponse positive
annu (cf. *anna* "oui")
reposer (se)
nâhu / *nuāhu* (NŪH)
pašāhu (a/a, i/i)
sakāpu (u/u)
repousser
da'āpu (D'P; i/i)
darāsu (i/i)
napāṣu (a/u)
sakāpu (i/i)
représentation
ṣalmu (pl. *ṣalmū*, *ṣalmāni*)
réprimande
šipṭu (ŠPṬ "réprimander")
réputation
dalīlu (DLL "louanger")
egirrû / *girrû* (emp. sum.)
šumu
zikru (ZKR "parler")
requête
qibītu (fém. morph. sur QBĪ "dire")
réserve (animale) royale
ambassu

réservoir
ṣibittu (fém. morph. sur ṢBT “saisir”)
résidence d'un prêtre
gipāru / *giparru* / *miparru* (emp. sum.)
résident
aššābu (sur ^{W}ŠB “habiter”; pl. *aššābūtu*)
résidu
sakkuttu / *sabkuttu* (emp. sum)
tuhhu (emp. sum.)
résine
sīhu
argānu / *hargānu*
hīlu (HĪL “suinter”)
résistant
šapṣu (ŠPṢ “étreindre”)
respect
puluhtu (fém. morph. sur PLH “craindre”)
respecter
adāru ('DR; a/u)
dagālu (a/u)
palāhu (a/a)
šahātu (u/u)
respiration
nipšu (NPŠ “respirer”)
respirer
napāšu (u/u)
resplendissant
šūpû (WPĪ “(être) visible”)
responsabilité
pīhātu / *pāhātu* (fém. morph.)
qātu (fém.)
ressentiment
qablu (m. / fém.)
ressource(s)
bāšītu (fém. morph. sur *bašû* “être”)
ressusciter
bulluṭu (II de BLṬ “vivre”)
restant (subst.)
sakkuttu / *sabkuttu* (emp. sum)
restauration
tēdištu (fém. morph. sur ”DŠ “(être) nouveau”)
restaurer
uddušu (II de ”DŠ “(être) nouveau”)
reste
rēhtu (fém. morph. sur RĪH “rester”)
šapiltu (fém. morph. sur ŠPL “(être) bas”)
šittu / *sītu* (fém. morph. sur Š”T “rester”)
ezibtu / *izibtu* (fém. morph. sur ”ZB “laisser”)
rester
šêtu (Š”T)
rester derrière
uhhuru ('HR)
namarkû (MRK')
retarder
lupputu (II de LPT “toucher”)
sahāru (u/u)
retenir
halālu (a/u)
kalû (KLĀ)
karāmu (i/i)
retirer
eṭēru (”ṬR; i/i)
šalāhu (a/u)
retirer (se)
nahāsu (i/i)
paṭāru (a/u)
retourner
târu / *tuāru* (TŪR)
retraite
nabalkattu (fém. morph. sur BLKT “renverser”)
suhhurtu (fém. morph. sur SHR “(re)tourner”)
tajjartu / *ta”artu* (fém. morph. sur TŪR “(re)tourner”; pl. *têrātu*)
tūru (TŪR “(re)tourner”)
retraiter
nahāsu (i/i)
réunion
puhru (PHR “rassembler”)

réunir (se)
pahāru (u/u)
réussi
kašdu (KŠD "atteindre"; fém. *kašittu*)
réussir
šalāmu (i/i)
rêve
šuttu (fém.; pl. *šunātu*)
réveiller (se)
nagaltû / *negeltû* (GLTŪ)
révéler
uddu (II de ʷDI "savoir")
revenir (sur)
nahāsu (i/i)
revenir
nashuru (IV de SHR "tourner")
târu / *tuāru* (TŪR)
revenu(s)
biltu (fém. morph. sur ʷBL "apporter")
erbu / *irbu* ("RB "entrer")
melqētu (sur LQ""prendre")
namhartu (fém. morph. sur MHR "recevoir")
šūrubtu (fém. morph. sur "RB "entrer")
revenu d'un champ
išpikū (pl.; ŠPK "entasser")
révérer
palāhu (a/a)
nâdu (N'D)
revêtement
samītu (fém. morph.)
ṭīpu (ṬPĪ "enduire")
revêtir
halāpu (u/u)
révolte
bārtu (fém. morph. sur B'R "(se) révolter")
nabalkattu (fém. morph. sur BLKT "renverser")
sīhu (SHĪ "(se) révolter")
révolter (se)
nakāru (i/i)
sehû / *sahā'um* (SHĪ)
bâru (B'R; a/a)
nabalkutu (BLKT)
riche
rāšû (RŠĪ "obtenir")
richesse
nikkassu (emp. sum.)
rideau
šiddu (sur ŠDD "(é)tendre")
rider (se)
hemēru
rigole
pattu
rāṭu (pl. *rāṭātu*)
rigueur (du climat)
dannatu (fém. morph. sur DNN "(être) fort")
rincer
rahāṣu (i/i)
rire
ṣâhu / *ṣiāhu* (ṢĪH)
ṣīhtu (fém. morph. sur. ṢĪH "(sou)-rire")
rite
šiptu (fém. morph. sur ʷŠP "exorciser")
parsū (pl. de *parsu* "office")
sakkû (emp. sum.)
rites de deuil
sipittu (fém. morph. sur SPD "se lamenter")
rite de libération
pišertu (fém. morph. sur PŠR "délivrer")
rite d'intercession
taqribtu (fém. morph. sur QRB "prier")
rite de purification
namburbû (emp. sum.)
šuluhhu (emp. sum.)
takpertu (fém. morph. sur KPR "enlever")
rituel
dullu (pl. *dullū*, *dullātu*, *dullāni*)
epištu / *epšetu* (fém. morph. sur "PŠ "faire")
nēpešu (sur "PŠ "faire")

rituel de déploration
kihullû (emp. sum.)
rivage
ahātu (fém. morph. sur *ahu* "côté")
rival
šāninu (ŠNN "rivaliser")
rivaliser (avec)
šanānu (a/u)
rive
ahātu (fém. morph. sur *ahu* "côté")
ahu
kibru
kišādu (pl. *kišādātu*)
rive opposée
ebertu (fém. morph. sur "BR "franchir")
nēbertu (sur "BR "franchir")
rive(s)
kibrātu (pl. fém. de *kibru*)
rivière
nāru (fém. sauf nA)
rocher
kāpu
rôder
itagguru (i/i; I/3 de NGR "aller")
rogner
ṣuppuru (II de ṢPR "arranger")
roi
šarru
rompre
haṣāṣu (a/u)
kasāpu (a/u)
ronce?
amurdinnu / *murdinnu*
roseau
elpetu
qanû (pl. *qanû* et *qanâtu*)
roseau (type de)
abukkatu / *bukkatu*
rosée
nalšu
rosette
ajaru
rose?
amurdinnu / *murdinnu*
rôtir
qalû (QLĪ)
šabābu (u/u)
roue (de voiture)
ṣumbu / *subbu* (pl. *ṣumbū*, *ṣumbātu*)
rouge
huššû (emp. sum.)
ruššû (sur RŠĪ "(être) rouge")
sāmu (SĪM "(être) rouge"; fém. *samtu* / *sandu*)
rougeur
sāmtu (fém. morph. sur SĪM "(être) rouge")
sūmu (SĪM "(être) rouge")
rouille
šuhtu
route
hūlu
padānu (m. / fém.)
tallaktu (fém. morph. sur 'LK "aller)
royauté
šarrūtu (abstr. sur *šarru* "roi")
rude
nadru (NDR "(être) rude")
rue
sūqu (pl. *sūqāni*, *sūqātu*)
ruelle
sukinnu / *suqinnu*
sūqūqû
rugir
na'āru (N'R; u/u)
šagāmu (u/u)
ruine
karmu / *kamru*
šahluqtu (fém. morph. sur HLQ "perdre")
ruisseler
qarāru (u/u); *naq*/*garruru* (IV de QRR)
ruse
nikiltu (fém. morph. sur NKL "(être) habile")
šibqū (pl.)

rustre
nu'û / *nuwā'um*

S

sable
baṣṣu / *bāṣu*
sabot
ṣupru (pl. *ṣuprātu*)
sac
azamillu (pl. *azamillātu*)
gurābu (emp. aram.)
saqqu (pl. *saqqātu*)
sac (de cuir)
himtu / *hintu* / *hindu* (fém. morph.)
gusānu (pl. mA *gusānātu*)
luppu (pl. *luppātu*; empr. sum.)
narūqu / *naruqqu* (pl. *naruqqātu*)
tukkannu (emp. sum.)
sac pour de l'argent
kīsu
sacrificateur
ṭābihu (ṬBH "égorger")
sacrifice
niqû / *nīqu* (sur NQĪ "verser (une libation)"; pl. *niqû*, *niqiātu*)
sacrilège
anzillu
gillatu (fém. morph. sur GLL "commettre un péché")
gullultu (fém. morph. sur GLL "commettre un péché")
šillatu (fém. morph. sur ŠLL "commettre un acte sacrilège")
safran
azupīru / *azupirānu* / *azupirānītu* / *azukirānu*
sagapenum
barīrātu / *barīlu* / *barīlānu*
sage (subs.)
igigallu / *kigallu* (emp. sum.)
apkallu (emp. sum.)
sage (adj.)
emqu / *enqu* ("MQ "(être) sage"; fém. *emuqtu*)
eršu
itpūšu (I/2 sur "PŠ "faire")
lē'û (sur L"Ī "pouvoir")
sage-femme
šabsūtu / *tabsūtu* (fém. morph.; emp. sum.)
sagesse
hasīsu (HSS "(être) avisé")
hissatu (fém. morph. sur HSS "(être) avisé")
nēmequ (sur "MQ "(être) sage")
saillant
zaqru (ZQR "(être) haut")
saint
qašdu (QŠD "(être) saint")
quddušu (QDŠ "(être) saint")
saisie
ṣibtu (ṢBT "saisir")
saisie illégale
šigiltu (fém. morph. sur ŠGL "détourner un bien")
saisir
ahāzu ('HZ; a/u)
ṣabātu (a/a)
saison
simānu (sur WSM "convenir")
šattu (pl. *šanātu*)
salaire
idu (m. / fém.)
igru ('GR "louer")
sale
lu''û; fém. *lu'ītu* / *lu'ētu*
lupputu (LPT)
saleté
lūtu (abstr. L'Ī "(être) sale")
salir
lu''û (L'Ī)
salive
illātu (pl.)
ru'tu / *rūtu*
salpêtre
idru
saluer
karābu (a/u)

salutation
šulmu (ŠLM "(être) intact")
sanctuaire
ajakku / *jāku*
aširtu (fém. morph.)
kummu
papāhu (pl. *papāhū*, *papahānu*, *papahātu*)
parakku (emp. sum.)
sagû / *sāgu* (emp. sum.)
sukku (emp. sum.)
sanctuaire (partie de)
iṣāru / *isāru*
sanctuaire (type de)
šahūru (emp. sum.)
sandale
šēnu (fém.)
sang
dāmu
sans (que)
ezib / *ezub* ('ZB "abandonner")
sans
balu
la / *lā*
sans foyer
ekû ('KĪ "priver (de)")
sans pitié
la gamāl (GML "favoriser")
lā pādû
santé
bulṭu (BLṬ "vivre")
šalāmu (ŠLM "(être) intact")
šulmu (ŠLM "(être) intact")
satisfaction
hūdu / *hudû* (HDĪ "se réjouir")
satisfaire
apālu ('PL; a/u)
ṭubbu (II de ṬĪB "(être) bon")
sauf
ela
elat (sur *ela* "sauf")
saule
hilūpu
saupoudrer
elēhu ('LH; i/i)
saut
šehṭu / *šihṭu* (ŠHṬ "attaquer")
sauter
raqādu (u/u)
šahāṭu (i/i)
sauterelle
erbu / *aribu*
sauvage
ekdu ('KD)
nadru (NDR "(être) sauvage")
sauver
ezēbu ('ZB; i/i)
eṭēru ('ṬR; i/i)
šaṭāpu (?/u)
savoir (vb)
idû / *edû* ('DĪ)
lamādu (a/a)
savoir (subst.)
ihzu ('HZ "saisir")
nēmequ (sur 'MQ "(être) sage")
savoir-faire
šipru (ŠPR "mander")
scandale
pištu (fém. morph. sur ^{W}PŠ "insulter")
sceau
kanku (KNK "sceller")
kunukku (KNK "sceller"; pl. *kunukkū*, *kunukkātu*)
sceller
barāmu (a/u)
kanāku (KNK; a/u)
sceptre
haṭṭu (m. / fém.)
šibirru / *šipirru* (emp. sum.)
scie
šaššāru
scintiller?
barāru (u/u)
scorpion
aqrabu (emp. ouest-sém.)
zuqaqīpu / *zuqiqīpu* (m./ fém.)
scribe

ṭupšarru / *tupšarru* (emp. sum.)
scribe(-interprète)
sepīru (emp. aram.)
seau
dālu / *dalû* (DLŪ "puiser de l'eau"; pl. *dālāni*)
séché
šābulu (sur 'BL "(être) sec")
sécher
abālu ('BL; a/a)
na'āpu (N'P; u/u)
šakāsu (u/u?)
second (subst.)
tartānu / *turtānu* / *ta/urtannu* (emp. hourr.)
second (adj.)
šanû (sur *šina* "deux")
secondaire
arkû (sur *arki* "derrière")
secouer
nussusu (NSS II)
salāhu / *salā'u* (i/i)
secourir
na'arruru
râṣu (RŪṢ)
secours
nārāru / *nērāru* (N'RR "secourir")
nārārūtu / *nērārūtu* (abstr. sur *nārāru* / *nērāru* "aide")
rēṣūtu (abstr. sur R"Ṣ "aider")
secret (subst.)
katimtu (fém. adj. de KTM "couvrir")
niṣirtu (fém. morph. sur NṢR "garder")
pirištu (fém. morph. sur PRS "séparer")
puzru (PZR "cacher")
secrètement
šapal qāti
secteur
pilku (PLK "diviser")
pirsu (PRS "séparer")
section
nishu (NSH "arracher")
sadīru (pl. *sadīrū* / *šadīrātu*; SDR "mettre en ordre")
sectionner
karāṣu (i/i)
sécurité
nēhtu (fém. morph. sur NŪH "(être) paisible")
šalāmu (ŠLM "(être) intact")
šalimtu (fém. adj. sur ŠLM "(être) intact")
šulmu (ŠLM "(être) intact")
séduction
kuzbu
seigneur
bēlu
enu (emp. sum.)
etellu
rubû
šarru
sein
šassūru (fém.; emp. sum.)
sein maternel
agarinnu (emp. sum.)
sel
ṭabtu (fém. morph.)
sélection
liqtu (pl. *liqtū* / *liqtātu* sur LQT "rassembler")
sélectionner
atû / *watûm* (^{W}TĀ/Ū)
parāsu (a/u)
selon (que)
kî; *kīma*
selon
appitti (*ana* + *pitti*)
ina
kīma
semence
zēru
semer
erēšu ("RŠ; i/i)
sentence
šipṭu (ŠPṬ "exercer une autorité")
sentir

eṣēnu ("ṢN; i/i)
séparation
pilku (PLK "séparer")
pirsu (sur PRS "séparer")
séparément
ahamma (sur *ahu* "bras, côté")
ahennā (sur *ahu* "bras, côté")
ahū (sur *ahu* "bras, côté")
séparer
batāqu / *badāqu* (a/u)
nuššuru (II de NŠR "enlever")
parāsu (a/u)
sépulture
qabru (QBR "ensevelir")
série littéraire
iškaru (pl. *iškaru* ou *iškarātu*; emp. sum.)
serment
adû (pl.)
nīšu (N"Š "vivre")
tamītu (fém. morph. sur TMĀ "jurer")
zikru (ZKR "parler")
serpent
ṣēru / *ṣerru*
serpent mythologique
bašmu
servante
amtu (fém. morph.)
qallatu (fém. morph. sur QLL "(être) de peu d'importance")
ṣuhārtu (fém. morph. sur ṢHR "(être) jeune")
service
dullu (pl. *dullū*, *dullātu*, *dullāni*)
serviette
šušuppu / *šušippu* (emp. sum.)
servir
arādu (u/u; sur *ardu* "serviteur")
serviteur
ardu / *wardu* / *urdu*
qallu (QLL "(être) de peu d'importance")
ṣuhāru (ṢHR "(être) jeune")
serviteur(s) (temple/ palais)
girseqû / *gerseqqû* (emp. sum.)
servitude
ardūtu / *wardūtu* / *urdūtu* (abstr. sur *ardu* "serviteur")
sésame
šamaššammū (pl.)
seuil
abattu (fém. morph., sur *abnu* "pierre")
askuppu
sippu / *sibbu* (emp. sum.?; pl. *sippū*, *sippāni*)
seul
ēdu / *wēdu* (fém. *ettu*)
ēdēnu (sur WD""(être) seul")
ēdēnû / *ēdāniu* (sur *ēdēnu* "seul")
seulement
alla
sévère
dannu (DNN "(être) fort"; fém. *dannatu*)
sexe féminin
biṣṣūru
sheikh
abu
sugāgu (emp. ouest-sém.)
si
kî
kīma
šumma
sicle (mesure de poids)
šiqlu (ŠQL "peser")
siège
kussû (fém.; emp. sum.)
šubtu (fém. morph. sur ^{W}ŠB "habiter")
siège (militaire)
nītu (N"T "encercler")
siffler
halālu (u/u)
nazāzu (u/u)
signal
ittu (fém. morph.; pl. *ittātu* et *idātu*)
signe
giskimmu / *iskimmu* / *iskimbu* (emp. sum.)

šimtu / *šindu*/ *simtu*
ṣaddu
silence
qūlu (QŪL "se taire")
qūltu (fém. morph sur QŪL "se taire")
silence pesant
šaqummatu (fém. morph.)
silex
pendû
ṣurru
sillon
absinnu (emp. sum.)
šer'u / *šir'u* / *širhu* (pl. *šer'ātu*, *šer'ētu*)
silo
našpaku (sur ŠPK "entasser"; pl. *našpakū* / *našpakātu*)
singe
pagû
socle
kigallu (emp. sum.)
kilzappu / *gissappu* / *gištappu*
nēmedu (sur "MD "(s')appuyer")
sœur
ahātu (fém. morph. sur *ahu* "frère")
soies
zappu / *sappu* / *azappu*
soif
ṣumāmītu (fém. morph. sur ṢMŪ "avoir soif")
ṣummu / *ṣūmu* (ṢMŪ "avoir soif")
soir
barārītu (fém. morph.)
līlâtu (pl. fém.)
nubattu (fém. morph. sur BĪT "passer la nuit")
soit... soit
lū ... *lū*
sol
erṣetu
qaqqaru (pl. *qaqqarū*, *qaqqarātu*)
sassu
soldat
amīlūtu (abstr. sur *amīlu* "homme")
hupšu
ṣābu
soldat (type de)
hurādu (pl. *huradāte*)
rēdû (RDĪ "accompagner")
sagbû
ālik ṣēri
kallābu / *kallāpu*
soldat auxiliaire
bā'iru/ *bā'eru* (B'R "chasser")
soldat du génie
kiškattû / *kiškittû* / *kitkittû* (emp. sum.)
soleil
šamšu
solide
kabru (KBR "(être) épais"; fém. *kabartu* / *kabaštu*)
kaṣru (KṢR "nouer")
šuršudu (III de RŠD "fonder")
solitaire
ēdu / *wēdu* (fém. *ettu*)
solvable
balṭu (BLṬ "vivre")
sombrer
šalû (ŠLĪ)
ṭubbû (II de ṬBŪ "submerger")
somme
napharu (sur PHR "rassembler")
sommeil
šittu / *sittu* (pl. *š*/*sittātu*, *š*/*sītātu*)
sommet
qimmatu (fém. morph. sur QMM "dresser")
qaqqadu / *kaqqadu* (pl. *qaqqadātu*)
rēštu (fém. morph. sur *rēšu* "tête")
sorcellerie
ipšu ("PŠ "faire")
kišpu (KŠP "faire de la sorcellerie")
sorcier
kaššāpu (sur KŠP "faire de la sorcellerie")
sortie
aṣītu (fém. morph. sur ʷṢĪ "sortir")
ṣītu / *ṣētu* (fém. morph. sur ʷṢĪ "sortir"; pl. *ṣiātu*)

sortir
aṣû (ʷṢĪ)
soucier de (se)
na'ādu / *nahādu* (N'D; i/i)
soudainement
zamar
souffle
napīšu (sur NPŠ "respirer")
šāru
šēhu (Š"H "souffler")
zaqīqu / *zīqīqu* (sur ZĪQ "souffler")
souffler
edēpu ("DP; i/i)
napāhu (a/u)
pašû (PŠŪ)
šabāṭu (i/i)
souffler en rafales
zâqu / *ziāqu* (ZĪQ)
soufre noir
kibrītu
souhait
erištu / *ereštu* / *eriltu* (fém. morph. sur "RŠ "désirer")
souhaiter
ṣamāru
erēšu ("RŠ)
souillé
lupputu (II de LPT "toucher")
souiller
parû (PRĪ)
soulever
našû (NŠĪ)
soumettre
quddudu (II de QDD "(se) courber")
soumettre (se)
kanāšu (KNŠ; u/u ou i/i)
šukênu (ŠK"N)
soupçonner
ṭapālu (a/u, i/i)
source
nagbu / *nagabbu*
īnu / *ēnu* (pl. *īnū et īnātu*)
sourd
sakku (SKK "boucher (pour les oreilles)")
sukkuku (sur SKK "boucher")
sourire
ṣâhu / *ṣiāhu* (ṢĪH)
souris
harriru (HRR "creuser")
humṣīru / *humuššīru*
soustraire
harāṣu (a/u)
souvenir
tahsistu / *tashiltu* / *tahsittu* (fém. morph. sur HSS "(être) attentif")
souverain
šarru
šāpiru (ŠPR "mander")
souverain local
iššakku / *iššiakku* (emp. sum.)
spacieux
šuddulu (sur ŠDL "(être) large")
sperme
rihûtu (fém. morph. sur RHĪ "verser, procréer")
sphinx
apsasû (emp. sum.)
splendeur
lulû
tašīltu (fém. morph. sur Š'L "réjouir")
splendeur divine
namurratu (fém. morph. sur NWR "(être) brillant")
melammu
splendide
šarhu (ŠRH "(être) splendide")
šurruhu (ŠRH "(être) splendide")
ṣīru
stabilité
kittu (fém. morph. sur KŪN "(être) stable")
kūnu (KŪN "(être) stable")
kīnātu (fém. pl. sur KŪN "(être) stable")
statue
ṣalmu (pl. *ṣalmū*, *ṣalmāni*)

stature
gattu (m. / fém.)
statut d'épouse
aššūtu (abstr. sur *aššatu* "épouse")
statut d'esclave
rēšūtu (abstr. sur *rēšu* "tête")
statut d'héritier
aplūtu (sur *aplu* "fils (héritier)")
statut de père
abbūtu (sur *abu* "père")
stéatite?
algamešu
stèle
asumittu (fém. morph.; pl. *asuminētu*)
narû (emp. sum.)
stèle de propriété
kudurru
steppe
madbaru
namû / *nawû* (m. / fém.)
šadû (pl. *šadû*, *šadānu* / *šadâtu*)
ṣēru
stock
rēš namkūri
ši'amātu (fém. pl. sur Š'M "acheter")
stratagème
šibqū (pl.)
structure
binītu (fém. morph. sur BNĪ "créer")
šiknu (ŠKN "placer")
stupeur
qūlu (QŪL "se taire")
stupide
nu'û / *nuwā'um*
stylet
qan ṭuppi / *qarṭuppu*
sublime
šaqû (ŠQĪ/Ū "(être) haut")
submerger
rahāṣu (i/i)
rubbû (II de RBĪ "se coucher")
sahāpu (a/u)
šalû /*salû* (ŠLĪ)
ṭebû (ṬBĪ)
subordination
ardūtu / *wardūtu* / *urdūtu* (abstr. sur *ardu* "serviteur")
subsides
hišihtu / *hašehtu* (fém. morph. sur HŠH "désirer")
subsistance
bulṭu (BLṬ "vivre")
napištu (fém. morph. sur NPŠ "respirer")
substitut
andunānu
attaru / *wattarum* (sur (WTR "(être) en excès")
dinānu / *andunānu* / *ardanānu*
pūhu (PŪH "échanger")
šupêltu (fém. morph. sur ŠP"L "échanger")
tahhu (emp. sum.)
succès
kušīru (KŠR "réussir")
mīli irti (litt. "plénitude de la poitrine")
succession
ridûtu (abstr. sur RD" "accompagner")
rīdu (RD" "accompagner")
sucer
mazāqu (a/u)
naṣābu (a/u)
sud
šūtu
sueur
zu'tu / *zūtu* / *izūtu* (fém.)
suffoquer
hunnuqu (II de HNQ "comprimer")
suif
lipû
suinter
zâbu (ZŪB)
suite
arkītu (fém. morph. sur *arki* "derrière")
sujets
ba'ūlātu (pl. fém. sur *bêlu* "gouverner")
supérieur (le)
ālik pāni (litt. "qui va en tête")

supplément
ṭīpu (ṬPĪ "ajouter")
supplication
suppû (SPĪ "prier")
supplier
enēnu ("NN; a/u)
qāta našû (litt. "lever la main")
šamāru
suppû
support
imdu ("MD "(s')appuyer")
imittu (fém. morph. sur "MD "(s')appuyer sur")
mukillu (sur K'L "(dé)tenir")
nēmettu (fém. morph sur "MD "(s')appuyer")
nēmedu (sur "MD "(s')appuyer")
supporter
našû (NŠĪ)
šadādu (a/u)
zabālu (i/i)
suppositoire
allānu / *alilānu*
supprimer
kabāsu (a/u)
ṣalāpu (i/i)
suprématie
etellūtu (abstr. sur *etellu* "seigneur")
suprême
šūturu (sur WTR "(être) en excès")
sur
eli (sur *elu* "haut")
elēnu (sur *eli* "sur")
ina
ina muhhi
sur l'autre rive
eberta / *ebertān* (sur "BR "franchir")
sûr
taklu (TKL "faire confiance")
sureau
suādu
surface
muhhu
qaqqaru (pl. *qaqqarū*, *qaqqarātu*)
sihpu / *sehpu* (SHP "envelopper, recouvrir")
surpasser
šūturu (III de WTR "(être) en excès")
surplus
atartu (fém. morph. sur WTR "(être) en excédent")
surveillant
aklu (^{W}KL "confier")
hajjāṭu (HĪṬ "surveiller")
nāṣiru (NṢR "(sur)veiller")
rābiṣu (RBṢ "(être) aux aguets")
surveiller
harādu (i/i)
hâṭu / *hiāṭu* / *hâdu* (HĪṬ)
na'ādu / *nahādu* (N'D; i/i)
naṣāru (a/u)
palālu (i/i)
suspendre
alālu ('LL; a/u)
symbole
simtu (fém. morph. sur WSM "convenir")
symétrique
mithāru (I/2 de MHR "(être) en face")
symptome
sakikku / *sagiqqu* (emp. sum.)

T

table
paššūru (emp. sum.)
tablette
ṭuppu / *tuppu* (emp. sum.; pl. *ṭuppū*, *ṭuppātu*, *ṭuppānu*)
tablette (en bois et cire)
lē'u
tablette (type de)
kiṣirtu (fém. morph. sur KṢR "attacher")
liginnu (fém.)
tablette en long
giṭṭu (emp. sum.)
tablette inscrite

egertu / *egirtu* (fém. morph.)
tablette scellée
kunukku (KNK "sceller"; pl. *kunukkū*, *kunukkātu*)
tabou
anzillu
asakku (emp. sum.)
ikkibu (emp. sum.)
tabouret
kilzappu / *gissappu* / *gištappu*
littu (fém.; pl. *littētu*)
tâche
iškaru (pl. *iškarū* ou *iškarātu*; emp. sum.)
tacheté
burrumu (BRM "(être) coloré")
taille
qablu
lānu
minītu (fém. morph. sur MNŪ "compter")
mišihtu / *me*/*išhat*(*t*)*u* (MŠH "mesurer")
tailleur?
kāṣiru (KṢR "nouer")
tailleur de sceau
parkullu (emp. sum.)
taire
sukkutu (II de SKT "(être) silencieux")
taire (se)
qâlu (QLŪ)
talent (un poids)
biltu (fém. morph. sur ^{W}BL "apporter")
talon
asīdu
eqbu
talus
hirītu (fém. morph. sur HRĪ "creuser")
tamaris
bīnu
tambour
alû (emp. sum.)
lilissu (pl. *lilissāni* / *lilissātu*)
tambour (sorte de)
halhallatu
tambour? / harpe?
balaggu / *balangu* (emp. sum.)
tamiser
nahālu (a/u)
šahālu (a/?)
tampon
lippu (sur LPP "envelopper")
tapis
mardatu
tarder
uhhuru ('HR)
tarif
mahīru (MHR "recevoir"; pl. *mahīrū*, *mahīrātu*)
tas
asa'ītu (fém.; pl. *asajātu*, *isītate*)
gurunnu / *qurunnu* (pl. *gurunnū* / *gurunnētu*)
šipku
tas (d'orge)
karammu / *karmu* (pl. *karammānu*)
tas de blé
karû (emp. sum.)
taureau
lû
taureau (céleste)
alû
taureau (jeune)
bīru
taureau colossal à tête humaine *aladlammû* (emp. sum.)
taureau de choix
gumāhu (emp. sum.)
taureau reproducteur
puhālu
taureau sauvage
rīmu
taverne
bīt šikari
taxe
igišû (emp. sum.)

imdu (’MD “(s’)appuyer”)
nemettu (fém. morph sur ’MD “(s’)appuyer”)
taxe (type de)
hallatu (fém. morph.)
kiskirru (pl. *kiskirrētu*)
šibšu (ŠBŠ “rassembler”)
ababdû (emp. sum.)
abullu (fém.)
qaqqadu / *kaqqadu* (pl. *qaqqadātu*)
zērānu (pl. sur *zēru* “graine”)
sa’atu
sētu (pl. *sâtu*, nA *sētāte*)
taxe d’exportation
aṣītu (fém. morph. sur ^{W}ṢĪ “sortir”)
taxe de fermage
imittu (fém. morph. sur ’MD “(s’)appuyer sur”)
taxe de sortie
ṣītu / *ṣētu* (fém. morph. sur ^{W}ṢĪ “sortir”; pl. *ṣiātu*)
taxes de douane
miksu (MKS “lever des taxes”)
teindre (en rouge)
ṣarāpu (a/u)
teinture (type de)
kinahhu
alluharu / *annuharu* (fém.)
teinture noire
qitmu
teinture rouge
inzahurētu
tel (un)
annanna (sur *annû* “celui-ci”; fém. *annannītu*)
témoignage
mukinnūtu (abstr. sur *mukinnu* “témoin”)
šībūtu (abstr. sur *šību* “témoin”)
témoin
āmiru (’MR “voir”)
mukinnu (sur KŪN “(être) sûr”)
šību (ŠĪB “(être) âgé”)
témoin occulaire
āmerānu (’MR “voir”)
témoin du marié
susapinnu / *šusapinnu*
tempe
nakkaptu (fém. morph. sur NKP “pousser (de la tête)”)
tempête
imhullu (emp. sum.)
mehû
temple
atmanu / *wadmanu* (pl. *atmanātu*)
bītu; *bīt ili*
ekurru (emp. sum.)
temple (type de)
akītu
temple à étages
ziqqurratu
temps (propice)
simānu (sur WSM “convenir”)
tendon
gīdu (pl. *gīdū* et nB *gidātu*)
sagallu (emp. sum.)
šašallu (emp. sum.; pl. *šašallātu*)
šer’ānu
tendon (du cou)
labânu / *labiānum*
tendre
tarāṣu (a/u)
teneur (d’une tablette)
pû
tenir
kalû (KL’)
kullu (II de KŪL)
ṣabātu (a/a)
tente
kuštāru (pl. *kuštārātu*, *kultārū*)
zāratu (fém. morph.)
térébinthe
buṭnu
kuk(u)ru
terme
adannu / *hadānu* / *hidānu*
termite?

buštītu / *balṭittu* (fém. morph.)
terrain
eqlu (m. / fém.)
terrain non cultivé
terīqtu / *tirīqtu* (fém. morph. sur R"Q "(être) vide")
terrasse
tamlû (sur MLĀ "(être) rempli")
terre
ep(e)ru
erṣetu
qaqqaru (pl. *qaqqarū*, *qaqqarātu*)
terre abandonnée
harbu (HRB "(être) désert")
terre arable
zēru
terre en friche
burubalû (emp. sum.)
terre étrangère
lā qaqqaru
terre expropriée
niširtu (fém. morph. sur NŠR "déduire")
terre inhabitée
nidûtu (fém. morph. sur NDĪ "abandonner)
terre irriguée
mikru (MKR "irriguer")
terre sèche
nābalu ('BL "sécher")
terreur
gilittu (fém. morph. sur GLT "s'effrayer")
hurbāšu
terrible
akṣu
terrifiant
rašbu (RŠB "imposer le respect")
terrifier
pulluhu (II de PLH "craindre")
purrudu (II de PRD "(être) terrifié")
suhhuhu (II de SHH "trembler")
territoire
birītu / *bištu* (fém. morph. sur *biri-* "entre")
erṣetu
kisurrû / *kasurru* (emp. sum.; pl. *kisurrû*, *kisurrētu*)
miṣru / *miṣirru* / *miṣaru* (pl. *miṣrū*, *miṣrātu*, *miṣrētu*)
pāṭu
qaqqaru (pl. *qaqqarū*, *qaqqarātu*)
tesson
haṣabtu (fém. morph. sur HṢB "casser")
haṣbu
išhilṣu
testament
šīmtu / *šēmtu* (fém. morph. sur ŠĪM "décider (un destin)")
ṭup šimti
testicule
išku (fém.)
tête
qaqqadu / *kaqqadu* (pl. *qaqqadātu*)
rēšu
téter
enēqu ("NQ; i/i)
thym
hašû / *ašû*; *hašiānu* / *hašânu*
tiare
agû (emp. sum.)
tige
aru / *eru* / *haru*
šulpu
takkussu / *sakkuttu* (pl. *s/takkussū* / *s/takkussātu*)
tigre?
mindinu
timidité
būštu / *būltu* (B'Š "avoir honte")
timon
mašaddu / *mešeddu* (sur ŠDD "(é)tirer")
tirer (flèches)
šalû (ŠLŪ)
tirer
šadādu (a/u)
šalāpu (a/u)
šâṭu (ŠŪṬ)
tisser
mahāṣu (a/a)
šatû (ŠTŪ)

tisserand
išparu
māhiṣu (MHṢ "tisser"; pl. *māhiṣānu*, *māhiṣū*)
tissu coloré
birmu (BRM "(être) multicolore")
tissu fin
qutnu (QTN "(être) fin")
tituber
narāṭu (u/u)
toile
šah(h)û (emp. sum.)
toison
itqu (m./ fém.)
toit
rugbu
ṣulūtu / *ṣalūlu*
tombe
kimāh(h)u / *gimāhu* (emp. sum.)
qubūru (pl. *quburū* / *qabūrāni*; QBR "ensevelir")
tomber
maqātu (u/u)
šahāhu (u/u)
tomber au sol
napalsuhu (PLSH; a)
tomber en désuétude
nabṭulu (IV de BṬL "mettre fin à")
naparšudu (PRŠD; i)
tomber malade
marāṣu (a/a, nB u/u)
tondre
baqāmu / *baqānu* (a/u)
gazāzu / *gaṣāṣu* (a/u)
tonte
buqūmu (BQM "tondre")
gizzu (GZZ "tondre")
torche
dipāru (pl. *dipārānu* et *dipārātu*)
gizillu (emp. sum.)
zīqtu (fém. sur ZĪQ "souffler")
tordre
kapāṣu (KPṢ; i/i)
šapāṣu (i/i)
tortiller (se)
halālu (a/u)
tortue
raqqu
šeleppû
total
kumurrû (KMR "entasser")
napharu (sur PHR "rassembler")
totalité
gabbu
gamartu (fém. morph. sur GMR "achever")
gamirtu / *gamertu* (fém. morph. sur GMR "achever")
gimru (GMR "achever")
gummurtu (fém. morph. sur GMR "achever")
kalû / *kala*
kiššatu (fém. morph. sur KŠŠ "avoir sous son autorité")
kullatu (fém. morph.)
nagbu / *nagabbu*
puhru (PHR "rassembler")
sihirtu (fém. morph. sur SHR "entourer")
sihru (SHR "entourer")
toucher
lapātu (a/u)
toujours
matīma / *immatimê* (sur *mati* "quand")
santak(ka/u)
tour
asa'ītu (fém.; pl. *asajātu*, *isītate*)
dimtu / *dindu* (fém. morph.)
tourmenter
šumruṣu (III de MRṢ "(être) pénible")
tourner
patālu (i/i)
sâru (SŪR)
tourner (se)
sahāru (u/u)
tourner vers (se)
panû (PNŪ)
tournoyer

ṣâdu (ṢŪD)
tourterelle
sukanninu / *šukannunnu* (emp. sum.)
summatu (fém. morph. sur *summu* "pigeon")
tousser
ganāhu (i/i)
hahû (HHŪ)
sa'ālu (S'L; u/u)
tout
gabbu
kalāma (sur *kalu* "totalité)
tout-puissant
dandannu (sur *dannu* "fort")
kaškaššu (sur KŠŠ "avoir sous son autorité")
toux
hahhu (HHŪ "tousser")
su'ālu (S'L "tousser")
trace
hirṣu / *herṣu* (HRṢ "séparer de")
kibsu (KBS "suivre une trace"; pl. *kibsū*, *kibsātu*)
trahison
dāṣtu (fém. morph. sur D'Ṣ "traiter injustement")
surrātu (pl. fém. sur SRR "(être) faux")
traîner (par terre)
mašāru (a/u)
traité
riksu (RKS "lier"; pl. *riksū* / *riksātu*)
traité de paix
sulummû (sur SLM "être en paix")
traiter à la légère
šuta'û (Š"Ī)
traiter sans respect
dâṣu (D'Ṣ)
traits
bunnannû (sur BNĪ "(être) beau")
zīmu
tranchée
kalakku (pl. *kalakkātu*; emp. sum.)
tranquilité
tapšuhtu (fém. morph. sur PŠH "se reposer")
transaction
mahīru (MHR "recevoir"; pl. *mahīrū*, *mahīrātu*)
transféré (bien immobilier)
ṣamdu
transférer
nasāhu (a/u)
šubulkutu (III de BLKT "renverser")
transférer (une propriété)
nahālu (i/i)
transgresser
etēqu ("TQ; i/i)
nabalkutu
transporter
abālu (^{W}BL)
našû (NŠĪ)
trapèze
ap(u)samikku (emp. sum.)
travail
dullu (pl. *dullū*, *dullātu*, *dullāni*)
epištu / *epšetu* (fém. morph. sur "PŠ "faire")
epēšu ("PŠ "faire")
mānahtu (fém. morph. sur 'NH "(être) fatigué")
šipru (ŠPR "mander")
travail habile
nikiltu (fém. morph. sur NKL "(être) habile")
travail journalier
adû (emp. sum.)
travailleur étranger
asīru ("SR "enfermer")
traverser
ebēru ("BR; i/i)
etēqu ("TQ; i/i)
nabalkutu (BLKT; a)
patāhu (a/u)
šadāhu (i/i)
trèfle (une sorte de)?
šambaliltu / *šabbaliltu* / *šamnu baliltu*

tremblement
ra'ību (R'B "trembler")
trembler
arāru B ('RR; u/u)
galātu (u/u)
hâlu (HĪL)
narāṭu (u/u)
ra'ābu (R'B; u/u)
râbu (RŪB)
râdu (RŪD)
ratātu (u/u)
sahāhu (u/u)
šâbu (ŠŪB)
tarāru (u/u)
tremper
mahāhu (a/u)
très
(a)danniš (sur *dannu* "fort")
māda
magal
trésor
bīt makkūri
išittu
nakkamtu (fém. morph. sur NKM "amonceler")
niṣirtu (fém. morph. sur NṢR "garder")
šutummu (emp. sum.)
trésorier général
šandabakku (emp. sum.)
triangle
santakku / *sattakku* (emp. sum.)
tribu
bītu (pl. *bitātu* / *bētānu*)
tribut
argamannu
biltu (fém. morph. sur ^{W}BL "apporter")
maddattu / *mandattu* (fém. morph. sur NDN "donner")
nadānu (NDN "donner")
tricher
surruru (II de SRR "être faux")
tricherie
sarrūtu (abstr. sur SRR "(être) faux")
triomphalement
šalṭiš (sur *šalṭu* "triomphal")
tristesse
ašuštu (fém. morph. sur 'ŠŠ "(être) soucieux")
sipittu (fém. morph. sur SPD "se lamenter")
trombe
ašqulālu
tronc
gušūru (emp. sum.)
qablu
trône
kussû (fém.; emp. sum.)
trou
apu
haštu
huptu (pl. *hupātu*)
hurru (pl. *hurrāte*)
pilšu (PLŠ "percer")
šīlu
trouble
dilhu (DLH "troubler")
diliptu (fém. morph. sur DLP "rester éveillé")
duluhhû (sur DLH "troubler")
maruštu / *maruṣtu* (fém. adj. sur MRṢ "(être) pénible")
namrāṣu (sur MRṢ "(être) pénible")
trouble(s) politique(s)
dalihtu (fém. adj. sur DLH "troubler")
troubler
dalāhu (a/u)
lummunu (II de LMN"(être) méchant")
sagû (SGŪ)
sahāmu (i/i)
šuzzuqu (III de NZQ "(s')inquiéter")
uššû (II de "ŠĪ "(être) confus")
trouer
palāšu (a/u)
patāhu (a/u)
šaqāru (i/i)

troupe(s)
ṣābu
illatu (fém.)
troupe(s) auxiliaire(s)
tillatu
nārāru / *nērāru* (N'RR "secourir")
troupes d'élite
bēru / *ba'ru* (B"R "choisir")
troupeau
nammaššû (sur NMŠ "bouger")
sugullu / *sukullu* / *sakullu* (pl. *sugullū* / *sugullātu*)
ṣēnu
trouver
atû / *watûm* (^{W}TĀ/Ū)
truie
šahītu (fém. morph. sur *šahû* "cochon")
tube
takkussu / *sakkuttu* (pl. *s/takkussū* / *s/takkussātu*)
tuer
dâku / *duāku* (DŪK)
nêru (N"R; a/a)
qatālu (a/u; emp. ouest-sém.)
sâdu (S'D)
šagāšu (i/i)
šumūtu (III de MŪT "mourir")
tunique
sari(j)am /*sariānu* (emp. hourr.)
turban
kubšu (m. / fém.)
paršīgu / *parsīgu* (emp. sum.)
tuyau d'écoulement
naṣṣabu / *nanṣabu* / *nuṣṣabu* (sur NṢB "sucer")

U

un
ištēn / *issēn* / *iltēn* (fém. *išteat* / *iltêt*)
unique
ištēn / *issēn* / *iltēn* (fém. *išteat* / *iltêt*)
ištēnû (sur *ištēn* "un")
ēdu / *wēdu* (fém. *ettu*)
unir (s')
athū, *šutāhû* (sur *ahu* "frère")
unité
ište(n)nūtu (sur *ištēn* "un")
univers
gimru (GMR "achever")
kiššatu (fém. morph. sur KŠŠ "avoir le contrôle")
kullatu (fém. morph.)
napharu (sur PHR "rassembler")
urgent
dannu (DNN "(être) fort"; fém. *dannatu*)
urine
šīnātu (fém. pl. sur ŠĪN "uriner")
uriner
nezû (NZĪ)
šânu (ŠĪN)
šatānu (i/i)
ustensiles
nēpešu (sur "PŠ "faire")
unūtu
usurpateur
hammā'u / *hammû*

V

vache
arhu (fém.)
burtu (fém. morph. sur *būru* "veau")
littu (fém.) / *lītu* (pl. *liātu*, *lâtu*)
vaciller
dâmu / *da'āmu* (D'M)
samû (SMŪ)
šâbu (ŠŪB)
vaincre
dâku / *duāku* (DŪK)
ša'āru (Š'R; a/a)
valable
qerbu (QRB "(être) proche de")
valeur
emēqu (pl. *emēqū* / *emūqātu*)
vanner
našāpu (a/u)
rapāsu (i/i)
zarû / *sarû* (ZRŪ)
vannier
atkuppu (emp. sum.)

vautour
zību
veau
būru
véhicule
rukūbu (RKB "chevaucher")
veiller (sur)
muddû (sur WDĪ "(être) connu")
veilleur de nuit
dēkû (DKĪ "lever")
hā'iṭu / *hajjiṭu* / *hā'idu* (HĪṬ "surveiller")
veine
šer'ānu / *šir'ānu*
vendeur
nādinānu (sur NDN "donner")
vendre
nadānu (*ana kapsi*)
vénérable
rašbu (RŠB "imposer le respect")
venger
râbu / *riābu* (RĪB)
gimilla turru
venin
imtu (fém. morph.)
ru'tu / *rūtu*
venir
alāku (a/i; 'LK)
venir à l'aide
râṣu (RŪṢ)
venir à sa fin
balû / *belû* (BLĪ)
venir rencontrer
bâ'u (BĀ')
vent
idiptu (fém. sur "DP "souffler")
šāru
šēhu (Š"H "souffler")
vent d'ouest
amurru
vent du nord
ištānu / *iltānu*
vent du sud
šētu
vente de surplus de blé
pišertu (fém. morph. sur PŠR "délivrer")
ventre
karšu (m. / fém.)
ventre maternel
rēmu (R"M "avoir pitié")
verdict
dīnū (sur DĪN "juger")
šipṭu (ŠPṬ "exercer une autorité")
verger
kirû (pl. *kirû*, *kirâtu*)
ṣippatu (fém. morph.)
vérifier
qâpu / *qiāpu* (QĪP)
sanāqu (i/i)
tukkulu (II de TKL "faire confiance")
vérité
kittu (fém. morph. sur KŪN "(être) sûr")
kīnātu (fém. pl. sur KŪN "(être) sûr")
šalimtu (fém. adj. sur ŠLM "(être) intact")
vermine
kalmatu
vernis
šimtu / *šindu*/ *simtu*
verrou
sikkūru (sur SKR "bloquer")
šigaru (emp. sum.)
vers
ana
vers où?
ajīš (sur l'interr. *aj*)
verser
naqû (NQĪ)
qurruru (II de QRR "ruisseler")
rehû / *rahû* (RHĪ)
sarāqu (a/u)
šapāku (a/u)
tabāku (a/u)
vertèbre
kunukku (KNK "sceller"; pl. *kunukkū*, *kunukkātu*)
vertige
ṣīdānu / *ṣ/šādānu* (sur Ṣ'D "tourner en rond")

ṣūd pani
vésicule biliaire
martu (fém. morph. sur MRR "(être) amer")
vessie
elibbuhu / *ellambuhu* / *illebbuhu* / *lebbuhu* (fém.)
vêtement
lubāru
lubuštu (fém. morph. sur LBŠ "(se) vêtir")
lubūšu (LBŠ "(se) vêtir")
šah(h)û (emp. sum.)
tahluptu (fém. morph. sur HLP "(s')envelopper")
ṣubātu
vêtement tissé
mehṣu / *mihṣu* (MHṢ "frapper")
vêtement (type de)
kusītu (fém. morph. sur *kasû* "lier")
nahlaptu (fém. morph. sur HLP "vêtir")
sūnu (pl. *sūnū* / *sūnātu*)
saddinnu
sāgu (pl. *sāgāte*)
saqqu (pl. *saqqātu*)
vêtir (se)
labāšu (a/a, a/i)
edēqu ("DQ; i/i)
veuve
almattu (fém. morph.; pl. *almanātu*)
viande
šīru / *šēru*
viande rôtie
šumû (ŠWĪ "rôtir")
victoire
irnittu / *ernettu* / *ernintu*
lē'ûtu (abstr. sur L"Ī "l'emporter")
lītu (fém. morph. sur L"Ī "l'emporter sur")
vide (subst.)
rīqūtu (sur RĪQ "(être) vide")
vide
erû ("RĪ "(être) nu")
rīqu (RĪQ)
vider
nazālu (/u)
vie
balāṭu (BLṬ "vivre")
bulṭu (BLṬ "vivre")
napištu (fém. morph. sur NPŠ "respirer")
nīšu (N"Š "vivre")
vieillard
puršumu
vieillesse
labīrūtu (abstr. sur LBR "durer")
šībūtu (abstr. sur *šību* "ancien")
vieillir
labāru (i/i)
viens!
gana (emp. sum.)
vieux
labiru (LBR "durer")
vigne
karānu
vigueur
balāṭu (BLṬ "vivre")
kuzbu
village
ālu (pl. *ālū* / *ālānu*)
kapru (pl. *kaprū*, *kaprānu*, *kaprātu*)
villages
dadmū (pl.)
ville
ālu (pl. *ālū* / *ālānu*)
ville fortifiée
āl dannūti
vinaigre
ṭābātu (fém. morph.)
violence
dannūtu / *da'nūtu* (abstr. sur DNN "(être) fort")
dunnu (DNN "(être) fort"; pl. *dunnū* et *dunnātu*)
habālu (HBL "faire du tort")
pariktu (fém. sur PRK "faire obstacle")
violent
šamru (sur ŠMR "être violent")
virilité

PRINTED ON PERMANENT PAPER • IMPRIME SUR PAPIER PERMANENT • GEDRUKT OP DUURZAAM PAPIER - ISO 9706
N.V. PEETERS S.A., WAROTSTRAAT 50, B-3020 HERENT

dūtu
zikrūtu (abstr. sur *zikru* "mâle")
visage
bunnannû (sur BNĪ "(être) beau")
pānû (pl. de *pānu*)
tabrītu (fém. morph. sur BRĪ "voir")
zīmu
vite
hamṭiš / *hanṭiš*
qerbiš (sur QRB "(être) près de")
surriš
zamar
vivre
balāṭu (u/u)
nêšu / *na'āšum* (N"Š)
voilà!
amma (sur *ammû* "celui-là")
voile
kutummu (KTM "couvrir")
voiler
kullulu (II de KLL)
pasāmu ; *pesēnu* (i/i)
voir
amāru ('MR; a/u)
barû (BRĪ)
palāsu (a/u)
voisin
bēl miṣri
voisinage
limītu / *liwītu* / *libītu* (fém. sur LMŪ "entourer")
lētu / *lītu*
ṭēhu / *ṭīhu* (ṬH" "(être) proche")
voix
rigmu (RGM "crier"; pl. *rigmū*, *rigmātu*)
vol
hubtu (HBT "piller")
šurqu (ŠRQ "voler")
voler (dérober)
mašā'u (a/u et a/i)
habātu (a/u)
šarāqu (i/i)
voler (voleter)
šâ'u (ŠŪ')
naprušu (a)
voleur
šarrāqu (sur ŠRQ "voler")
volonté (bonne)
narāmu (sur R'M "aimer")
voltiger
ṣabāru (u/u)
vomir
arû ('RŪ)
parû (PRŪ)
voyage
girru / *gerru* (m. / fém.; pl. *girrū* et *girrētu*)
harrānu (m./ fém.)
voyageur
allāku ('LK "aller")
vue
diglu (DGL "regarder")
niṭlu (NṬL "voir")
tabrītu (fém. morph. sur BRĪ "voir")
tāmartu / *tāmurtu* (fém. morph. sur 'MR "voir")
vulve
biṣṣūru

Z

zénith
ziqpu (ZQP "planter")
elât šamê (litt. "hauteurs du ciel")